Martin Dierks

Auf Luzifers Flügel zur himmlischen Liebe

Ein psychologisch-spiritueller Wegbegleiter vom Sex über Liebe zur Christusliebe

Bibliographische Information der Deutschen Nationalbibliothek:
Die Deutsche Nationalbibliothek verzeichnet diese Publikation in der Deutschen Nationalbibliographie; detaillierte bibliographische Daten sind im Internet über http://dnb.d-nb.de abrufbar.

1. Auflage 2010

Covergestaltung: Martin Dierks; Foto des Falken mit Genehmigung von fishing4/T. Askani; Hintergrundfoto mit Genehmigung von M. Pörsch.
ISBN 978-3-00-030268-8
Druck: Schaltungsdienst Lange, Berlin
Selbstverlag Martin Dierks, Maxhütte-Haidhof

Martin Dierks

Auf Luzifers Flügel zur himmlischen Liebe

Gewidmet all jenen, die ihr wahres Zuhause suchen und mutig ihren eigenen Weg gehen.

Gewidmet außerdem all denen, die sich „anders“ und unverstanden fühlen mit ihren spirituellen Interessen.

Vor allem aber widme ich dieses Buch allen Erwachenden, die auf der von ihren Tränen befruchteten Erde der Sonne entgegenwachsen.

Inhaltsverzeichnis

1 Der Sinn des Buches

Kommen Sie mit auf eine Reise. Es wird eine lange und anstrengende Reise, doch sie ist jeden einzelnen Meter und alle Strapazen wert. Der abenteuerliche Weg führt von einfachem Sex über „normale“ Liebe bis hin zur menschenmöglich höchsten Liebe, der Christusliebe.

Sie werden verstehen,

- welche psychologischen und spirituellen Schritte warum und wie zu gehen sind,
- was der lineare und polare Entwicklungsweg ist,
- wie das Höchste mit dem Niedrigsten zusammenhängt,
- was Sex mit Liebe und Spiritualität verbindet bzw. voneinander trennt und
- warum die vorgestellten Reisestrategien neben Sexualität und Liebe ebenso alle anderen Lebensbereiche entwickeln helfen.

Das Buch soll Sie wie ein treuer Freund auf dem Weg begleiten. Manche von Ihnen werden nur wenige Schritte machen, andere hingegen auf den Geschmack kommen und nach vielen Kilometern Ihre Flügel ausbreiten. Egal, wie weit jemand kommt oder zu gehen bereit ist: Jeder, der sich ernsthaft auf den Weg macht, verdient sowohl Respekt als auch Hilfe. Vor allem deshalb existiert dieses Buch – es soll Ihnen helfen.

Esoterikbücher befassen sich mit faszinierenden Themen und stellen beeindruckende Behauptungen auf. Nur selten jedoch berühren oder inspirieren sie den Leser nachhaltig. Der Lesestoff ist ... „interessant". Interessant genug, um später ein weiteres Buch zu kaufen. Irgendwann beginnt der fleißige Leser zu glauben, er werde immer geistiger und bewusster. Früher war er noch nicht so weit entwickelt, aber was er jetzt schon alles weiß ... – so in etwa denkt er. Leider bleibt es meist beim reinen Verstehen und nichts im Leben ändert sich. Wissen allein ist eben noch kein gelebtes Bewusstsein.
In diesem Sinne wünsche ich Ihnen mehr als nur interessante Gehirnnahrung. Geben Sie sich selbst eine Chance auf Veränderung und öffnen Sie sich dem vorgestellten Weg. Lassen Sie sich inspirieren, berühren und motivieren und dann gehen Sie los.

Das Buch ist ein Kind zweier Welten bzw. Fachgebiete, die ich als Autor zusammenführe. Ich spreche von Psychologie und Esoterik bzw. Spiritualität. Ich malträtiere Sie aber weder mit psychologischen Fachausdrücken noch mit schwammigen Esoterikbegriffen. Anstelle eines unverständlichen Fachjargons verwende ich eine bilderreiche Sprache voller Gleichnisse und Metaphern. Dazu gehören z. B. die bereits erwähnte Reise und der Umgang mit Tieren.
Darüber hinaus setze ich auf genau das, was sich bereits in meiner Arbeit als Psychotherapeut (HPG) und Berufsastrologe bewährt: Ich verbinde das Beste aus beiden Welten zu einer neuen Synthese. Die Psychologie verleiht der Spiritualität menschliche Wurzeln und fundierte Kompetenz. Die esoterisch-spirituellen Wahrheiten wiederum öffnen und erweitern die Psychologie, lassen sie in den Himmel wachsen. Esoterikern fehlt es häufig an Realismus und fundierten Fachkennt-

nissen; außerdem vernachlässigen sie die so wichtige psychologische Dimension der geistigen Entwicklung. Wissenschaftlich ausgebildete Psychologen hingegen bleiben zu sehr Gefangene ihres Intellektes, ihrer rationalen Lehrmeinungen und Konzepte. Sie beten häufig einen Ersatzgott mit intellektuellem Wasserkopf an, anstatt sich dem höheren Geist anzuvertrauen.
Nur beide Strategien gemeinsam ergänzen sich zu einem fruchtbaren Team, das die geistig-seelische Entwicklung machtvoll vorantreibt.

Ich kenne den beschriebenen Weg, mit allen wichtigen Stationen, Anfang und Ende, Höhen und Tiefen. Einige persönliche Erfahrungen, Traumbotschaften und auch Reinkarnationserinnerungen fließen in das Buch ein – soweit sie Allgemeingültiges dokumentieren. Mehr als andere springe ich auf meinem persönlichen Weg hin und her zwischen bestimmten Stationen, ohne bislang irgendwo dauerhaft angekommen zu sein. Ich ahne, warum. So sei es.

2 So beginnt die Reise

2.1 Der richtige und wichtige erste Schritt

Wie ein Sprichwort besagt, beginnt jede noch so lange Reise mit dem ersten Schritt. Die Verwandlung der sexuellen Energie ist zweifellos eine weite Reise und sie beginnt mit einer ehrlichen Selbstanalyse. Wo stehen Sie im Augenblick, wie leben Sie Ihre Sexualität und Liebesfähigkeit? Vermutlich werden hierbei viele von Ihnen erkennen, mehr unter der Fuchtel sexuellen Verlangens zu stehen, als ein Diener hoher Liebe zu sein. Das ist keine Tragik. Der Ausgangspunkt einer Entwicklungsreise kann kein paradiesischer Ort sein; das liegt in der Natur der Sache. Genau deswegen begibt sich der Kandidat schließlich auf den Weg: um einen höheren Ort als den bisherigen zu erreichen. Und immerhin sind Sie im Gegensatz zur Mehrheit der Menschheit zu einer entscheidenden Erkenntnis gelangt, nämlich *dass* der gegenwärtige Aufenthaltsort kein Paradies ist. Dadurch entsteht die Motivation, etwas Besseres finden zu wollen, nämlich wahre Liebe und Spiritualität. Der höhere Sinn von allem Leidverursachenden, Schlechten, und Fehlerhaften liegt unter anderem in eben dieser Motivierung für das Bessere. Kurz gesagt, irgendwann hat man einfach genug und will mehr. Gut.

Egal, wie Ihre persönliche Bestandsaufnahme ausfällt, dieser erste Schritt ist in jedem Falle richtig und wichtig.
Richtig ist der erste Schritt, weil er dem zentralen psychotherapeutischen Grundsatz folgt, seine Klienten immer da abzuholen, wo sie ge-

rade stehen. Ein guter Psychotherapeut versteht sich nicht als besonders kluger Psycho-Experte, sondern als ein helfender Wegbegleiter. Diese Aufgabe kann er nur wahrnehmen, wenn er direkt neben seinem Schützling steht. Befindet sich dieser in einer psychologischen Hölle, muss der Therapeut ebenfalls dorthin. Nur im Geiste als vorübergehender Besucher, aber er muss hin, d. h., sich in den Zustand seines Klienten hineinversetzen. Nur so erkennt er zutreffend dessen Situation. Vor allem erprobte Schwitzfestigkeit ist dann gefragt, keine wissenschaftlich ausgeklügelten Theorien oder soziographische Statistiken.
Der Abholgrundsatz ist ein zentrales Element jeder wirkungsvollen Hilfe und jedes Heilsbringers, wie wir im Kapitel über die Christusliebe noch sehen werden.

Haben Sie den Zusammenhang des therapeutischen Abholgrundsatzes mit Ihrer persönlichen Bestandsaufnahme bereits erkannt? Wenn Sie als eine Art Selbsttherapeut Ihre eigene Sexualität heilen und weiterentwickeln möchten, so müssen Sie ebenfalls zunächst den Zustand Ihres inneren Patienten kennen. Sie müssen in sich reinschauen, sich geistig zu ihm hinbegeben, seinen Standort und seine Lebensbedingungen (an)erkennen. Damit holen Sie Ihr sexuelles Ich ab.

Ohne eine anfängliche Selbstanalyse befinden Sie sich in gefährlicher Nähe zum Selbstbetrug. Viele Esoterikbücher betreiben unwissentlich eine solche Form des Selbstbetruges. Enthusiastisch werben sie mit den in der Tat fantastischen Möglichkeiten transformierter Sexualität, wie Hellsehen, Heilen, magische Kräfte und der kosmische Orgasmus. Der erforderliche psychologische Boden für all dies bleibt jedoch oftmals außen vor. Im Hinblick auf die entscheidende Frage des wässrig gemachten Lesermundes: “Wie komme ich dahin?“, schlagen besagte Bücher häufig Übungen vor, z. B. Visualisierungen oder Körperübungen. Den wesentlich wichtigeren verborgenen Schmerz durch erlebte Misshandlungen oder die heimliche Sehnsucht nach elterlicher Liebe, all diese menschlichen Schlüsselfaktoren vernachlässigen sie jedoch meistens sträflich. Der Leser erfährt nichts von deren unabdingbarem Wachstumspotential. Nicht ohne Folgen, denn psychologische Hindernisse sabotieren erfolgreich jegliche Bemühungen. Hellsehen, magische Kräfte und kosmischer Orgasmus bleiben allesamt in weiter Ferne. Das beliebte sogenannte positive Denken scheitert übrigens regelmäßig an der gleichen psychologischen Ignoranz.

Die häufig vorgeschlagenen Übungen sind keineswegs sinnlos, aber sie reichen einfach nicht aus. Mit der Konsequenz eines Shaolin-Mönches durchgeführt, könnten sie wohl einiges bewirken. Wer jedoch hat eine solch eiserne Übungsmotivation und Disziplin? Warum verfliegt der anfängliche Übungsgeist meist wieder recht schnell? Wo ist der Saboteur – der innere Schweinehund – zu finden? Richtig, in Ihrer Psyche. Übrigens sind auch Shaolin-Mönche nicht vor inneren Saboteuren gefeit.

Die persönliche Bestandsaufnahme als erster Schritt unserer Reise ist wichtig. Er überwindet die Trägheit des unbewegten Stehenbleibens, bringt Schwung und Dynamik. Die Anfangsenergie des ersten Schrittes kann recht bedeutsam werden, wenn Sie sich vorstellen, an einem Abgrund zu stehen ... Andererseits führt ein solcher Schritt in unbewusste Tiefen nicht zwangsläufig in die Irre. Wenn Sie ihn bewusst machen, mag er sogar goldrichtig sein. Nur im Fallen lernt man fliegen. Mehr dazu im Kapitel über Luzifer.

Ein weiterer Aspekt macht den ersten Schritt bedeutsam: Er entscheidet über die eingeschlagene Richtung.
Wenn Sie kurz vor dem Ziel eine falsche Abbiegung nehmen, dann ist

das nicht so tragisch. Sie sind dem Ziel bereits so nahe, dass Sie immer auf Wegweiser stoßen werden. Eine nahegelegene Stadt ist eben stets gut ausgeschildert. Sind Sie jedoch auf Ihrer Reise nach Rom noch in der Heimatstadt Hannover, so werden Sie dort kein Schild Richtung Rom finden. Schlagen Sie von Hannover aus nun die falsche Richtung nach Norden ein, dann folgen Sie mangels Wegweiser unbemerkt für längere Zeit einem Irrweg. Der Norden Deutschlands mag seinen Reiz haben, aber es ist nicht *Ihr* Weg. Möglicherweise bemerken Sie den Irrtum erst, wenn Sie statt des Mittelmeeres erstaunt fröstelnd die Nordsee erblicken.

Jeder macht auf seiner Reise Umwege, keiner findet den kürzesten Weg. Das ist normal und in gewisser Hinsicht sinnvoll. Gelegentlich brauchen Sie umständliche Trampelpfade, um über die Erkenntnis des Falschen das Richtige zu finden. Nichtsdestotrotz sollten Sie es sich nicht unnötig schwer machen durch *überflüssige* Umwege.
Selbst ein solch überflüssiger Abstecher ins Blaue ist noch keine Tragik, wenn Sie sich auf der richtigen Hauptroute bewegen. Bereits beim ersten Schritt die falsche Richtung einzuschlagen, ist in der Regel allerdings mehr als ein überflüssiger Umweg. Es ist ein *Irrweg.* Irrweg und Umweg unterscheiden sich deutlich voneinander. Irrwege verzehren unter Umständen ein ganzes Leben, Umwege nicht. Umwege führen letztlich zum Ziel, Irrwege nicht.

2.2 Der gesellschaftliche Zustand der Sexualität

Bevor ich einige Anregungen dazu gebe, wie sich jeder seiner persönlichen Ausgangssituation bewusst(er) werden kann, möchte ich einen Blick auf die breite Masse der Gesellschaft werfen. Also, wie lebt der durchschnittliche Mensch seine Sexualität, wie geht er damit um? Auf den Punkt gebracht lautet die Antwort: Sex ist ein enorm wichtiges Bedürfnis, das Hans Mustermann und Liese Müller fast ausschließlich über den Körper und einfache Gefühle befriedigen. Kaum jemanden interessiert, was in psychologischer Hinsicht hinter dem Sexualtrieb steckt und ihn sozusagen ernährt. Genauso wenig erkennt der Durchschnittsbürger, welche unglaublichen Entwicklungspotentiale bis hin zur spirituellen Christusliebe der sexuellen Energie innewohnen.

Sex wird wie ein Konsumgut getauscht und gehandelt. Man spendiert ein paar angenehme Körperempfindungen und bekommt als Gegenleistung welche zurück. Das war's. Wehe, das Geschäft erscheint unfair und jemand glaubt, zu kurz zu kommen. Dann droht Ungemach. Möglicherweise führt es sogar dazu, den Partner zu verlassen oder zu betrügen. Nicht alle jedoch befinden sich in einer festen Beziehung. Außerhalb fester Beziehungen bewegen sich viele im „freien Handel". Wie sieht es hier aus? Je nach Attraktivität und sexuellen Fähigkeiten sind Singles mehr oder weniger begehrt und begehren andere. Wie ein Markt, der nach dem Prinzip von Angebot und Nachfrage funktioniert. Ein Markt, der neben derlei faktischem Menschenhandel Sex auch als Prostitution und Pornographie handelt. Manche scheuen für ihr Konsumgut selbst vor Gewalt nicht zurück, wie Kinderpornographie, sexueller Missbrauch und Vergewaltigungen zeigen.

Ein relativ kleiner Teil praktiziert das genaue Gegenteil des sexuellen Konsumdenkens. Nichtbeachtung lautet deren Devise. Das beginnt bei der Verdrängung bestimmter Wünsche und führt über religiöse oder missverstandene esoterische Motive bis hin zum eingeschlafenen Ehesex. Bei Letzterem verzichtet das Ehepaar freiwillig auf das jederzeit mögliche Vergnügen, weil es über die Jahre langweilig geworden ist. Es fehlt die Spannung. Wo ist sie hingegangen, wo kam sie her?

Die Antwort auf diese Frage gibt das Kapitel über die emotionale Liebe.

So oder so, ob Konsumgut oder Nichtbeachtung, der immanente sexuelle Schatz wird nicht gehoben. Entweder er wird missbraucht oder gar nicht erst gesucht. Folglich kann er nicht reich machen. Mangels innerem Reichtum sucht der Mensch als Ausgleich einen äußeren, materiellen.

Die halbe Welt dreht sich direkt oder indirekt um Sex, latent ist er fast überall anwesend. Die Sprache spiegelt das sehr schön wider, denn jede Sprache kennt neben dem eindeutigen Vokabular unzählige Wörter und Formulierungen mit erotischer Doppelbedeutung. Bei Unterhaltungsshows und vielen privaten Gelegenheiten sind sexuelle Zweideutigkeiten regelmäßig ein Lacher. Weniger lustig beweist eine ganz andere Tatsache den Stellenwert der Sexualität: Früher entflammten sogar Kriege an der feurigen Leidenschaft mancher Herrscher. Heutzutage treten an deren Stelle private Kleinkriege wegen Eifersucht, Rivalitätskämpfen, sexueller Untreue, Egoismus und Vergnügungssucht. Fernsehserien wie „Sex & the City“ liefern ein Spiegelbild der Gesellschaft und verdeutlichen vielleicht *etwas* übertrieben die ganz gewiss übertriebene Bedeutung der einfachen Körperfreuden im Leben. Ist der durchschnittliche Sex das große Aufhebens wirklich wert? Klar erleben manche ab und zu ganz tolle Orgasmen, aber eben nur manche und nicht immer. Und sehr lange dauert dieses Glücksgefühl nicht an. Selbst wenn die Sexfans unter Ihnen nun vehement auf die bereits schöne Zeit vor dem Orgasmus hinweisen, alles in allem ist es ehrlich betrachtet kein gutes Geschäft – um wieder in die Handelssprache zurückzukommen. Meistens erwirtschaften die hohen Investitionen an Zeit, Engagement und Aufregung objektiv gesehen nur spärliche Gewinne.

Angesichts all dessen nimmt die Gesellschaft Sex viel zu wichtig und *überschätzt* sie. Andererseits wird Sexualität deutlich *unterschätzt* insofern, als niemand das beeindruckende Potential zu psychologischer und spiritueller Weiterentwicklung nutzt. Nahezu niemand vermutet den Engel im sexuellen Tier und doch ist es so. Kaum jemand erstrebt die Liebe seines höheren Selbstes in seinem Herzen, obwohl gerade die sexuelle Energie ins Herz führen kann. Nur wenige Menschen begreifen die großartige Chance, eine höhere Liebe körperlich zum Ausdruck zu bringen. Selten verwirklicht jemand die schöpferische Kraft seiner Sexualenergie im Alltag.

2.3 Die persönliche Ausgangssituation ermitteln

Die gesellschaftlichen Zustände sind das eine, doch Ihre eigene, persönliche Situation ist für Sie natürlich viel entscheidender. Fragen Sie sich daher spätestens nach der Lektüre des Buches, wo Sie mit Ihrer Sexualität stehen und wohin die Reise gehen soll. Wollen Sie den ersten Schritt überhaupt machen, denn der erste Schritt ist bekanntermaßen immer der schwerste? Genügt es Ihnen, sich lediglich ein paar Gedanken zu einem „interessanten“ Buch zu machen? Oder ist es Ihnen ernst und Sie scharren schon ungeduldig mit den Hufen?

Ich stelle Ihnen nachfolgend einige Hilfsmittel vor, mit denen Sie sich Ihre gegenwärtige Sexualität aus psycho-spiritueller Sicht bewusst(er) machen können. Mit welcher Methode auch immer Sie sich anfreunden werden, bleiben Sie dabei, solange es Ihnen nutzt. Gegebenenfalls ein Leben lang. **Bewusstmachung und Selbsterkenntnis sind dauerhafte Schlüsselelemente des gesamten Weges.** Vergessen Sie das niemals.

Inspiriertes Schreiben:
Nehmen Sie ein Blatt Papier zur Hand und schreiben Sie alle Ihre Ansichten zum Thema Sexualität auf. Wie beurteilen Sie das Thema im Allgemeinen und wie finden Sie Ihr eigenes Sexualleben? Es ist besser, alles aufzuschreiben, als nur darüber nachzudenken. Wenn Sie Ihre Gedanken schriftlich festhalten, dann geben Sie ihnen konkreten Ausdruck. Sie verleihen ihnen damit Gewicht und Nachhaltigkeit, Energie und Form. Außerdem erschaffen Sie beim Schreiben etwas, Sie sind kreativ. Dadurch steigen mehr und tiefere Gedanken auf. Je mehr innere und äußere Sinne Sie beteiligen, desto mehr mögliche Quellen stimulieren Sie. Je mehr Quellen Sie anstoßen, desto mehr Resonanz kommt wieder zurück. Ich spreche also von keinem einfachen Nachdenken und verkrampften Grübeln, sondern vielmehr von einem entspannten „Sinnieren". Betrachten Sie das inspirierte Schreiben als eine leichte Wachmeditation mit Kontakt nach innen. Das ganze Buch ist so entstanden. In ruhiger, entspannter Atmosphäre nehme ich einen Stift und schreibe darauf los. Ich denke nach, gehe dabei in mich und schreibe weiter. Alles andere ergibt sich im Nachhinein.

Nehmen Sie besser Stift und Papier, anstatt vor dem PC sitzend alles in die virtuelle Welt zu tippen. Das Schreiben ist auf diese Weise sinnlicher und verbindlicher. Gönnen Sie sich für die kleine Schreibübung eine ruhige Stunde ohne äußere Ablenkung. Kein Fernsehen, Musik, Telefon oder störende Personen. Damit Sie nicht nur die oberflächlichen, schon bekannten Gedankengänge reproduzieren, schließen Sie nach dem Schreiben immer wieder die Augen. Hören Sie nach innen. Vielleicht sehen Sie sogar kurze Bilder, es rühren sich Gefühle oder Assoziationen. Egal, was es ist, denken Sie nicht lange darüber nach und verkneifen Sie sich jegliches Urteilen. Einfach alles aufschreiben, wie ein Live-Reporter.
Irgendwann später sehen Sie sich alles nochmal an. Sortieren und ord-

nen Sie das Material auf einem neuen Blatt. Reflektieren Sie diejenigen Punkte, die Sie am meisten berühren und beschäftigen. Vielleicht diskutieren Sie mit geeigneten Gesprächspartnern über einige Aspekte des gewonnenen Materials.

Hier einige Anregungen, über was Sie schreibend sinnieren könnten: Wie war das erste Mal, wie das schönste und das unerfreulichste Erlebnis? Welches Vorbild haben Ihnen Ihre Eltern gegeben? Was halten Sie von Sex im hohen Alter? Was denken und fühlen Sie bei Berichten über Vergewaltigung und Missbrauch? Welche Art des lustvollen Spaßes gefällt Ihnen am besten, zärtlich, hart, spielerisch? Bevorzugen Sie ganz bestimmte Techniken und Stellungen und warum? Welche Gefühle empfinden Sie vor und während des Geschlechtsverkehrs, welche davon sind Ihnen am wichtigsten? Wie hat sich Ihr Sexualleben im Laufe der Zeit verändert? Inwieweit kommt Ihre Persönlichkeit sexuell zum Ausdruck? Was trennt Sexualität von Liebe, was verbindet beide?

Traumdeutung:
Eine ganz ausgezeichnete Quelle für innere Einsichten sind Träume. Sigmund Freud bezeichnete sie ganz zu Recht als Königsweg zum Unbewussten. Sie sind ein echter Königsweg zu sehr vielem, das in Ihnen schlummert, nicht nur zum Unbewussten. Beschäftigen Sie sich also mit Traumdeutung, denn Ihre Träume verraten Ihnen wahrheitsgetreu, wie es um Ihre Sexualität (und anderes) bestellt ist. Sie leisten das übrigens an jeder Station des Weges. Ob Sie nun gerade den ersten Schritt machen oder kurz vor dem Ziel stehen: Wenn Sie einen verlässlichen, ehrlichen Freund suchen, dann reichen Sie Ihrem Traumleben die Hand. Es wird Ihnen viele bislang unbekannte Einsichten bescheren. Zeigen Sie ernsthaftes, konkretes Interesse und Ihre Traumerinnerung wird sich verbessern. Führen Sie zu diesem Zweck z. B.

ein Traumtagebuch.
In den nachfolgenden Kapiteln werden alle wichtigen Kernelemente der sexuell-spirituellen Entwicklung unterstützend durch lehrreiche Träume erläutert. Sie erhalten dadurch einen nachvollziehbaren Eindruck vom hohen Bewusstmachungswert der Traumbotschaften. Die Träume stammen ausschließlich von einer Person, nämlich mir selbst. Auf diese Weise erkennen Sie leichter deren Zusammenhänge und insbesondere, wie die durch sie erhellten Entwicklungen und Schwierigkeiten aufeinander aufbauen. Bestimmte Traumsymbole und Themen ziehen sich wie ein roter Faden durch den Weg. Bei Träumen verschiedener Personen wären „alte Bekannte" und verbindende Elemente wesentlich schwieriger auszumachen.

Nach über zweiundzwanzig Jahren intensiver Erfahrung mit der Deutung eigener und fremder Träume bin ich als Psychotherapeut und Privatperson zur Überzeugung gelangt, dass es keinen besseren Entwicklungshelfer gibt. Die Deutungskunst erschließt sich einem zwar nicht von selbst, doch sie ist jede Mühe wert. Sie könnten einen Anfang machen, indem Sie sich eines der wenigen guten Traumdeutungsbücher kaufen, einen längeren Kurs besuchen oder auf meine Website www.traumdeutung-lebensberatung.de schauen.

<u>Astrologische Beratung:</u>
Eine gute astrologische Beratung unterstützt Sie sinnvoll und effektiv bei jeglicher Selbstsuche. Das Geburtshoroskop zeigt den Horoskopeigner in seiner Gesamtheit und zugleich detailliert. Eine professionelle psychologische Astrologie berücksichtigt stets den entwicklungsorientierten Grundsatz der Selbsterkenntnis.
Ähnlich wie Traumdeutung schenkt Astrologie ihre reichhaltigen Früchte allerdings nicht leichtfertig her. Der Laie denkt an die recht überschaubaren zwölf Sternzeichen, doch professionelle Astrologie ist

sehr komplex und anspruchsvoll. Es gibt nicht viele gute Astrologen und noch weniger, die ihre Fähigkeiten und Erkenntnisse in einer Beratung hilfreich umsetzen können. Die unzähligen Hotlines und Beraterportale im Web mit all ihren angeblichen Profis täuschen insoweit ein falsches Bild vor.

Schriftliche Horoskope sind fast immer Computerhoroskope, die naturbedingt und unvermeidlich große Schwächen aufweisen. Selbst dann, wenn bekannte Astrologen mit ihrem Namen dafür werben oder angeblich sogar selbst an den Deutungstexten bzw. Textbausteinen mitgearbeitet haben. Die Aussagen bleiben überwiegend vage und allgemeingültig, zusammenhanglos und unaufgelöst widersprüchlich: Auf Seite zwei sind Sie „manchmal zu großzügig“, auf Seite vierzehn aber „zurückhaltend im Geben“.

Es ist ein verzeihlicher Fehler, wenn gutgläubige Laien Geld in ein wenig nützliches Computerhoroskop investieren. Die Anbieter locken mit toll klingenden Werbeversprechen und der farbige Hochglanzeinband mit den hübschen Sternen verspricht gewissermaßen ein Stück des Himmels. Was für einen ernsthaft Suchenden aber „gar nicht geht“, das sind Sternzeichenhoroskope. Sie besitzen lediglich Unterhaltungswert, da es sich meistens um frei erfundene Standardtexte von Journalisten handelt. Sternzeichenhoroskope von Astrologen sind allerdings genauso wertlos. Jeder Astrologie-Anfänger weiß, dass die Sonne im Tierkreiszeichen (=Sternzeichen) nur ein sehr kleines Detail der gesamten Horoskopzeichnung darstellt. Reine Sternzeichendeutungen können niemals zutreffende und verlässliche Aussagen liefern; egal, für welchen Zweck sie erstellt wurden und von welch angeblichem Star-Astrologen sie stammen. Wenn Sie von Liebeshoroskopen oder Jahreshoroskopen, Tages-, Wochen- und Monatshoroskopen lesen oder hören, so beruhen diese immer nur auf dem Sternzei-

chen. Wenn es Sie amüsiert, o. k. Darüber hinaus liefern aber derartige Pseudo-Horoskope nichts von Wert.
Auf meiner Website www.astrologie-mit-herz.de erhalten Sie eine ausführliche und informative Einführung in das Wesen echter, überwiegend psychologischer Astrologie.

Meditation:
Meditation ist eine lohnende, relativ einfache Übung und keineswegs nur indischen Yogis und buddhistischen Mönchen vorbehalten. Sie besteht im Wesentlichen darin, sich der Außenwelt ab- und der Innenwelt zuzuwenden. Zu diesem Zweck entspannen Sie sich und beruhigen Ihre Gedankenaktivität. Das ist alles.
Eine einfache und bewährte Methode ist das Hinlegen in einem ruhigen, abgedunkelten Raum, vielleicht bei leiser Entspannungsmusik. Dann beobachten Sie Ihren Atem, das rhythmische Ein und Aus des Atemstroms. Ihre Gedanken werden sich mit der Zeit beruhigen, weil das Denken zwar eine Aufgabe hat, aber eine monoton-einschläfernde und dadurch entspannungsfördernde. Wenn Ihre Konzentration mal abschweift, dann nehmen Sie das ganz unaufgeregt zur Kenntnis und kehren wieder zurück zum Atem. Je öfter Sie meditieren, desto besser wird es funktionieren. Sobald Sie sich ausreichend entspannt haben und auf Ihr Inneres fokussiert fühlen, stellen Sie eine möglichst kurze Frage. Fragen Sie einfach nach dem, was Sie am meisten beschäftigt oder bitten Sie ganz allgemein um eine wichtige Information zu Ihrer Sexualität. Nach der Frage lassen Sie innerlich los und öffnen sich. Lauschen Sie passiv in den inneren Äther. Erwarten Sie nichts Bestimmtes, weder inhaltlich noch die Form der Antwort betreffend. Vielleicht nehmen Sie eine leise Stimme wahr, ein kurzes Bild oder vages Gefühl. Eventuell erfolgt die Reaktion erst irgendwann später. Egal, was es ist und wann es kommt, nehmen Sie es ernst. Schieben Sie es nicht weg.

2.4 Wissen und Bewusstsein ist nicht das Gleiche

Gönnen Sie sich nicht den falschen Luxusglauben, bereits alles Wichtige über Ihre Sexualität und Ihr Liebesbedürfnis zu wissen. Andererseits brauchen Sie aber auch nicht monatelang zu meditieren oder von einem Astrologen zum Nächsten zu laufen. Wer glaubt, er sei bereits auf der hier vorgestellten Reise unterwegs, der könnte die Selbsterforschung als Stationsbestimmung verstehen. In jedem Falle wäre es wünschenswert, irgendeine neue Erkenntnis zu gewinnen, die sich als Ausgangspunkt für die (weitere) Reise eignet.

Bedenken Sie Folgendes: Was immer Sie schon alles zu wissen glauben, wissen und „bewusst sein“ sind nicht das Gleiche. Wissen ist nur ein Teil von und Voraussetzung für Bewusstsein, das zusätzlich immer noch der Gefühlsebene bedarf. Jeder Raucher *weiß*, dass Rauchen das Lungenkrebsrisiko dramatisch erhöht. Er tut es aber dennoch, weil er sich trotz dieses Wissens nicht wirklich *bewusst* ist, was alles durch Rauchen geschieht und welch tiefere Motive ihn bewegen. Jeder Raucher, der sich an der Zigarette brennt, zieht unwillkürlich seine Hand zurück. Den Schaden, den jeder Zug tagtäglich anrichtet, nimmt er jedoch nicht wahr. Er spürt es weder körperlich noch fühlt er es, z. B. als innere Warnung, Ablehnung oder Angst. Der durch das Rauchen erzeugte Schaden ist viel größer als eine kleine Brandblase, doch Raucher haben dieses Wissen nicht verinnerlicht. Mit anderen Worten, ihnen fehlt das Bewusstsein hierfür, nicht das Wissen.

Ein eindeutiger Alptraum, der unserem Raucher einen quälend langsamen Erstickungstod durch eine schwarze Zigarettenwolke beschert und zum schweißgebadeten Erwachen führt, würde zu echtem Bewusstsein verhelfen. Jetzt würde er es auch emotional „wissen“. Ein solcher Alptraum wäre hart, aber heilend – bittere Medizin. Die un-

bewusste Selbstschädigung durch Rauchen, Alkohol und schlechte Ernährung ist in Wahrheit viel härter. Lieber dutzende Alpträume erleiden als einen realen frühzeitigen Tod.
Aufgrund des großen Unterschiedes zwischen Wissen und Bewusstsein genügt es übrigens nicht, Träume lediglich zu deuten und die Botschaft rein kopfmäßig verstanden zu haben. Es bedarf zusätzlich der tätigen Umsetzung. *Bewusstsein braucht Erfahrung und Erleben.*

Das Raucherbeispiel lässt sich sinngemäß mühelos auf jedes andere Thema übertragen, Sexualität und Liebe eingeschlossen. Nehmen wir als weiteres Beispiel eine sexuell sehr aktive Frau mittleren Alters. Sie mag genau zu wissen glauben, dass ihr lebenslang ausgeprägtes Triebleben stets nur der Befriedigung ihres starken Wunsches nach körperlichem Vergnügen gedient hat. Schließlich hat sie genau das viele Jahre lang motiviert – der Spaßfaktor. Ein intensiver Liebestraum könnte ihr zu einem ganz neuen Bewusstsein verhelfen. Sie könnte z. B. träumen, auf einem Altar liegend eine tiefe, warme Liebe zu spüren. Sie geht von ihrem Herzen aus und breitet sich dann über den gesamten Körper aus. Als der ganze Körper erfasst ist, beginnt sie nach oben zu schweben. Plötzlich sammelt sich alle Wärme in ihren heiß werdenden Genitalien, während der übrige Körper ganz kalt wird. Das ganzheitliche Liebesgefühl ist verschwunden. Sie fällt auf den harten Boden. Traurig erwacht sie aus dem Traum. Nach der nicht allzu schwierigen Deutung des Traumes ist dem Vergnügungsfan nun *bewusst* geworden, dass sie niemals nur das körperliche Vergnügen gesucht hatte. Tief drinnen bewegte sie der unbewusste Wunsch nach einer höheren Liebe. Sie weiß es und hat es gefühlt. Das ist Bewusstsein.

2.5 Angemessene Ziele setzen

Erst wenn Sie Ihren Ausgangspunkt der Reise ermittelt haben, können Sie darauf ausgerichtete Ziele anvisieren. Setzen Sie sich keine zu hohen Ziele. Neben einem spirituellen Fernziel brauchen Sie stets ein erreichbares Nahziel, z. B. mehr Gefühle während der intimen Stunden mit dem Partner zuzulassen. Erreichte Ziele bescheren Erfolgserlebnisse, welche nicht nur das Selbstvertrauen stärken, sondern auch Appetit auf mehr machen.

Misstrauen Sie den üblichen Heils- und Wunderversprechungen rund um Liebe, Hellsehen, transzendentem Sex und Erlösung auf dem Esoterikmarkt. Sie stammen von Blinden, die Blinde führen wollen. Statt einer erkennbaren Blindenarmbinde besitzen sie häufig einen Gewerbeschein oder neurotische Größenkomplexe. Esoterische Hochstapler sind nie an die Orte gelangt, von denen sie behaupten, andere hinführen zu können. Manchmal mag es für das ungeübte Auge so aussehen, aber in Wahrheit irren sie nur umher. Meine sich noch des öfteren wiederholende Kritik gilt keineswegs der Esoterik als solcher, ich bin im Gegenteil ein großer Freund von ihr. Allerdings verdient der weit verbreitete Missbrauch der esoterischen Weisheiten, also ihre Anwendung, durchaus Kritik.

Unsere Reise endet mit der Christusliebe als finales Endziel. Damit meine ich die Fähigkeit, wie Jesus zu lieben und nicht, sich von ihm lieben zu lassen. Wobei letztlich beides zusammenhängt. Sie fragen sich vielleicht, ob die Ihnen in Aussicht gestellte finale Christusliebe nicht ebenfalls ein falsches Wunderversprechen ist? Eine gute und berechtigte Frage, zumal viele falsche Propheten Jesus für ihr Treiben missbrauchen. Stellen Sie auf Ihrem Weg ruhig skeptische, gute Fragen. In der Antwort offenbart sich Ihnen sehr häufig das Echte und

Wahre bzw. verrät sich das Falsche. Das Echte und Wahre muss jedenfalls keine Fragen fürchten; nur das Falsche muss seine Entlarvung befürchten. Die Antwort nützt Ihnen also in jedem Fall – sofern Sie sie genau prüfen.

Zurück zur Antwort auf unsere Frage. Die Christusliebe wird für die allermeisten in diesem Leben ein unerreichbares Fernziel bleiben. Ich mache aber dennoch kein blindes Wunderversprechen mit der in Aussicht gestellten Christusliebe. Zunächst mal *verspreche* ich gar nichts, ich stelle ein sehr hoch gelegenes, aber vorhandenes Ziel vor. Des Weiteren gebe ich Ihnen Informationen, wie Sie selbständig Ihren eigenen Weg dorthin gehen können – sofern Sie es überhaupt möchten. Marschiert ein Reisender erst mal auf dem richtigen Weg, dann ist das Ziel nur eine Frage der Zeit sowie des Einsatzes und des Karmas. Er erzeugt eine Dynamik, die den Entwicklungsprozess am Laufen halten wird. Das ist sehr wichtig, denn dann entfaltet der alte Spruch „Der Weg ist das Ziel“ seine volle Wahrheit, Kraft und Schönheit. Ob Sie ein Fernziel wie die Christusliebe etwas früher oder später erreichen, wird Sie nicht mehr großartig kümmern. Sie werden stolpern, aber wieder aufstehen und nicht umkehren, denn jedes Stolpern wird eine hilfreiche Erfahrung sein.
Gehen Sie jedoch auf dem für Sie falschen Weg, den Ihnen ein anderer durch toll klingende Versprechungen schmackhaft gemacht hat, dann ist der Weg nicht mehr das Ziel. Er wird ganz im Gegenteil sogar zum Hamsterrad.

Der zweite Grund, warum die als Ziel anvisierte Christusliebe kein falsches Wunderversprechen ist, liegt in der Sogwirkung dieses Zieles. Haben Sie Ihren eigenen Weg gefunden und in Ihrem Herzen das Ziel der Christusliebe ausgerufen, dann entsteht eine reale Resonanz, eine Brücke wächst zu Christus hin. Zusätzlich zu Ihren Bemühungen entwickelt sich ein gleichgerichteter Sog von Christus aus. Die eine Seite drückt, die andere zieht. So kann das was werden, salopp gesagt. Die freundlich entgegenkommende Zugwirkung von „Oben“ werden Sie gelegentlich erkennen oder spüren, z. B. in Ihren Träumen oder durch Winke des Lebens.

Wenn Sie hingegen irgendwelchen Sekten, Gurus, Hellsehern, dubiosen Heilern, selbsternannten Heiligen oder abgehobenen Esoterikern hinterherlaufen, die Ihnen Christus versprechen, so werden Sie keine tiefere Resonanz spüren. Keine Resonanz und keinen unterstützenden Sog durch die offenen Arme des wahren Christus.

3 Liebe versus Sex!?

3.1 Das Gemeinsame und das Trennende

„Frauen wollen Liebe und lassen sich deshalb auf Sex ein, Männer dagegen wollen Sex und lassen sich deswegen auf Liebe und Beziehung ein."
So lautet eine provokant zugespitzte Behauptung, mit der ganz allein sich vermutlich ein recht spannendes Partnerseminar bestreiten ließe. Lassen wir mal dahingestellt, inwieweit der Ausspruch tatsächlich genau so stimmt, zumindest eines zeigt er aber in jedem Fall: Es besteht Unklarheit über das Verhältnis von Liebe und Sex. Vielen ist nicht bewusst, wo das eine aufhört und das andere beginnt, was Liebe und Sexualität einerseits verbindet und andererseits unterscheidet. Und diejenigen, die glauben, es genau zu wissen, könnten sich leicht irren ...

Manche sprechen von Liebe und meinen damit Sex – „Liebe machen" heißt es da bisweilen. Für andere hingegen haben Sex und Liebe überhaupt nichts miteinander zu tun. Schließlich erfordert das Bettvergnügen keine Liebe und auch umgekehrt ist Liebe ganz ohne Lustbefriedigung möglich: Die Familie, der Hund, besondere Hobbys und das Pfeffer-Rumpsteak, ja sogar die Schwiegermutter lassen sich schließlich allesamt ganz sexlos lieben.
Sind Liebe und Sex miteinander verbunden oder eher zwei getrennte Angelegenheiten, was von beidem stimmt? Irgendwie beides und keines von beidem, denn beides sind nur Halbwahrheiten. Erkennen Sie sowohl das Gemeinsame als auch das Trennende, die ganze Wahrheit.

Stellen Sie sich ein auf dem Kopf bzw. auf der Spitze stehendes Dreieck vor, das ganz oben hell strahlt und nach unten zur Spitze hin immer dunkler wird. Ganz unten ist mit der Dreiecksspitze der einfache sexuelle Trieb dargestellt, er ist dunkel und klein bzw. schmal. Ganz oben ist die Christusliebe, sie ist licht und groß bzw. breit. Sie erkennen zweifellos den graphisch großen Unterschied, dem wohl auch inhaltlich niemand widerspricht. Die hohe Christusliebe hat schließlich nichts gemeinsam mit dem üblichen erotischen Spaß. Und ganz gewiss braucht eine solche Liebe keinen Sex, um sich darin auszudrücken, denn sie hat genug andere Möglichkeiten. Es gibt also (scheinbar) nichts, was die beiden miteinander verbindet.
Andererseits ist das gesamte Dreiecksgebilde eine Einheit. Es ist ein „Ding" bzw. eine Liebesenergie, die sich lediglich in verschiedenen Abstufungen und Schwingungen manifestiert. Das Dreieck zeigt diese Abstufungen graphisch als untereinanderliegende waagrechte Streifenabschnitte. Aufgrund dieser Verbindung zu einer gemeinsamen Einheit *könnte* sich die höchste Liebe deshalb ohne Weiteres ganz unten – körperlich – ausdrücken. Sicherlich nicht ausschließlich körperlich, denn damit wäre der Körper hoffnungslos überfordert, aber *auch* körperlich, den Körper integrierend.

3.2 Der gemeinsame Wunsch nach Einheit

Entsprechend dieser ganzheitlichen Sichtweise existiert also nur eine Liebesenergie, die sich in verschiedenen Stufen bzw. Etagen offenbart. Zeichnen Sie nun in Gedanken drei waagrechte Streifen in das Dreieck, für die körperliche, emotionale und spirituelle Liebe. Die äußere Zeichenlinie ganz oben repräsentiert die Christusliebe, sie ist sozusagen der obere Teil des spirituellen Liebesstreifens. Diese drei Ebenen verbindet neben der Zugehörigkeit zu einer einheitlichen Liebesenergie noch eine weitere, graphisch nicht erkennbare Gemeinsamkeit: Ihr aller Hauptmerkmal ist der Wunsch nach Einheit und Einssein. Ganz oben will die Christusliebe eins mit allen Menschen sein, ganz unten strebt die sexuelle Energie nach der Einheit mit einem anderen Körper. Genau wie alle höheren Liebesformen sucht der Sexualinstinkt Einheit und Einswerden – nur eben rein körperlich, entsprechend seiner Körperebene. Der Geschlechtsakt zeigt ganz deutlich, wie zwei Körper verschmelzen und eins werden möchten. Die Körper pressen sich eng aneinander und im Bereich der Genitalien werden sie tatsächlich für kurze Zeit eins.

Sexualität verbindet also mit jeder höheren, nicht mehr ausschließlich körperbezogenen Liebe ein zentrales, gemeinsames Merkmal, nämlich das *Streben nach Einheit.* Genauer gesagt ist es letztlich das Sehnen nach dem Einssein mit Gott. Bei dem fälschlicherweise als Sündenfall bezeichneten Ereignis ging diese Einheit verloren – zumindest kommt es uns so vor. Seitdem sucht sie der Mensch wiederzuerlangen und das nicht nur über Sexualität und Liebe: Letztlich und eigentlich gilt jegliches Streben und Tun nur diesem Ziel! Eine ziemlich kompromisslose Behauptung, ich weiß, doch sie ist richtig. Alles, wonach der Mensch trachtet, auch der Atheist oder Verbrecher, ist ein – häufig schlechter und stark verzerrter – Versuch, diese Einheit zurückzugewinnen. Ein lauter Schrei nach der großen, göttlichen Liebe. Dass dieses allgegenwärtige Streben äußerlich oft schwer erkennbar und den Betreffenden selbst nicht bewusst ist, das gestehe ich gerne zu.

Gehen wir es zunächst mal etwas weniger tiefgründig und spirituell an, um dem stets präsenten Gottstreben auf die Schliche zu kommen. Ganz populär-psychologisch gefragt, was will der Mensch, was treibt ihn an? Was ist der zentrale, gemeinsame Nenner all seines Wollens?

Glück wäre eine gute Antwort, gegen die sich kaum etwas einwenden lässt. Glück, das heißt Erfolg, Anerkennung, Respekt, Geld, Macht, Liebe, Sex – das alles interpretiert der Mensch als sein individuelles Glück. Jeden macht etwas anderes glücklich, aber jeder will glücklich sein. In den Entwicklungsländern z. B. bedeutet Glück für viele, genug essen zu können, um zu überleben. Wenn der Tod droht, macht das schlichte Überleben glücklich.

Was genau verhilft nun all diesen individuellen Spielarten zu dem gemeinsamen Glücksgefühl? Welches gemeinsame Merkmal führt all die verschiedenen Wünsche in den gleichen Hafen des Glückes? Es mag zunächst etwas abstrakt klingen, aber es ist der Gewinn eines Einheitsgefühles. Und dieses Einheitsgefühl geht mit dem Empfinden von Liebe einher, man fühlt sich geliebt. Einheit und Liebe gehören immer zusammen, denn Liebe ist ein verbindendes Öffnen, Umarmen und Wachsen. Sie bewirkt ein überbrückendes Einswerden, beruhend auf gemeinsamer Identifikation. Nachfolgende Beispiele verdeutlichen den Zusammenhang von Glück, Einheit und Liebe.

3.3 Jeder strebt nach Einheit und Liebe – Beispiele

Ein Sänger auf der Bühne. Das Konzert ist beendet, er verneigt sich. Die Zuschauer stehen auf und klatschen minutenlang. Der Künstler hat sie mit seinem Gesang berührt und Gefühle geweckt – darum geht es letztlich bei jeder Musik. Die begeisterten Fans geben diese Gefühle im anerkennenden Applaus zurück und berühren damit ihrerseits den Sänger. In dieser gegenseitigen Anerkennung und Gefühlserwiderung kommt Liebe zum Ausdruck. In diesem Moment könnten alle Beteiligten genauso gut ein Schild hochhalten: Wir sind *eine* große (Musiker-) Familie, haben uns alle *lieb* und sind gerade richtig *glücklich*. Glück, Einheit und Liebe. Als hellsichtiger Beobachter könnten Sie sogar das Anwachsen der Auras von allen und deren Verschmelzen sehen sowie die farblichen Veränderungen zu den Liebestönen hin, z. B. rosa.

Ein Jugendlicher in seiner Clique. Er ist Teil eines größeren *Ganzen*, in dem er sich umgeben von Gleichgesinnten geborgen, sicher und respektiert fühlt. Mit anderen Worten, er fühlt sich *geliebt*. Eigentlich sollte diese Aufgabe eine andere *Einheit* erfüllen, nämlich die Familie. Nirgendwo werden Liebe und Einheit so deutlich wie in einer Familie, die unausgesprochen kundtut: Wir sind eine Einheit, wir gehören zusammen, wir verstehen, respektieren und lieben uns – zumindest grundsätzlich. Doch unser Jugendlicher genießt keine solche familiäre Liebeseinheit und sucht einen Ersatz in der Clique. Statt des Freundeskreises käme grundsätzlich ebenso eine Religionsgemeinschaft, ein Sportverein oder die rechtsradikale NPD in Frage ... Um in die Clique vollständig aufgenommen zu werden, muss er eine Mutprobe bestehen und klauen gehen. Er wird es tun. Er erfüllt sich damit nämlich einen tieferen und sehr mächtigen Wunsch nach Liebe und Einheit in der Gruppe. Manchmal verraten bereits Äußerlichkeiten wie gleiche Kleidung und Frisur das versteckte Streben nach Einheit in Vereinen, Gruppen und Parteien. Doch oftmals genügen Äußerlichkeiten eben nicht und dann werden schwerere Geschütze aufgefahren.

Das dritte Beispiel befasst sich mit Geld. Ein junger Mann war einfacher Arbeiter auf dem Land, fast mittellos und hat es durch Glück zu Reichtum gebracht. Er erfüllt sich nun seine Wünsche und kauft in großem Stile ein. Da ist der große Mercedes, der das Image von edler Qualität und High Society trägt; die mit Edelsteinen besetzte Golduhr; die Yacht in Saint-Tropez und der teuer erkaufte Adelstitel. Häu-

fig ersetzen solche Luxusobjekte symbolisch-äußerlich innerlich fehlende Qualitäten. Adelstitel und Mercedes kompensieren daher das fehlende Gefühl, als gelernter Arbeiter wirklich zur High Society zu gehören. Die wert-volle Uhr ersetzt das als Emporkömmling nicht gewachsene innere Selbst-wert-gefühl. Die Yacht schließlich soll mit ihren individuellen Reisemöglichkeiten einen Ersatz für die fehlende innere Freiheit darstellen.
Mit dem Eigentumserwerb stellt unser junger Neureicher äußerlich-symbolisch eine *Einheit* mit innen fehlenden Persönlichkeitsmerkmalen her. Ich bin, was mir gehört, so lautet seine Parole. Ich bin nobel, weil ich ein nobles Auto besitze usw. Gleichzeitig verrät er damit seinen Wunsch nach *Selbstliebe*, denn die Objekte repräsentieren ungeliebte Wesensanteile. Was ich wirklich liebe, mit dem bin und fühle ich mich bereits innerlich eins. Ich muss es mir nicht mehr äußerlich-gegenständlich kaufen, sprich ein-verleiben. Anstatt seinen Persönlichkeitswert und seine innere Freiheit anzunehmen und zu leben, liebt sich unser Millionär unbewusst im Kauf entsprechend passender Ersatzobjekte. Er bringt damit unbewusst den Wunsch nach Liebe zum Ausdruck. Ich liebe mich ersatzweise, indem ich (mich selbst) kaufe, könnte er sagen – wenn es ihm bewusst wäre.

Sie könnten diese Beispiele mit etwas abstrakter Phantasie und Überlegung auf sämtliche Motivationen aller Menschen übertragen. Ob die für unser Anliegen maßgebliche Sexualität und Liebe oder Geld, Essen, Anerkennungswünsche, die Zugehörigkeit zu Gem-ein-schaften jeglicher Art: Einfach alles ersehnt in Wahrheit Liebe und Einheit, ist unbewusster Ausdruck dieses fundamentalen Strebens. Ich behaupte zwar keineswegs, das weitgehend unbewusste Urmotiv nach göttlicher Liebe und Einheit sei das einzig gültige. Jede Philosophie, Religion, psychologische und esoterische Schule unterstellt zu Recht weitere Urmotivationen. Der Wunsch nach göttlicher Liebe und Einheit ist aber meines Erachtens das tiefste und zugleich höchste sowie das umfassendste Motiv. Eines, das die Bezeichnung *Urmotiv* wirklich verdient, gespeist aus dem Anfang aller Anfänge, dem sogenannten Sündenfall und hingezogen zum ultimativen Ende der Gottvereinigung.

Sie sind noch immer nicht überzeugt und denken an die schon erwähnten Hungernden und Kranken, die in Entwicklungsländern um ihr Überleben kämpfen? Sie haben ganz Recht; wenn ich von *dem* Urmotiv schlechthin spreche, dann sollte es keinen Bogen um einen so großen Teil der Menschheit machen. Tut es auch nicht. Je nach Kultur, Lebensumstände und individuellem Charakter kleidet sich das zugrunde liegende Urstreben nach Liebe und Einheit zwar in ganz verschiedene Aktivitäten und Ersatzobjekte – Ersatzgötter – , doch es ist stets und überall gegenwärtig.
Wenn Notleidende um ihr Überleben, also ihre körperliche Existenz kämpfen, dann suchen sie in der *Einheit mit dem Körper* den Ersatz für die große göttliche Einheit. Wenn der Tod droht, droht der Verlust des Körpers. Der Körper ist dann weg, er gehört mir nicht mehr, ich bin nicht mehr eins mit ihm. Je nach persönlichem Glauben an eine weiterlebende Seele fürchtet der Betreffende entweder die völlige Auflösung seiner Existenz oder zumindest den Verlust des „geliebten" Körpers. Jeder schätzt den Körper bzw. sein körperliches Leben und kämpft um dessen Erhaltung. Wie sehr, das demonstrieren die meisten allerdings erst bei Lebensgefahr oder schweren Krankheiten. Das im körperlichen Überleben verborgene höhere Einheitsstreben teilt der Mensch übrigens mit allen Tieren.
Ähnlich wie beim einfachen Sex tarnt sich also auch im Überlebenskampf ein höherer, nichtkörperlicher Einheitswunsch auf körperliche Weise. Die beiden unterscheiden sich nur insofern, als das Überleben auf Erhaltung und Einheit mit dem eigenen Körper abzielt, während die sexuelle Kraft eine etwas größere Einheit mit einem zweiten Kör-

per erstrebt. Der dahinterstehende Grundantrieb ist aber in beiden Fällen der gleiche.

Letztlich und eigentlich repräsentiert also jegliches Tun das Urstreben zurück zur göttlichen Einheit, doch uns beschäftigt hier vor allem ein Lebensthema, nämlich Liebe und Sexualität. Deshalb stelle ich nachfolgend die wichtigsten Liebesarten vor, die drei Hauptschichten des vorgestellten Dreiecks: körperliche, emotionale und spirituelle Liebe sowie zusätzlich die göttliche Liebe. Von den drei Erstgenannten erhalten Sie damit einen Überblick und Vorgeschmack, denn sie sind die Seele des gesamten Buches. Es handelt sich um idealtypische Beschreibungen, die auf niemanden in einer solch isolierten Reinkultur zutreffen. Jeder vereint die genannten Liebesarten in sich; am häufigsten liegt eine Mischung aus überwiegend körperlicher und emotionaler Liebe vor, während die spirituelle ein „Spurenelement“ bleibt.

3.4 Das Spektrum der Liebe

3.4.1 Körperliche Liebe, Sex

Bei der Erklärung des Dreiecks bezeichnete ich die rein körperbezogene Sexualität als dunkel und klein. Die untere Dreiecksspitze ist graphisch in der Tat nur ein dunkler, winziger Ausschnitt des gesamten Dreiecks, im Gegensatz zur lichtvoll thronenden Breite der spirituellen Liebe oben. Doch was bedeutet „dunkel und klein“? Was sagt dieses Bild über den allerorts verehrten Sex und sein Verhältnis zur Liebe aus?

Dunkel bedeutet unbewusst, so wie auch in Träumen das Unbewusste gerne schwarz oder zumindest dunkel ist. Der Mensch sucht mit seinem sexuellen Verlangen also genau wie mit den anderen Liebesformen die göttliche Liebe und Einheit – im Gegensatz zu diesen aber *vollständig unbewusst*. Wenn Sie sexuelle Lust überkommt, dann spüren Sie nicht das Geringste von Ihrem tiefen Sehnen nach Einswerdung mit dem Himmel, das sich darin ausdrückt. Was Sie spüren, ist ein rein körperliches Verlangen, das nach Befriedigung schreit und sich auf die Genitalien konzentriert. In Ihrem Bewusstsein spielen weder Gott noch höhere Liebe eine Rolle. Sie projezieren, also übertragen das Urmotiv der Einheit vielmehr auf den Körper. Dort im Körper bleibt es Ihnen völlig unbewusst und auch der Übertragungsvorgang selbst geschieht unbemerkt. Konkret manifestiert sich das ursprüngliche Einheitsmotiv dann als sexuelle Lust und körperlicher Einheitswunsch: Sie – Ihr Körper – möchte also eins mit einem anderen Körper werden, was über die Geschlechtsorgane teilweise gelingt. Vergleichen Sie diesen Körperteil mit der Gesamtgröße des Körpers. Bedenken Sie des Weiteren, dass jeder Mensch zusätzlich einen Verstand, Gefühle und Spiritualität besitzt, die allesamt außen vor bleiben. Angesichts dessen tut die winzige Dreiecksspitze der ebenso winzigen sexuellen Einheit bzw. Liebe kein Unrecht. Das Bild passt.

3.4.2 Emotionale Liebe

Im Gegensatz zur sexuellen Körperliebe lebt die emotionale Liebe primär in Gefühlen und Emotionen auf. Verliebtheit, Schwärmerei, Bewunderung und Sehnsucht, aber auch unangenehme Gefühle wie Eifersucht, Rache und Angst kennzeichnen sie. Psychologisch gesehen beruht die Emotionalliebe genau wie sexuelles Verlangen größtenteils auf Projektion, also Übertragung. Sie bedient sich allerdings nicht des eigenen Körpers als Projektionsfläche, sondern einer anderen, geliebten Person. Emotionale Projektion bedeutet, eigene Gefühle, Eigenschaften und Persönlichkeitsmerkmale auf einen anderen zu übertragen. Bei einem selbst sind diese Charakteristika zwar nach wie vor vorhanden, aber verdrängt und unbewusst, weil sie abgelehnt werden. Auf einen anderen Menschen übertragen wirken sie bei jenem hingegen angenehm anziehend und liebenswert. Der Übertragende verliebt sich in den anderen und damit gewissermaßen in sich selbst. Klingt ein wenig schizophren und irgendwie ist es das auch. Typisches Verlieben heißt also, bei einem anderen genau das zu lieben, was bei einem selbst nicht gesehen und gelebt wird. Die emotionale Projektionsliebe gilt vor allem dem Partner (in der Astrologie das siebte Haus), betrifft aber ebenso andere Personen wie Familienangehörige oder Freunde.

Das folgende Projektionsschema ist recht verbreitet und hilft beim Verständnis der emotionalen Liebe:
Der starke, dominante Männertyp, der sich in die hingebungsvolle, gefühlsbetonte und schutzbedürftige Frau verliebt, liebt in ihr seine eigene, aber verdrängte Fähigkeit zur vertrauenden Öffnung und Hingabe. Als ältester Sohn in der Familie und von einem ebenso starken Vater erzogen, fanden diese eher weiblichen Eigenschaften nie einen Platz an der Sonne. Sie wurden konsequent unterdrückt. Sie passen demzufolge heute nicht mehr in sein klares Selbstbild von einem starken Mann, der selbst nicht schwach und schutzbedürftig sein darf. Indianer kennt keinen Schmerz und so. Die Frau passt in sein Gefühls- und Projektionsschema und deshalb verliebt er sich in sie. Die Frau wiederum kann, aber muss nicht ihre männliche Stärke auf den Mann übertragen. Falls ja, verliebt sie sich ebenfalls. Unterstellen wir mal, dem ist so. Starker Mann liebt schutzbedürftige Frau und umgekehrt. Ich werde auf dieses Beispiel noch öfters zurückkommen.

Die so angenehm empfundene Projektion des Verliebens schlägt nicht gerade selten in ihr Gegenteil um. Die anfangs so geschätzten Merk-

male des Partners führen dann zu Streit und vielleicht sogar zur Trennung. Manchmal verwandelt sich Liebe sogar in Hass. Scheidungsanwälte erleben diesen Gesinnungswandel ständig.
Als mögliche Ursache für derartige Umkehrungen kommen z. B. einseitige Entwicklungsveränderungen in Frage. Emotionale Projektionsbeziehungen bieten nämlich Entwicklungschancen, die meistens nur einer von beiden ergreift. Im Idealfall würden sich beide Partner ganz bewusst gegenseitig dabei unterstützen, die projezierten Wesensanteile in sich selbst zu entdecken – und dadurch wachsen. Die Realität sieht leider anders aus. Meist findet nur einer von beiden irgendwann mal den Weg zu sich selbst und entdeckt sich im Alleingang neu. Sobald dieser Fall eintritt, bricht das Projektionsgefüge der Beziehung zusammen. Was vorher zum Verlieben führte, wird jetzt zum Stein des Anstoßes. Die schutzbedürftige Frau entdeckt z. B. ihre eigene Ich-Stärke und Selbständigkeit. Sie erkennt die Notwendigkeit, diese Eigenschaften zu entwickeln und schätzt die sich daraus ergebende Unabhängigkeit. Früher fühlte sie sich geschmeichelt, wenn ihr der Göttergatte beschützend zu Hilfe eilte. Sie bewunderte, mochte, ja liebte ihn deswegen. Jetzt nervt sie das gleiche Verhalten, sie fühlt sich entmündigt, nicht ernst genommen, elterlich beaufsichtigt und eingeschränkt. Sie wehrt sich nun gegen genau das, was sie vorher an ihm liebte.

Die normale, verbreitetste Liebe ist eine Mischung aus körperlicher und emotionaler Liebe. Die Emotionsliebe steht über der rein körperlichen Sexualität und ist dieser entwachsen. Von ihrer übergeordneten und grundsätzlich überlegenen Position aus verleiht sie dem sexuellen Verlangen eine weiche, gefühlsbetonte und weniger egoistische Note. Sie umfasst, integriert und prägt die körperliche Liebe, ist aber nicht ausschließlich körperbezogen, weil ihr mit den Gefühlen eine ganz eigene, neue Qualität innewohnt. Die Chance, die in einer Projektion vorhandene Unbewusstheit in Bewusstsein zu verwandeln, ist größer als bei dem in das sexuelle Verlangen projezierte Einheitsstreben. Jedes Partnerproblem – und davon gibt es einige – enthält eine solche Chance.

Die emotionale Liebe ist angesichts all dessen zu Recht ein breiterer Streifen des Dreiecks und wirft von dort ihr zartes Licht auf die darunterliegende sexuelle Spitze. Von einer wirklich hohen Liebe kann damit allerdings noch nicht die Rede sein. Im Gegensatz zur hohen spirituellen Liebe tritt die Emotionsliebe nämlich nur an enge Bedingungen geknüpft in Erscheinung. Nur wenn eine Person dem eigenen Projektionsschema entspricht, ob nun blond und blauäugig oder stark und selbstständig, dann wird sie geliebt. Die emotionale Liebe ist daher noch immer relativ eng, wie die mittlere Hälfte des Dreiecks veranschaulicht. Die folgenden Beispiele aus dem Familienleben verdeutlichen diese Begrenztheit.

Stellen Sie sich einen Vater vor, der eine eigene Arztpraxis besitzt. Er ist stolz auf seinen Sohn, der Medizin studiert und in seine Fußstapfen treten soll. Er liebt ihn und finanziert ihm das teure Studium. Tatsache ist, er überträgt damit seine eigenen, beruflichen Wertvorstellungen auf den Sohn. Was für ihn gut ist, das muss es aber noch lange nicht für den Sohn sein. Im zweiten Semester schmeißt der Sohn das Studium hin und wechselt zur Soziologie. Der Vater ist geschockt und entzieht ihm nicht nur das Geld, sondern auch seine Zuwendung und Liebe.

Stellen Sie sich eine modisch-moderne, aber auch etwas materialistische Mutter vor. Sie hat eine Tochter, die sie schon mit zehn Jahren in alle Geheimnisse des Stylings einweiht und nur mit teurer Markenmode versorgt. Das Fräulein Tochter nimmt dankbar an. Was kostet die Welt. Die beiden sind mehr wie zwei dicke Freundinnen oder Geschwister denn Mutter und Tochter. Eines Tages allerdings schleppt die mittlerweile junge Frau einen mittellosen Öko-Fuzzy in billigen Sandalen an und stellt ihn als ihren Verlobten vor. Von da an ist es vorbei mit der mütterlichen Geldquelle und die Beziehung erhält einen nachhaltigen Bruch. Die Liebe für ihre Tochter kühlt auf Minusgrade ab, denn sie entspricht nicht mehr ihrem eigenen, in sie hineinprojezierten Materialismus.

3.4.3 Spirituelle Liebe, Christusliebe

Anders als emotionale und körperliche Liebe fußt die spirituelle Liebe nicht mehr auf Projektion. Sie charakterisiert die wirklich bewussten und geistig-seelisch weit entwickelten Menschen. Jene sind nicht mehr Gefangene ihrer unbewussten Gefühle und Wesensanteile, die sie früher auf ihren Körper, auf andere Personen oder sonstige Weise übertragen haben. Spirituell liebende Menschen sind eins mit sich selbst. Sie haben tief in sich hineingeschaut, Himmel und Hölle erkannt, sich ihren Gefühlen gestellt und deren Energien zu einem lebendigen Musikstück erweckt. Ganz recht, erkennen und verstehen ist nicht genug; körperliche, emotionale und mentale Kräfte und Muster müssen erweckt und neugeordnet werden. Die menschliche Seele entsteigt erst nach vielen inneren Toden dem Raupenkokon als ein herrlicher Schmetterling. Die spirituelle Liebe kann nur erobern, wer bereits größere Entwicklungen in früheren Leben durchlaufen hat.

Stellen Sie sich ein großes Orchester vor. Jeder Musiker soll eine symbolische Teilpersönlichkeit von ihnen sein. Sie kennen jeden Einzelnen und wissen, welches Instrument er spielt. So weit so gut. Sie müssen aber außerdem jeden dazu bringen, sein Instrument in die Hand zu nehmen und zu spielen. Und alle Künstler sollten gut spielen kön-

nen – nicht perfekt, aber gut. Das schließt die Fähigkeit ein, sich der Komposition entsprechend richtig einzufügen. Was hilft es, wenn der Geiger ein wahrer Virtuose auf seinem Instrument ist, aber ständig an der falschen Stelle loslegt?
Damit das alles funktioniert, braucht das Orchester schließlich noch einen Dirigenten. Der Dirigent ist ihr höheres Selbst, der göttliche Funke in ihnen, mit dem sie als spirituell Erwachter den Kontakt verbessern, bis sie eines Tages mit ihm verschmelzen.
Wenn das alles zusammenkommt, dann spielen sie eine himmlische Musik, ihre persönliche Himmelsmelodie. Ein Lied spiritueller Liebe.

Die Metapher vom Orchester veranschaulicht das ganzheitliche und aktiv gestaltende Bewusstsein eines spirituellen Menschen. Doch was hat das alles mit Liebe bzw. spiritueller Liebe zu tun? Eine ganze Menge. Der Mut, wirklich alle seine Seiten – auch die dunkelsten – anzuschauen, anzunehmen und sie mit emotionaler Zuwendung in erlöste Aktivposten zu verwandeln, das ist wahre Selbstliebe. Und eine umfassende Selbstliebe ist Voraussetzung für jede aufrichtige, höhere Liebe, die sich nach außen verströmen will. Jeder kann immer nur geben, was er hat. Liebe deinen Nächsten *wie dich selbst,* heißt es. Der zweite Teil wird gerne vergessen oder zumindest unterschätzt. Doch jeder kann erst dann, nur dann und nur im Maße seiner Selbstliebe andere lieben.

Viele, die in helfenden Berufen arbeiten, leiden an einem massiven Helfersyndrom. Sie kompensieren die mangelnde Selbstliebe, indem sie anderen helfen, andere lieben. Sie geben anderen, was sie vorher besser sich selbst geben sollten. Daran erkennen wir die wichtigste Qualifikation für Psychotherapeuten, Lebensberater, Medien, Sozialarbeiter, Entwicklungshelfer, Mediziner, Coaches und Geistliche. *Ein Titel oder Studium ist es nicht, sondern die eigene Liebesfähigkeit.*

Nur wer selbst ein wenig Licht verstrahlt und eine gefüllte Gießkanne mitbringt, kann wie ein guter Gärtner zum Wachstum anderer beitragen. Erst aus einer umfassenden Selbstliebe erwächst also die Fähigkeit zur Nächstenliebe. Weniger biblisch, aber genauso treffend wäre es, von der wahren Menschenliebe zu sprechen.

Anders als die emotionale Liebe ist die wahre Menschenliebe kaum an Bedingungen oder irgendwelche Merkmale gebunden. Wenn Sie sich selbst umfassend angenommen haben, dann wird Ihre Zuwendung für andere ebenso umfassend und ganzheitlich sein. Der emotional Liebende liebt am anderen nur ganz bestimmte, unbewusste eigene Fähigkeiten und Eigenschaften. Der spirituell Liebende jedoch liebt sein eigenes kleines Universum und kann dementsprechend viele Wesensmerkmale anderer Menschen annehmen. Die Bedingungslosigkeit seiner Liebe bedeutet nicht, alles und jeden über alle Maßen zu lieben, sondern „nur", dass seine Art zu lieben keine bestimmte Voraussetzung braucht. Selbst spirituelle Liebe liebt nicht alle Menschen völlig gleich, es wird immer graduelle Unterschiede geben. Das ist ganz normal, denn auch spirituelle Menschen bleiben Individuen und selbst Jesus hatte in Johannes einen Lieblingsjünger, aber: Sie als spirituell Liebender können andere Menschen zumindest ganzheitlicher *akzeptieren*. Akzeptieren heißt nicht „gut finden". Sie müssen Terroristen keineswegs gut finden. Wenn Sie sich aber mit Ihrem inneren Gewaltpotential ausgesöhnt haben, dann können Sie gewalttätige Menschen akzeptieren. Sie werden bei Ihnen keine negativen Emotionen mehr wecken und Sie werden sich keiner Demonstration gegen die Todesstrafe anschließen. Sie haben an sich selbst erfahren, welche Angst und Verzweiflung sich hinter der Gewalt verbergen.

Was ist mit dem Gebot der Feindesliebe im Neuen Testament? Ganz offensichtlich verlangt sie mehr als nur ein Akzeptieren. Ich denke,

Jesus hat das starke Wort der Feindesliebe gewählt, um eine klare und deutliche Gegenposition zum üblichen Feindeshass aufzubauen. Richtige Feinde haben sich damals gegenseitig getötet, in Kriegen, Aufständen usw. Um diesem Feindbild eine ebenso starke Botschaft entgegenzusetzen und ein genau gegensätzliches Verhalten anzupreisen, hätte ein Wort wie akzeptieren nicht ausgereicht. Hass, Tod, Feind, da bedurfte es offensichtlich der wörtlichen Liebe als ebenbürtiges Gegenstück. Gemeint war damit aber wohl die bildliche Umarmung, sprich Versöhnung mit dem Feind, was dem akzeptierenden Grundgedanken recht genau entspricht.

Ganzheitliche und weitgehend bedingungslose Selbst- und Menschenliebe, das also charakterisiert zusammengefasst die spirituelle Liebe. Wie eine Sonne schickt sie ihre Strahlen lächelnd zu allen Menschen, egal, wer sie sind, was sie machen und wo sie leben.

Die spirituelle Liebe besitzt aber noch eine weitere sehr wichtige Eigenschaft, nämlich ihre emporhebende Kraft. Die spirituelle Liebe befindet sich im oberen Bereich des Dreiecks. Sie wurzelt in den höheren, geistigen Ebenen, da sie das Körperliche und Emotionale transformiert und transzendiert hat. Sie ist über die körperliche und emotionale Liebe hinausgewachsen, sie ist höher und größer, umfasst und integriert aber den Körper und die Emotionen. Sie hat also den Nährboden, auf dem sie nach oben gewachsen ist, nicht völlig verlassen. Die spirituelle Liebe ist höher und zugleich ganzheitlicher. So wie die emotionale Liebe Körperliebe wie ein Mantel umfasst und wärmt, so tut dies die spirituelle mit der emotionalen und körperlichen Liebe. Sie umfasst beide und *hebt sie empor*, d. h., sie verleiht ihnen spirituelle Qualitäten. Deshalb können auch spirituelle Menschen durchaus Sex haben. Aufgrund der lenkenden Kraft ihrer Spiritualität hebt sich deren Sexualität allerdings von der üblichen Bettgymnastik ab.

Ein spiritueller Meister, der nicht gelegentlich mal in der Lage ist, jemanden zu umarmen und damit körperlich-emotionale Liebe auszudrücken, weil es ihm unangenehm ist – der ist eben kein spiritueller Meister. Selbst wenn er Gegenstände materialisieren kann. Ein wirklich spiritueller Mensch wird zwar nicht ständig andere abknutschen wollen und Sex spielt keine dominante Rolle, da er nicht im Körper bzw. Emotionalkörper zentriert ist. Doch er ist zu beidem fähig und wenn er körperlich-emotional liebt, dann fließt sein spirituelles Wesen mit ein, dadurch erhebt er beide Körper.

Wenn Sie also nach Indien zu einem angeblich erleuchteten Guru reisen, der ihnen beim ersten Kontakt telekinetisch entgegenfliegt, um damit zu beeindrucken, dann fliegen Sie am besten auch – aber wieder nach Hause! Ihrem ungläubigen Staunen sollte sogleich tiefe Enttäuschung folgen. Dieser Mann kann Ihnen nichts von spirituellem Wert geben. Er wirkt zwar wie die spirituelle Liebe mit seinen spirituellen Kräften auf den Körper ein, hebt ihn aber entgegen dem äußeren Anschein nicht empor. Nicht im eigentlichen, tieferen Sinne, nur wörtlich. Das genaue Gegenteil ist sogar der Fall: Er missbraucht seine höheren Kräfte und zieht sie herunter. Der Körper zieht die spirituellen Energien runter, anstatt von diesen erhoben zu werden. Die Spiritualität des Gurus steht im Dienste seines Körpers und seines Egos, nicht umgekehrt.
Im Allgemeinen machen Sie sich besser keine allzu großen Gedanken über den Entwicklungsstand anderer. Es genügt, sich um seinen eigenen zu kümmern. Sollte es aber mal einen guten Grund geben, dann schauen Sie weniger darauf, *was* jemand macht, sondern eher *wie und warum* er etwas tut.

Viele von ihnen werden das Hohelied der Liebe vom heiligen Paulus schon kennen. Es „besingt“ vor allem zwei der erläuterten Merkmale einer spirituellen Liebe sehr anschaulich und zugleich berührend: ihren alles erhebenden Charakter und die fehlende emotionale Bindung bzw. Projektion. Beim Lesen sehe ich vor meinem geistigen Auge die wärmende, über allen Menschen lächelnde Sonne.

„Wenn ich in den Sprachen der Menschen und Engel redete,
hätte aber die Liebe nicht,
wäre ich dröhnendes Erz oder eine lärmende Pauke.
Und wenn ich prophetisch reden könnte
und alle Geheimnisse wüsste
und alle Erkenntnis hätte;
wenn ich alle Glaubenskraft besäße
und Berge damit versetzen könnte,
hätte aber die Liebe nicht,
wäre ich nichts.
Und wenn ich meine ganze Habe verschenkte,
und wenn ich meinen Leib dem Feuer übergäbe,
hätte aber die Liebe nicht, nützte es mir nichts.
Die Liebe ist langmütig,
die Liebe ist gütig.
Sie ereifert sich nicht,
Sie prahlt nicht,
Sie bläht sich nicht auf.
Sie handelt nicht ungehörig,
sucht nicht ihren Vorteil,
lässt sich nicht zum Zorn reizen,
trägt das Böse nicht nach.
Sie freut sich nicht über das Unrecht,
sondern freut sich an der Wahrheit.
Sie erträgt alles,
glaubt alles,

hofft alles,
hält allem stand.
Die Liebe hört niemals auf.
Prophetisches Reden hat ein Ende,
Zungenrede verstummt,
Erkenntnis vergeht.
Denn Stückwerk ist unser Erkennen,
Stückwerk unser prophetisches Reden;
wenn aber das Vollendete kommt,
vergeht alles Stückwerk.“
...
(Neues Testament, erster Brief an die Korinther, 13.1-13.10)

Die Kapitelüberschrift spricht neben der spirituellen Liebe auch von der bislang unerwähnten Christusliebe. Was hat das alles mit Jesus und der Christusliebe zu tun? Jesus brachte die Botschaft der Liebe und es war gerade die Nächstenliebe bzw. spirituelle Liebe, die ihn auszeichnete. Sie finden alle hier beschriebenen Merkmale bei Jesus wieder, am wichtigsten ist jedoch das liebende Umfassen gerade der dunklen menschlichen Aspekte. Erinnern Sie sich an das Beispiel mit der akzeptierenden Annahme von Terroristen, weil das eigene, innere Gewaltpotential erfahren und erlöst wurde. Die gesamte Menschheit mit sämtlichen, nur allzu menschlichen Bedürfnissen und Abgründen aus vollem Herzen anzunehmen, ohne Wenn und Aber, das macht die Christusliebe aus. Ich sehe ihn ihr die menschenmöglich höchste Form der spirituellen Liebe, die obere Linie des Dreiecks, das spirituelle Herz im menschlichen Herzen. Vermutlich hat sie Jesus erst bei seiner Auferstehung voll entfaltet, nachdem er das Kreuz annahm und dadurch zum Christus wurde. Deshalb Christusliebe.

Jesus lebte diesen Aspekt der spirituellen Liebe, der das Menschliche und vermeintlich Niedrige umarmt und dadurch erhebt, in vielerlei Hinsicht vor. Als ein spiritueller Gigant blieb er dennoch immer angenehm menschlich, den Menschen nahe, körperlich und emotional und umarmte die menschlichen Schattenseiten:

- Er wurde in eine ganz normale Arbeiterfamilie hineingeboren, ohne jegliche Privilegien.

- Er verbrachte nicht den ganzen Tag im Tempel bei jüdischen Priestern, um ihnen diskutierend die Schweißperlen auf die Stirn zu treiben – obwohl er es gekonnt hätte. Er umgab sich mit ganz normalen, einfachen Leuten, wie z. B. seine Jünger. Obwohl ihnen allen weit voraus, betrachtete sie Jesus als seinesgleichen – mehr als die jüdischen Priester.

- Er ging offen und direkt auf all jene zu, an denen sich kein Priester die Hände schmutzig machen wollte, z. B. Aussätzige, Prostituierte und andere Randgruppen der Gesellschaft.

- Er ist nicht telekinetisch durch die Gegend geschwebt, sondern mit beiden Beinen große Strecken durch das Land gereist.

- Jesus konnte auch mal wütend werden, z. B. als er die Händler und Geldwechsler aus dem Tempel geworfen hat. Seine Emotionen blieben dabei dennoch Ausführungsorgane seiner spirituellen Motivation, denn sie richteten sich gegen die materielle Entweihung des Haus Gottes.

- Er hatte schwache Momente auf dem Ölberg.

Erkennen oder erahnen Sie den Zusammenhang zwischen Hohem und Tiefem, der an anderer Stelle noch ausführlich besprochen wird? Je höher und spiritueller jemand ist, desto tiefer und Tieferes kann er lieben. Je tiefer jemand steht, desto höher wird die sich daraus entwickelnde Liebe und desto höher stand er vorher. Der folgende Traum gibt einen kleinen Vorgeschmack auf die Kapitel über Luzifer und den Zusammenhang zwischen Höchstem und Niedrigstem.

Traum: „Über unten nach oben"
Ich sehe ein altes Tor mit der Aufschrift „Antichrist". Soll ich es aufmachen und hindurchgehen? Ich wage es mutig. Zunächst passiert gar nichts, dann sehe ich einen Engel, der zuerst mit dem Daumen nach unten und dann nach oben zeigt. Ich weiß intuitiv, was die Geste bedeutet: Ich muss nach unten gehen und komme damit eigentlich und gleichzeitig nach oben. Mit einem kleinen, offenen Gefährt fahre ich wie auf Schienen spiralförmig nach unten. Es wird aber nicht dunkler, sondern heller!? Links und rechts begleiten mich Engel, die im Chor singen. Ich fühle mich in einem höheren Bewusstseinszustand.

Deutung:
Die entscheidende Botschaft habe ich bereits im Traum selbst erkannt und in der nachfolgenden Fahrt nochmal erlebt: Nur über das Unten bzw. dunkle Unbewusste und dessen Bewusstmachung bzw. Hellmachung entsteht Licht, gelangt man nach oben (es wird heller, singende Engel, höherer Bewusstseinszustand).

3.4.4 Göttliche Liebe

Wie liebt Gott? Der Begriff der Liebe ist im eigenen Bewusstsein automatisch mit so vielen menschlichen Assoziationen und Vorstellungen verknüpft, dass selbst Superlative schnell zu Missverständnissen führen. Die Gefahr ist groß, zwar sehr hohe und spirituelle, aber nach wie vor menschliche Maßstäbe auf etwas Nicht-Menschliches zu übertragen. Die Gefahr der falschen, sprich *zu* menschlichen Phantasie, betrifft vor allem die Schwierigkeit, sich mit einem begrenzten, individuellen Geist dem Allumfassenden zu nähern. Das menschliche Bewusstsein kann nie ganzheitlich das göttliche All-das-was-ist wahrnehmen, es funktioniert ausschnitthaft und bleibt individuellen Neigungen unterworfen. Unterschwellig stellen sich viele Gott als ein übermächtiges Einzelwesen vor, ähnlich einer menschlichen Seele, nur viel größer. Im Unterbewusstsein so mancher hat dieses Überwesen sogar einen langen, grauen Bart ... Wie groß und mächtig Gott auch immer sein mag, ein *individuelles* Wesen ist er eben gerade *nicht.* Wie liebt nun ein göttliches Kollektivwesen?

Die beste Annäherung an die göttliche Liebe ermöglicht das bereits bei der spirituellen Liebe erwähnte Bild der Sonne. Nicht umsonst war die Sonne in vielen Kulturen ein Symbol für das Göttliche. Anders als die Sonne der spirituellen Liebe scheint die göttliche Sonne für alle Lebewesen im Universum und liebt sie dennoch ebenso bedingungslos. Anders als die spirituelle Sonne lächelt die göttliche Sonne nicht nur – sie lacht in schöpferischer Freude jede Sekunde unzählige Kindersonnen aus ihrem innersten Wesen in das materielle Universum hinaus. Ein fortwährend pulsierendes Sich-Verströmen in purer Lebensenergie, das ist göttliche Liebe. Sie durchdringt alles, belebt alles, liebt alles. Sie ist die Antwort auf die Frage von Goethes Faust nach dem, was die Welt im Innersten zusammenhält.

Appenzeller Landsgemeindelied – Ode an Gott
Alles Leben strömt aus dir,
und durchwallt in tausend Bächen
alle Welten, alle sprechen:
deiner Hände Werk sind wir.

Dass ich fühle, dass ich bin,
dass ich dich, du Großer kenne,
dass ich froh dich Vater nenne,
oh ich sinke vor dir hin.

Welch ein Trost und unbegrenzt,
und unnennbar ist die Wonne,
das gleich deiner milden Sonne,
mich dein Vateraug' umglänzt.

Deiner Gegenwart Gefühl,
sei mein Engel, der mich leite,
dass mein schwacher Fuß nicht gleite,
nicht sich irre von dem Ziel.

Die göttliche Liebe ist keine Eigenschaft von Gott, so wie Menschen Eigenschaften besitzen, sondern ein andauernder Seinszustand. Gott kann gar nicht anders, er bzw. sie ist einfach so. Gott bestand – und besteht noch immer – aus so viel Lebensliebe, dass er gar nicht wusste wohin damit und aus dieser „Not“ heraus entstand die Schöpfung, die noch immer ein Teil und Ausdruck seiner Liebe ist. Wer eine Ahnung von der göttlichen Liebe erhaschen will, dieser Zentralsonne des Universums, der muss selbst zu einem Sonnenstrahl werden. Er muss das menschliche Endziel der spirituellen Liebe erreichen.

Die göttliche Liebe hat so gut wie nichts mit dem menschlichen *Gefühl* der Liebe zu tun, aber wie die spirituelle und emotionale Liebe schließt sie alle weniger hohen Liebesschwingungen mit ein. Schließlich durchdringt und belebt die göttliche Liebe alles (!) Existierende. Nichts und niemand ist von ihr getrennt. In gewissem Sinne liebt daher der Kollektivgott auch auf spirituelle, emotionale und körperliche Weise: nicht als lenkende Urkraft des Universums per se, sondern indirekt über die von ihm erschaffenen Lebewesen, die seinen göttlichen Funken in sich tragen. Es ist, als ob in jedem Moment unzählige Erfahrungsströme wie Funkwellen zu Gott fließen, während er gleichzeitig schöpferische Sonnenstrahlen ins Universum hinausschickt und damit neue Erfahrungswesen erschafft.

4 Der Kampf gegen das Tier

4.1 Ein wichtiges Urmuster mit sexueller Bedeutung

„Das Tier, das ich sah, glich einem Panther;
seine Füße waren wie die Tatzen eines Bären
und sein Maul wie das Maul eines Löwen.
Und der Drache hatte ihm seine Gewalt übergeben,
seinen Thron und seine große Macht.
Einer seiner Köpfe sah aus wie tödlich verwundet;
aber die tödliche Wunde wurde geheilt.
Und die ganze Erde sah dem Tier staunend nach.
Die Menschen warfen sich vor dem Drachen nieder,
weil er seine Macht dem Tier gegeben hatte;
und sie beteten das Tier an und sagten:
Wer ist dem Tier gleich
und wer kann den Kampf mit ihm aufnehmen?

(Neues Testament, Offenbarung 13.2-13.4)

Der Kampf gegen das Tier ist ein uraltes, tief in der menschlichen Seele verwurzeltes Muster. Es begleitet die Menschheit seit Urzeiten und wir finden es nicht nur in Bibeltexten wie dem obigen. Die Psychoanalyse nach Jung bezeichnet solche kollektiven Urmuster als *Archetypen.*

Auf unserer großen Reise fungieren Archetypen als unvermeidliche Teilstrecken, die jeder gehen muss. Die Art und Weise sowie die Intensität variieren individuell, doch archetypische Entwicklungsaufgaben müssen von jedem bewältigt werden. Als Sie vor langer Zeit den Vertrag für den menschlichen Reinkarnationszyklus unterschrieben, haben Sie die Archetypen-Klausel mitakzeptiert. Archetypische Aufgaben verteilen sich mehr oder weniger gleichmäßig auf die vielen Leben, die jede Seele bereitwillig durchläuft. In jedem einzelnen Leben stehen immer nur ein paar bestimmte Archetypen spürbar im Vordergrund.

Der Archetyp des Kampfes gegen das Tier begegnet uns in vielen Mythen, Legenden, Sagen und Märchen sowie in der Bibel. Ist es nicht faszinierend, wenn wir den Kampf Siegfrieds gegen den Drachen im Fernsehen sehen oder von Herkules lesen, wie er der schlangenköpfigen Hydra den Kopf abschlägt? Religiöse Menschen fühlen sich vielleicht eher vom Sieg des heiligen Georg gegen den Drachen angezogen oder von den epochalen Tierkämpfen aus der Offenbarung, dem letzten Buch des Neuen Testaments. In abgewandelter Form ist der Urkampf gegen das Tier schon fast Bestandteil des Alltags. Er findet sich in zahllosen Spielfilmen, einfachen Romanen und Liedern ebenso wie im Umgang mit realen Tieren. King Kong und die weiße Frau, Werwölfe, Tierphobien, der spanische Stierkampf oder die Bärenjagd in Kanada – Sie begegnen dem Thema auf Schritt und Tritt.

Ahnen Sie bereits, worum es beim archetypischen Kampf gegen das Tier geht? Das Tier symbolisiert den animalischen, niedrigen Aspekt der Sexualenergie, den Sextrieb bzw. Paarungsinstinkt. Ich spreche vom rein körperlichen Verlangen; das, was „geil" macht. Dieser einfache Sex benötigt keine Gefühle, Zärtlichkeit oder höhere Energien. Er möchte einfach nur egoistische Lustbefriedigung, wozu sich beide

Partner einvernehmlich gegenseitig benutzen. Die Sprache kennt hierfür mehrere Ausdrücke, in deren primitiver Klarheit das Animalische hindurchscheint, z. B. „ficken".

Das mythologische Tier repräsentiert nicht immer ausschließlich den Sexualtrieb. Neben den anderen Trieben steht er aber häufig im Vordergrund.

Der körperliche Trieb ist ein entwicklungsgeschichtliches Relikt der tierischen Vorgänger, aus denen der Mensch körperlich hervorging. Dieses Überbleibsel übt noch immer einen großen Einfluss aus. Biologisch gesehen geschieht dies über das sogenannte limbische System im Gehirn. Passenderweise nennt es sich auch „Reptiliengehirn". Das Tier lässt freundlich grüßen.

Dass ausgerechnet Tiere den reinen Körpersex symbolisieren, ist kein Zufall, sondern durchaus logisch. Denken Sie mal nach, welche zwei Triebe jedes Tier maßgeblich bestimmen. Es sind Fortpflanzungs- und Nahrungstrieb. Genau diese beiden tierischen Instinkte verbinden den Menschen am stärksten mit dem Tier. Verbinden im Sinne einer Gemeinsamkeit, denn genau wie das Tier besitzt auch der Mensch einen Sexual- und Nahrungstrieb. Darüber hinaus „verbinden" sie ihn mit dem psychologischen Tier *in ihm,* ja mehr noch, sie *binden* ihn an Selbiges. Angesichts des tierischen Charakters verwundert es nicht, wenn in Träumen Tiere sehr häufig sexuelle Bedeutung haben. Pferde, Schlangen, Stiere, Kühe, Spinnen, Affen, Schweine, Hunde, Katzen, Mäuse, Hirsche, Schnecken – fast jedes Tier kann etwas Sexuelles repräsentieren und häufig tut es das auch. Darüber hinaus kennt die Traumdeutung natürlich viele nichttierische Symbole für das körperliche Vergnügen, z. B. in menschlicher Gestalt oder Gegenstände. Die klassische Psychoanalyse nach Freud ist bekannt dafür, in allen länglichen Gegenständen und solchen mit Öffnungen bereitwillig eine genitale Bedeutung hineinzulegen.

Was genau heißt es nun, gegen das animalische Sexverlangen in Gestalt des Tieres zu kämpfen? Kämpfen meint das Ringen um Kontrolle und Herrschaft über diese mächtige instinktive Kraft.

Sexualstraftäter und Sexsüchtige haben diesen Kampf verloren. Die allermeisten Menschen haben ihr Verlangen halbwegs unter Kontrolle. Sie geben ihm nicht so schnell und beliebig wie Tiere nach, sind ihm nicht willenlos ausgeliefert. Ist der einfache Sexwunsch allerdings erst mal stimuliert und darf sich befriedigen, dann dominiert er das weitere Geschehen. Salopp gesagt, wenn erst mal die Kleider fallen, dann übernimmt er wie ein Solist das Ruder. Das heißt konkret: Der Körper, seine Empfindungen und Bedürfnisse drängen sich in den Vordergrund. Für Gefühle und innere Berührbarkeit bleibt kaum Platz, geschweige denn für höhere Energien. Bildlich ausgedrückt, die meisten sind kultiviert genug, ihre sexuellen Energien wie einen ungestümen Hund an der Leine zu zügeln. Sieht der aber einen Hasen, dann reißt er sich los und kommt auch auf heftiges Zurufen nicht mehr zurück. Falls er überhaupt gerufen wird, denn genau da begänne der Kampf. Denken Sie, jemand kann einen solchen Hund bzw. Sexualtrieb in etwas Höheres verwandeln, wenn der noch nicht mal einem einfachen Kommando folgt? Das Ziel der Entwicklungsreise ist kein Tierheim, sondern ein Adlerhorst.

<u>Traum: "Schlangenbeschwörter statt Schlangenbeschwörer"</u>
Ich sitze im Schneidersitz auf dem Boden eines kahlen Raumes. Eine ganze Flut von Schlangen schlängelt sich längere Zeit von der einen Seite kommend über meinen Schoß zur anderen Seite. Ich lasse es bewegungslos geschehen. Es ist recht angenehm, obwohl ich auch Angst habe, gebissen zu werden. Die letzte Schlange beißt mich dann tatsächlich ins Kreuz.

Deutung:
Die munteren Schlangen symbolisieren die aktive und ungezügelte Sexualität. Ich ließ es im Traum passiv bewegungslos geschehen, ohne eine lenkende Funktion oder Kontrolle auszuüben. Die Schlangen waren die Akteure und ich war eher wie der beim Anblick der Schlange vor Angst hypnotisierte Hase. Ich saß zwar da wie so ein indischer Schlangenbeschwörer mit seiner Flöte, allerdings tanzten die Schlangen eben gerade nicht nach meiner Pfeife bzw. Flöte, sondern ich ließ es vielmehr nach ihrem Willen geschehen. Das angenehme Körpergefühl im Traum entspricht dem körperlichen Wohlempfinden beim Sex. Nicht zufällig kriechen sie ausgerechnet über meinen Schoß. Interessant ist dabei außerdem die horizontale Bewegung der Schlangen, die im offensichtlichen Gegensatz steht zur senkrecht nach oben aufsteigenden Kundalini-Schlange (dazu später mehr). Der Biss in den unteren Rücken zeigt den Ort der Schlangenwirkung, nämlich auf Höhe der Genitalien bzw. des zweiten Chakras. Chakren sind feinstoffliche Energiezentren, das zweite versorgt die Sexualorgane. Dort war zum Zeitpunkt des Traumes die sexuelle Energie bereits einige Jahre lang blockiert und sorgte für Kreuzschmerzen. Die langen Giftzähne waren wie Nägel, die die Energie dort fixierten, quasi „festgenagelten".

Die Kontrolle und Zähmung der sexuellen Instinkte betrifft nicht nur die Häufigkeit, mit der sie der Lust frönen. Die Aufgabe richtet sich nicht nur an Casanovas und „leichte Mädchen", die ständig Orgasmen durch den Körper jagen. Dass alle Sexfans sich zu mehr Enthaltsamkeit disziplinieren müssen, ist „nur" der quantitative Aspekt der Herausforderung. Das langjährige, treue Ehepaar, das sich höchstens ein Mal im Monat rein körperlich sexuell vergnügt, steht jedoch ganz genauso unter der Fuchtel des sinnbildlichen Tieres. Sie unterscheiden sich von sexuell hochaktiven Menschen nur im Hinblick auf die Häufigkeit, die rein körperbezogene Qualität ist aber identisch.

Die Aufgabe der Triebbezwingung umfasst also neben der Häufigkeit zusätzlich einen qualitativen Aspekt: Das Tier muss sanftmütiger werden. Der Wolf oder aggressive Hund in Ihnen – um bei diesem nützlichen Bild zu bleiben – muss sein Schmusebedürfnis entdecken. Die Sexualität wird sanfter, zärtlicher, gefühlsbetonter und romantischer. Aus dem prinzipiell egoistisch orientierten Lustgewinn heraus entwickelt sich ein erstes, echtes Interesse für das Wesen des anderen. Kurz gesagt, die Bettaktivitäten gestalten sich liebevoller – ohne damit allzu hohe Ansprüche an den weit dehnbaren Begriff der Liebe zu stellen. Genauer gesagt, die emotionale Liebe gewinnt an Einfluss, während die spirituelle noch tief schläft.

Mit dieser Annäherung an Liebe erhalten alle Tierbändiger einen erstmaligen emotionalen Vorgeschmack von dem, was der Sexualität innewohnt. Eine zarte Ahnung von dem Schatz, der ihr innewohnt. Denken Sie mal zurück, als Sie das erste Mal total verliebt waren und sanften Sex hatten ...

4.2 Ein schwerer Kampf für viele

Sehr viele Menschen stehen vor der Herausforderung, den beschriebenen Kampf anzunehmen und zu gewinnen. Kollektiv gesehen befindet sich der Mensch auf diesem relativ frühen Teil des großen Weges. Allerdings steigen selbst die schon längere Zeit Reisenden immer wieder mal in die Kampfarena. Warum wohl? Kleine und ebenso große Entwicklungen verlaufen nie geradlinig, sondern nach verschiedenen Mustern. Eines funktioniert nach dem bekannten Schema der zwei Schritte vor, einer zurück. Wobei das nur eine grobe Vereinfachung ist. Manchmal gehen wir sogar vier Schritte zurück, um danach fünf zu meistern oder weil vorher bereits ein großer 5-Schritte-Sprung gelang. Ein anderes, sehr wichtiges Entwicklungsschema sorgt für große Sprünge zwischen polar verknüpften Reisestationen – von weit oben nach weit unten oder umgekehrt. Angesichts dieser natürlichen Prozesse und der grundsätzlich schwierigen Aufgabe schlagen sich selbst Fortgeschrittene phasenweise mit der Tierzähmung rum.

Je nach individueller Veranlagung und den schon in den Vorleben absolvierten Erfahrungen fällt der Kampf mehr oder weniger schwer und lange aus. Aus Sicht des Gesamtweges und im Vergleich mit anderen Herausforderungen ist es aber regelmäßig ein im wahrsten Sinne des Wortes *schwerer Kampf.* Die vielen Märchen, Mythen, Legenden und Sagen um Tiere übertreiben nicht in ihrer mitreißenden Darstellung schwieriger Auseinandersetzungen: Da erscheint der Feind übermächtig und Zweifel kommen auf; Ängste müssen bewältigt und Opfer gebracht werden. Blut fließt. Scheinsiege weichen der Realität und es gibt Zeiten des Alleinseins in einer dunklen Höhle.

Wie in den Geschichten durchleben die Kandidaten viele Anstrengungen und Erfahrungen, sammeln Erkenntnisse und brauchen Geduld, bis die gezähmten Instinkte endlich zum nächsten Schritt bereit sind. Doch nur so funktioniert es. Sie müssen der unangefochtene Boss werden, der Rudelführer. Nur was Sie wirklich besitzen, was Sie bewusst und kontrolliert in Ihrer Hand halten, können Sie bewusst und erfolgversprechend weiterentwickeln, sozusagen hochwerfen.

Traum: „Eine extrem verbissene Katze“

Eine schwarze Katze kommt auf mich zu und legt sich verführerisch räkelnd vor mich hin. Ich interpretiere das als Zuneigung und bin ihr ebenfalls zugeneigt. Als ich mich wegdrehe, beißt sie mich in die linke Hand und lässt nicht mehr los. Sie versucht sogar, sich noch tiefer und fester zu verbeißen. Es ist recht schmerzhaft, aber erträglich. Ich bitte andere, die Katze wegzunehmen, doch sie weigern sich. Ich gehe mit der im doppelten Sinne verbissen an mir hängenden Katze zu einem Tisch. Das Mistvieh würde lieber sterben als loslassen. Erst nachdem ich mehrere Male immer fester werdend ihren Kopf gegen den Tisch schlage, lässt sie los und verzieht sich.

Deutung:
Die Katze bzw. meine körperliche Sexnatur hatte mich durch ihr Verbeißen unter Kontrolle, nicht ich sie. Der dauerhafte Handbiss zeigt, sie hat mich sozusagen fest in ihrer Hand und behindert meine eigene Hand-lungsfähigkeit. Schon das verführerische Räkeln zu Beginn des Traumes verdeutlicht meine bereitwillige Opferrolle. Ich spreche positiv darauf an, mag den animalischen Trieb und verwechsle außerdem das rein sexuelle Angebot mit Zuneigung.
Als ich mich dann wegdrehe und damit vom Sexuellen zu „entfernen" drohe, beißt die Katze zu. Das heißt: „Hiergeblieben, du entkommst mir nicht, du gehörst mir." Das mehrfache Schlagen des Kopfes gegen den Tisch beweist, welch vehementer und konsequenter Einsatz erforderlich ist, um die Kontrolle zurückzugewinnen. Der Kopf steht wegen der körperlichen Steuerfunktion des Gehirns symbolisch für ein Kontrollzentrum.
Genau genommen gelang diese rabiate Aktion nur, weil ich dadurch den Tod der Katze in Kauf nahm. Ich agierte also ein Stück weit im Bewusstsein der nächsten Entwicklungsstufe, denn der Bändigung sexueller Instinkte folgt deren Tod. Wenn das rein Sexuelle stirbt, kann nachfolgend etwas Neues aufleben. Obwohl die Katze loslassen muss, gehe ich jedoch nicht als Sieger aus dem Kampf hervor. Ich habe nur eine Niederlage verhindert, ohne die Katze unter meine eigene Kontrolle zu zwingen und den Spieß umzudrehen.

Erkennen Sie die Verbindung zum Schlangentraum? Wie hier wurde ich auch im Schlangentraum von einem sexuellen Tier gebissen, dort allerdings ohne jegliche Gegenwehr. Anders als hier war ich für die Schlangen ein perfektes Opfer von Anfang bis Ende. Zwischen beiden Träumen hat also eine Entwicklung stattgefunden. Alle Tiere, die sich um das gleiche Thema ranken, können und sollten immer im Zusammenhang gedeutet werden.

4.3 Warum ist der Kampf so schwer?

4.3.1 Tiefe Prägung und verdrängte Emotionen

Sex bereitet viel Spaß und Sie genießen die körperlichen Freuden bereits seit vielen Leben. Dadurch haben Sie über die Jahrtausende ein eingeschliffenes Muster erzeugt. Die körperliche Erregung und Entladung hat sich über viele tausend Stunden als Spaßbringer bewährt. Es ist schwer, gegen ein so tiefes und noch dazu angenehmes Muster erfolgreich anzugehen. Es ähnelt dem Versuch, einem alten Hund noch etwas Neues beizubringen.

Der Zeitfaktor spielt noch in anderer Hinsicht eine Rolle. Denken Sie an unsere mit den tierischen Körperfunktionen noch viel stärker verbundenen Urvorfahren. Über historisch sehr lange Zeiträume diente der Geschlechtsverkehr nur der Fortpflanzung und dem Vergnügen. In unseren Genen sind diese Erfahrungen zwar fest, aber keineswegs unveränderbar einprogrammiert. Es gab zu jenen Zeiten wenig Grund für Kontrolle und bewusstem Umgang. Schneller, einfacher Sex war ein Überlebensfaktor, sowohl für die Gattung Mensch als auch für das jeweilige Individuum. Dem Überleben galt die Hauptaufmerksamkeit, es hatte Priorität.

Stellen Sie sich einen primitiven Homo sapiens vor, der seiner Auserwählten wochenlang den Hof macht, ehe er mal „ran darf". Anstatt auf die Jagd zu gehen, streift er fröhlich durch eine Gegend voller gefährlicher Tiere. Er sucht Geschenke, überlegt im Gras liegend, wie er ihr gefallen könnte und zupft Blumen. Schließlich fasst er den Entschluss, sich an einer weit entfernten Wasserstelle ein neues, besonders schickes Fell zuzulegen. Damit wird er sie sicherlich beeindrucken, aber wird es reichen? Er beginnt an sich zu zweifeln. Vor lauter Aufregung und Liebeskummer kann er gar nichts essen.
Was wäre wohl die Folge eines solchen Verhaltens? Entweder irgendein Raubtier würde den Romantiker erwischen oder er würde verhungern oder aber bei seiner Rückkehr bemerken, dass seine Angebetete mittlerweile einem anderen gehört. Spinnen Sie diese Überlegungen weiter und Sie kommen zwangsläufig zu dem Ergebnis, die gesamte Menschheit wäre längst ausgestorben.

Ein ganz anderer Grund für die recht große Kontrollaufgabe ist psychologischer Natur. Der Laie vermag es sich kaum vorzustellen, aber reiner Lustsex bringt trotz des offensichtlichen Spaßes auch negative Gefühle zum Ausdruck. Ob Frust, Zorn, Dominanzstreben, Gewalt, Macht oder Selbstsucht, sie alle „füttern" den Trieb, *wenn und soweit sie unbewusst bleiben.* Sie finden darin einen Kanal, über den sie lustvoll und gefahrlos entladen werden können. Gefahrlos nicht nur für andere, die ansonsten vielleicht einiges abbekämen. Gefahrlos vor allem für den Betreffenden selbst, weil er sich nicht mit solch unliebsamen Bäh-Gefühlen auseinandersetzen muss. Er oder sie nimmt sie als solche gar nicht wahr.

Der Ehemann kommt frustriert – weil in der Arbeit wieder mal zur Schnecke gemacht – nach Hause. Er redet sich den Vorfall schön, sein Chef hat schließlich jedes Recht, ihn zurechtzuweisen. Außerdem ist

er für den nächsten Karrieresprung auf sein Wohlwollen angewiesen. Eigentlich war es doch gar nicht so schlimm. Schwamm drüber. Die wahren Gefühle nagen aber unterschwellig weiter an ihm ...
Seine Ehefrau musste den ganzen Tag das brave, dienende Mädchen für ihren pflegebedürftigen alten Herrn spielen. Der hatte sie zwar als Kind mit kalter Nichtachtung und liebloser Strenge behandelt, denn sie war eben nie der vergeblich ersehnte Sohn. Und genau genommen hat sich ihr Vater auch als Pflegefall bis heute nicht grundlegend geändert. Doch was soll's. Es ist schließlich der eigene Vater, da muss man verzeihen können. Blut ist dicker als Wasser und außerdem steht da noch die mögliche Erbschaft im Raum. Ihre wahren Gefühle bleiben aber ebenfalls „im Raum“, sprich, in ihr und lösen sich keineswegs in Luft auf ...
Wenn die beiden Eheleute jetzt abends zusammenkommen, wäre es möglich, dass sich die unterdrückten Gefühle in einem Streit Luft machen. Ebenso gut könnte aber ein besonders leidenschaftlicher Sex Erleichterung verschaffen. Das brave Mädchen darf endlich mal ganz unartig sein und der Gedemütigte kann jetzt zeigen, wer der wahre Chef ist – zumindest im eigenen Bett.

Traum: „Flucht vor Poltergeist in die Sexualität“
Ich fliehe vor einem Poltergeist, der wütend die Einrichtung zerstört. Teilweise übernimmt er die Kontrolle über mich und dann bin ich es selbst, der mit telekinetischer Kraft Fenster und Glühbirnen zerplatzen lässt. Ich komme in ein dunkles Zimmer und will Licht machen, aber es funktioniert nicht. Ich trete ein Fenster ein und springe nach unten. Dort feiern Amerikaner in schummrigem Licht eine ausgelassene und freizügige Party. Sofort nehme ich mir eine Frau, um mich sexuell abzulenken und dadurch aus dem Alptraum auszuklinken. Es gelingt mir, von da an ist es ein normaler Sextraum und das vorangehende Alptraum-Geschehen ist vergessen.

Deutung:
Die Zerstörungswut des Poltergeistes ist meine eigene, die mich kontrollierend ergreift und dann durch mich selbst wirkt. Das bedeutet, wir sind eins. Die Zerstörungswut möchte ich mir zwar als solche bewusst machen, indem ich im Traum das Licht anknipse (Licht = Bewusstsein, Erkenntnis), doch es gelingt nicht. Folglich tritt Plan B in Kraft: Ich gehe eine Etage tiefer und lebe die Wut sexuell aus, tarne sie darin. Damit flüchte ich erfolgreich vor den beängstigenden Emotionen und lenke mich von ihrer Wahrnehmung ab.

Zweifeln Sie noch daran, dass sich unterdrückte Emotionen beim reinen Genitalsex Luft verschaffen? Werfen wir mal einen Blick ins Tierreich, schließlich ist unser Körpertrieb deren entwicklungsgeschichtliches Erbe. Das Besteigen selbst gleichgeschlechtlicher Artgenossen als Dominanz- und Herrschaftsgeste ist bei Tieren ein sehr gängiges Verhalten. Affen reagieren ihre Aggressionen oder kaum erträgliche Aufregungen ganz offen im Geschlechtsakt ab. Sogar unser lieber Freund Flipper, also die Delphine, verarbeiten bestimmte Emotionen durch reichlich Sex. Der Mensch trägt den Sexualinstinkt als tierisches Überbleibsel in sich und ebenso einige damit verbundene Verhaltensmuster. Das Abreagieren unbewältigter Emotionen im Sex ist ein ganz typisches solches Muster.
Schauen Sie sich einfach mal einen Porno aufmerksam und distanziert an. Stellen Sie wie ein Reporter sachlich fest, was die Akteure so machen und welche Wünsche dadurch zum Ausdruck kommen. Pornographie eignet sich als Beispiel besonders gut, weil es zweifellos und unverhüllt nur um das Ausleben purer Sexualinstinkte geht.

Die Praktiker unter Ihnen überzeugen sich am besten durch einen Selbstversuch. Bleiben Sie mal für längere Zeit völlig abstinent, Selbstbefriedigung eingeschlossen. Das sexuelle Bedürfnis wird sich bald anstauen und körperlich bemerkbar machen. Falls nicht bereits höhere Kanäle geöffnet sind, wird jedoch noch etwas geschehen: Mangels des körperlich-sexuellen Ventils erwachen nun die verdrängten Gefühle zu neuem Leben. Sie werden aggressiv, missmutig, übellaunig, niedergeschlagen usw.

Bisher erblickten viele Ihrer abgelehnten Gefühle nur sexuell getarnt das Licht der Welt bzw. Ihr Schlafzimmer. Der direkte Weg blieb ihnen aus diversen Gründen versagt – es wäre zu erschreckend, strenge Erziehung, coolen Schein wahren usw. Das sexuell-körperliche Ersatzspielfeld steht aber bei konsequenter Abstinenz nicht mehr zur Verfügung. Wo sollen die Emotionen nun hin? Gegen den Widerstand Ihres Iches bahnen sie sich nun sehr wahrscheinlich stückweise einen direkten Weg ins Leben; als Ärger, Zorn, Launigkeit, Trauer usw. Einfach so, ohne (relevanten) äußeren Grund. Und das ist gut so, weil Sie sich nun mit Ihren bis dato verdrängten Gefühlen auseinandersetzen können. Vielleicht stöhnen jetzt einige von Ihnen auf, weil sie darauf gar nicht scharf sind. Diejenigen verkennen die große Bedeutung der Gefühle für unsere Entwicklungsreise. Sie ahnen nicht, wie viele jahrelang zur Psychotherapie gehen, um an verborgene Gefühle ranzukommen und somit echte Probleme zu lösen.

4.3.2 Die richtige Sprache wählen

Ein weiterer Umstand erschwert meiner Erfahrung nach die verantwortungsvolle Zähmung des inneren sexuellen Tieres: Es versteht nur eine einzige Sprache, nämlich die primitive eigene. Diese müssen Sie lernen und sprechen. Nur so erreichen Sie den inneren Sexualinstinkt und können ihn wirksam beeinflussen, den Kampf aufnehmen. Auf diese Weise bedienen Sie sich erneut des bereits erläuterten, recht hilfreichen Abholgrundsatzes.

Bleiben wir bei der bildhaften Analogie des Hundes, zumal er eine von vielen symbolischen Figuren für triebgebundene Sexualität im Traum ist. Ein Hund – der reale ebenso wie der im Traum – ist ein hierarchisches Rudeltier. Er lebt dort entweder als Alphatier oder Underdog und diese Rolle bestimmt sein gesamtes Verhalten. Andere Alternativen existieren in seiner sozialen Welt nicht. Zusätzlich zu diesem Sozialinstinkt wird er auch mit seinen anderen Instinkten nur eines tun, nämlich ihnen folgen. Hundebesitzer dekorieren manchmal ihren Hund mit Wollmützchen und Schleife, doch es bleibt dennoch immer ein im Wesentlichen instinktgebundenes Tier – entgegen allen Vermenschlichungen.

Um nun im übertragenen Sinn das „Herrchen" über sexuelle Gelüste zu werden, müssen Sie deren Hierarchie-Sprache lernen und überzeugend mit Leben füllen. Sie müssen das dominante Alphatier werden, Stärke zeigen und verständliche Herrschaftsgesten signalisieren. An dieser Stelle erhalten alle Maßnahmen, die Disziplin, Härte und eventuell sogar Askese beinhalten, ihre Berechtigung. Selbst Jesus ging für vierzig Tage in die Wüste und fastete.

Was bedeutet die Alphatier-Rolle konkret? Sie verwehren dem Körper das, was er will, nämlich die lustbetonte Vereinigung mit einem anderen Körper. Nur diese Sprache versteht er. Der Körper ist ein in mancher Hinsicht kompliziertes und hervorragendes Instrument, das viele schlecht behandeln. In Machtfragen gleicht er aber eher einem dummen Tier. Unser „Bruder Esel", wie ihn die Bibel nennt, ist weder für vernünftige Argumente noch für Gefühlsduselei empfänglich.

Was ist mit spiritueller Liebe als Beherrschungsinstrument? Theoretisch kann eine hohe, alles umfassende Liebe den Körper und dessen Verlangen durchaus beeinflussen. Theoretisch könnte der sexuelle Instinkt durch eine hohe Liebe und deren Botschaft schlagartig in seine höheren Erscheinungsformen transformiert werden. Praktisch funktioniert das aber nicht, denn genau diese hohe Liebe besitzt der Tierbändiger noch nicht. Genau diese hohe Liebe ist es, die sich nach und durch die sexuelle Verwandlung erst noch entwickeln muss. Da beißt sich die Katze in den Schwanz – oder der Hund.

Beachten Sie die Reihenfolge, ich nenne es den linearen Entwicklungsweg: *Erst* muss das sexuelle Tier beherrscht werden, *dann* kommt es um Futter bettelnd angelaufen und ist empfänglich für Liebe bzw. höhere Nahrung. Bis dahin folgt es genau wie ein reales Tier stupide seinem Sex- und Überlebenstrieb, spult einfach sein Programm ab. Dieses Programm schließt ein, dass es sich zumindest vorübergehend zum Alphatier aufschwingt und Sie in den Hintern beißt, um seine (sexuelle) Nahrung zu erhalten. Wie der Katzen- und Schlangentraum zeigen.

Die hier angesprochene und für das körperliche Verlangen verstehbare Waffe im Kampf gegen sie lautet Enthaltsamkeit, d. h. weniger pure Sexualität. Weniger in sowohl quantitativer als auch qualitativer Hinsicht, also weniger häufig und mit mehr Gefühlen. Unterstützen Sie Ihr Vorhaben mit körperlichen Übungen und Sie erobern sich kontinuierlich die Kontrolle. Auf diese Weise gewinnen Sie den Kampf, so muss er ausgefochten werden. Es genügt nicht, ein interessantes Buch zu lesen. Dass und warum die enthaltsame Disziplin andererseits zur sexuellen Verdrängung ausufern kann, behandelt das folgende Hauptkapitel über die Kirche. Vorher jedoch stelle ich einige Hilfsmittel vor, mit denen Sie den schweren Kampf gegen die sexuellen Körperinstinkte erfolgreich gestalten.

4.4 Den Kampf gewinnen

Was können Sie tun, um den anspruchsvollen Kampf gegen das sexuelle Tier, also dem Sexualtrieb in Ihnen, für sich zu entscheiden? Ich sprach vorhin von Hilfsmitteln in der Mehrzahl. Genau genommen gibt es neben den Übungen nur *eine* Hilfe. Das entscheidende Zauberwort heißt **Selbstehrlichkeit.** Selbstehrlichkeit zieht sich wie ein roter Faden durch die nachfolgend erläuterten Hilfen. Nur durch konsequente Selbstehrlichkeit durchschauen Sie das sexuelle Verlangen und gelangen zu einer tieferen Erkenntnis: *Das sexuelle Vergnügen ist nur ein sehr kleiner Schatz, den Sie eigentlich gar nicht wollen.*
Diese wertvolle Erkenntnis bewegt mehr als die vermeintlichen Zauberübungen, auf die so mancher Leser an dieser Stelle möglicherweise hofft. Körperliche Übungen sind nur sinnlose Gymnastik, wenn sie nicht von einer starken inneren Erkenntnis getragen werden. Sie müssen tief durchdrungen sein von dem Bewusstsein, was Sie damit erreichen wollen und warum. Übungen wirken nur dann, wenn sie vom richtigen Geist beseelt sind.

4.4.1 Das richtige Motiv

Als wichtige Grundvoraussetzung für eine erfolgreiche Kontrolle des Geschlechtstriebes hinterfragen Sie zunächst kritisch Ihr Motiv. Was hat Ihre persönliche Selbstanalyse, mit der die Reise beginnen sollte, dazu ergeben? Falls diese um eine andere Entwicklungsstufe kreiste, welches tiefere Motiv fördert ein jetziger Blick in Ihr Inneres zu Tage? Sex macht Spaß und wer viel Sex hat, der ist außerdem anerkannt und beneidet. Als Mann klopfen Ihnen Ihre Kumpels auf die Schulter, weil Sie ein so toller Hengst sind und als Frau erleben Sie Ihre Freundinnen blass vor Neid werden. Warum das alles aufgeben?

Seien Sie ehrlich mit sich selbst und hinterfragen Sie Ihre Absichten. Die falschen Motive werden Ihre Bemühungen zunichtemachen, zumindest aber stark behindern.

Ein ganz bestimmtes tieferes Motiv sabotiert besonders häufig sämtliche Anstrengungen und zwar eine verweigerte Selbstwahrnehmung. Viele Kandidaten verfügen über einen vitalen Sexualtrieb, wollen das aber nicht (an)erkennen und nichts damit zu tun haben. Sie lehnen Früchte ab, die sie noch nie genossen haben. *Sie fliehen vor dem inneren Tier in die Geistigkeit.* Bei z. B. katholischen Priestern dürfte das recht häufig der Fall sein. Die sexuelle Kontrolle misslingt dann unweigerlich. Wer z. B. wenig attraktiv ist, sehr schüchtern oder aus ähnlichen Gründen ein Sexualleben vermisst, der ändert aus Frust und Schmerz irgendwann die Strategie. Der Leidende beginnt sich einzureden, gar keinen Geschlechtsverkehr zu wollen. Wenn eine Frau trotz vielfältiger Bemühungen an ihrer Attraktivität einfach keinen Kerl abbekommt oder der Mann trotz mehrerer Flirtkurse immer wieder abblitzt, dann folgt häufig eine solche psychologische Abwehrreaktion. Manche lenken dann ihre ganze Energie z. B. auf ein Hobby oder auf die Arbeit. Welch glücklicher Arbeitgeber, der viele „ewige Junggesellen" und „alte Jungfern" bei sich beschäftigt. Andere beschränken sich auf Selbstbefriedigung – sicher kein vollwertiger Ersatz. Und wieder andere entdecken ihre esoterische Ader, möchten mit der verwandelten sexuellen Kraft in den Himmel fliegen. Vor allem der letztere Personenkreis verleugnet seine Bedürfnisse oft massiv.

Durch Verleugnung lösen sich reale Sexualwünsche natürlich nicht in Luft auf. Auf die eine oder andere Weise verschaffen sie sich Platz im Leben. Manche finden in gesteigerter Arbeitslust oder im Sport eine recht konstruktive Kanalisierung ihrer ungelebten sexuellen Energie. Andere haben weniger Glück und übertragen die unbewussten Wünsche auf den Körper als Ersatzspielfeld – sie werden krank. Ein ganz anderes, gänzlich unverhülltes Ersatzspielfeld bietet die Selbstbefriedigung an. Allerdings erweist sich Selbstbefriedigung unabhängig vom persönlichen Empfinden als keine vollgültige Verwirklichung des einfachen Sexverlangens: Es gelingt damit nicht, das sexuelle Körpertier voll zu befriedigen und auszuleben. Sie stellen ihm damit fad schmeckendes Futter vor die Nase, das wirklich nur aus Hunger verzehrt wird. Dieser Umstand erstaunt, denn äußerlich gesehen erfüllt Selbstbefriedigung alle erforderlichen Merkmale des einfachen Vergnügens. Was jedoch fehlt, ist die energetische Spannung und der wechselseitig stimulierende Austausch von Energie zwischen zwei Menschen.

Egal, welche dieser Variationen der Umgang mit verleugneten Sexualbedürfnissen annimmt, Verdrängung erschwert die sexuelle Zähmung und Höherverwandlung. Sie stellt eine Flucht dar. Wie soll der kontrollierte sowie gefühlsbetontere Umgang mit etwas gelingen, dessen Existenz noch nicht mal zur Kenntnis genommen wird? Die Entwicklungsgesetze fordern, körperlich-lustvolle Sexualität vorher kennenzulernen, und eigene Erfahrungen zu sammeln. Eine auf Verdrängung beruhende Entwicklungsabsicht wird hingegen fehlschlagen.

Eine recht häufige und gefährliche Form der sexuellen Selbstverleugnung wurzelt in spirituellem Ehrgeiz. Spirituell, esoterisch oder religiös veranlagte Menschen entwickeln nicht selten einen sportlichen Ehrgeiz bei ihren Bemühungen. Der Blick der Himmelsstürmer richtet sich fixiert nur in den sinnbildlichen Himmel und bleibt dadurch blind für eine fundamentale Wahrheit: Das spirituelle Licht des Himmels entsteht aus der Verwandlung der Dunkelheit. Das mag im Augenblick für Sie noch etwas überraschend klingen, ist aber eine Tatsache. Ohne Dunkelheit kein Licht, ohne Unten kein Oben, ohne Sex keine Spiritualität!

Vielleicht gehören Sie zur Gruppe derer, die leicht empört sagt, primitiver Bumssex sei nichts mehr für sie, da stehe man längst darüber. Schließlich will man sich spirituell weiterentwickeln und sich keinesfalls mit so niedrigen Bedürfnissen beschmutzen. Aber Vorsicht! Hinter solchen Verächtlichkeiten versteckt sich möglicherweise die Verdrängung vitaler Sex-Wünsche durch spirituellen Ehrgeiz. Es ist alles eine Frage der richtigen und vor allem individuell erforderlichen Perspektive, gerade beim Erklimmen der Entwicklungsleiter. Aus Sicht höherer Liebe und Spiritualität kann primitiver Sex tatsächlich herunterziehen und beschmutzen, doch andererseits entwickeln sich höhere Formen nur aus und durch die niedrigen. Das Dunkle, Schmutzige und animalisch Sexuelle erfüllt eine wichtige Funktion zum Erklimmen höherer Stufen. Es ist nicht schlecht oder böse, sondern einfach nur unbewusst.

Die spirituell zu Ehrgeizigen springen sofort auf eine höhere Sprosse der Entwicklungsleiter. Sie verschlingen dutzende Esoterikbücher und besuchen Seminare, gehen eventuell zu Medien und Wahrsagern, lernen immer wieder neue Selbsterkenntnis-Methoden und machen fleißig ihre Übungen. Mit anderen Worten, sie breiten ihre Flügel aus. So weit so gut. Doch der wichtige sexuelle Flügel bleibt außen vor. Sie fliegen einige Meter hoch, aber die ungelebte und unverwandelte Sexualität hängt wie ein Betonklotz an ihnen dran. Früher oder später, auf die eine oder andere Weise, müssen sie auf die unterste Sprosse der Leiter zurück.

Angenommen, Sie sind ein sehr spiritueller Mensch und Ihre beiden Kinder sind als Teenager gerade in dem Alter, in dem sexuelle Wünsche erwachen und erste Erfahrungen gemacht werden. Nehmen wir des Weiteren an, Sie haben sich viele Jahre lang speziell mit der Höherverwandlung der sexuellen Energie erfolgreich befasst. Sie kennen

gute Übungen zur Unterstützung dieses Prozesses, die Sie zum Teil noch heute machen. Würden Sie Ihren Kindern solche Übungen nahelegen und sie außerdem vom üblichen, körperfixierten Sex abhalten wollen oder zumindest abraten?
Ich nicht. Ich würde sie sicher nicht zu wahllosem oder lieblosem Sex ermuntern. Ich würde sie natürlich aufklären und ihnen in einem langen Gespräch den Unterschied zwischen Liebe und Sex klarmachen. Das war's dann aber auch. Ich würde ihnen keine Übungen nahelegen. Sollten meine Kinder auf eine rein sexuelle Erfahrung zusteuern und es selbst so wünschen, dann würde ich es nicht verhindern. Wenn sie diese Erfahrung brauchen, dann sollen sie sie machen. Ich würde sie ganz einfach lieben. Diese Liebe befähigt einem zu erkennen, was ungeachtet der eigenen Interessen für die Kinder letztlich förderlich ist und was nicht.
Die Wahrscheinlichkeit ist groß, dass selbst Teenager mit sehr viel spirituellem Potential gewisse sexuelle Erfahrungen brauchen. Kein Elternteil kann genau einschätzen, inwieweit ihre Kinder in früheren Leben die Stufe der körperlichen Sexualität bereits vollständig gemeistert haben. Selbst in einem solch unwahrscheinlichen Fall verlangen sie wohl irgendwann nach ganz gewöhnlichen sexuellen Erfahrungen. Vermutlich erfüllt es dann den Zweck einer kurzen Erinnerungsauffrischung.

Alle beschriebenen Formen der Verleugnung liefern also eine ungeeignete Basis, doch was ist nun die *richtige* Motivation? Richtig ist jedes Motiv, das auf der Erkenntnis basiert, dass das rein körperliche Verlangen seine Funktion erfüllt hat und das Maß voll ist. Die Zeit ist reif. Wie zeigt sich das? Möglicherweise fordert eine psychosomatisch gedeutete Krankheit zur Disziplinierung des Sexuallebens auf. Neben Krankheiten und Schicksalsschlägen könnte eine höhere Instanz ein deutlich angenehmeres Startsignal geben. Etwas lyrisch ausgedrückt, den einen oder anderen mag ein lichter Lock- und Weckruf ereilen, ein sanfter Wink von engelsgleicher Hand. Wer jedoch das Glück hat, von Krankheiten verschont zu bleiben und das Pech, keinen höheren Weckruf zu erhalten bzw. wahrzunehmen, der findet nachfolgend geeignete Motivationen. Sie helfen Ihnen bei der Besänftigung und Kontrolle sexueller Kräfte.

4.4.2 Eine Frage der Sättigung

Die zweite Hilfsquelle zur Bewältigung sexueller Gelüste bergen Sie erneut nur mit einem guten Schuss Selbstehrlichkeit. Ich spreche von der tieferen, ehrlichen Wahrnehmung Ihres sexuellen Appetits bzw. Sättigungsgefühles. Die Sättigungsfrage beeinflusst darüber hinaus direkt Ihre Motivation. Irgendwann bekommen Sie es einfach satt, das Maß ist voll und die karmischen, Sie sexuell verwickelnden Kräfte haben sich weitgehend erschöpft. Diesen Punkt erreichen Sie allerdings nur, wenn Sie vorher Ihren sexuellen Hunger ganz unspirituell gestillt haben. Erst danach stellt sich dann die entscheidende Frage, nämlich ob Sie das Erreichen des Erschöpfungspunktes und die sich daraus ergebende Hilfe erkennen und annehmen. Seien Sie ehrlich mit sich und erkunden Sie Ihre tieferen Bedürfnisse. Distanzieren Sie sich von den Erwartungen anderer und gesellschaftlichen Normen. Geben Sie sich die Chance, die innerlich erreichte Sättigung zu erkennen und Ihren eigenen Weg zu gehen. Daraus ergeben sich dann Konsequenzen. Ein neues Sexualverhalten mit anderen Bedürfnissen wirkt sich z. B. unweigerlich auf eine vorhandene Beziehung aus. Stellen Sie sich darauf ein.

Wenn Sie Hunger haben, essen Sie und werden satt. Mit der Zeit bekommen Sie wieder Hunger und alles beginnt von vorne, ein ums andere Mal. Mit den sexuellen Bedürfnissen verhält es sich genauso. Man bekommt Lust, befriedigt sie und nach kurzer Zeit geht das Spiel wieder von vorne los. In beiden Fällen eine recht lausige Sättigung, wenn sie in einem Leben von durchschnittlich fünfundsiebzig Jahren immer nur ein paar Stunden oder Tage vorhält. Aus diesem größeren Blickwinkel heraus ist es meines Erachtens berechtigt, von gar keiner echten Sättigung zu sprechen: *Sex macht nicht satt.* Warum ist das so? Er kann nicht satt machen, weil er nicht die tieferen Bedürfnisse zu stillen vermag, die in und hinter der Sexualität stecken. Und das ist der unbewusste Wunsch nach echter Liebe, letzlich sogar nach göttlicher Einheit.

Wenn in (höherer) Wahrheit das Streben gar nicht der körperlich lustvollen Vereinigung gilt, dann verwundert das Versagen körperlicher Befriedigungen nicht. Das eigentlich höhere Bedürfnis kann logischerweise nur auf einer höheren Ebene effektiv erfüllt werden. Wenn Sie nach echter Liebe hungern, so wird dieser Hunger nicht durch einfachen Lustsex und seinen Körperkicks gestillt. Aus genau dem gleichen Grund machen Anerkennung, Ruhm, Geld und Macht nicht satt. Es sind alles nur Ersatzobjekte ohne substantiellen Nährwert.

Haben Sie schon mal ein Heilfasten ausprobiert? Viele vernachlässigen den neben Gewichtsabnahme und Entgiftung genauso wichtigen spirituellen Aspekt. Ein solch spiritueller Aspekt des Heilfastens ist das Vertrauen in eine höhere Instanz, die den Körper ernährt. Parallel zum Abbau der Körperreserven richtet der Körper eine Ernährungsbitte an den feinstofflichen Ätherkörper. Der Ätherkörper umhüllt den physischen Körper und versorgt ihn mit Energie. Akupunktur und andere Methoden setzen genau bei diesem Energiekörper an. Je nach Vertrauen und Verbindungsstärke kann dessen Energie den Fastenden sehr lange ernähren. Es soll sogar Menschen geben, die ganz aufgehört haben zu essen.

Wenn Sie es satt haben, nie wirklich satt zu werden, dann sind Sie reif für die Herausforderung der Instinktkontrolle, sprich, für ein sexuelles „Heilfasten“. Sie wollen mehr, Sie wollen nachhaltig satt werden durch eine höhere Nahrung. Ehren Sie dieses Sättigungsbewusstsein und Ihren neuen Appetit auf himmlisches „Manna“. Wenn Ihr Maß wirklich voll ist und Sie sich dessen bewusst sind, dann besitzen Sie die bestmögliche Motivation und Hilfe zur Bändigung des einfachen Sexualverlangens.

4.4.3 Kleine und große Schätze

Parallel zu Ihrem veränderten Sättigungsempfinden verändert sich die Einschätzung von Sexualität und Liebe. „Woran dein Herz hängt, das ist dein Gott“, sagte Martin Luther. Für viele ist die übliche Lustbefriedigung ein kleiner Gott. Seien Sie ehrlich mit sich und Ihrer Wertschätz-ung des sexuellen Spaßes. Ist es wirklich ein so großer Schatz, dass er einen Platz auf Ihrem persönlichen Altar verdient?
In festen Beziehungen verliert das sexuelle Vergnügen häufig schon nach wenigen Jahren deutlich an Attraktivität. Es wird langweilig. Sie sehen also, der pure Lustsex ist ehrlich betrachtet ein sehr trügerischer Schatz, bei dem nicht alles Gold ist, was anfangs glänzte. Es ist nur billiger Modeschmuck. Der Versuch, mittels neuer Praktiken, Sexspielzeuge oder Seitensprünge die verlorene Spannung wiederherzustellen, schlägt langfristig fehl. Der frische Wind kann nicht allzuviel bewirken, weil sich alle diese Bemühungen letztlich auf der gleichen – körperlichen – Ebene bewegen. Dort existiert keinerlei Lösung, nur der Umzug in eine höhere Etage verspricht gute Antworten. Manche Ehepaare finden über eine Krise dahin, sofern sie aus ihr gestärkt und mit neuer Liebe hervorgehen. Für sie kann es dann gemeinsam weitergehen.

Seien Sie ehrlich. Wie lange dauert das sexuelle Vergnügen und wie ekstatisch sind Ihre Orgasmen? Ist z. B. ein stundenlanges Surfen im Internet und ein teures Abo das bisschen Kitzeln in den Genitalien wirklich wert? Vergleichen Sie es mal mit anderen Annehmlichkeiten. Fühlt es sich besser an als das Kitzeln im Bauch beim Drachenfliegen oder Fallschirmspringen? So ein heißes Bad im kalten Winter ist auch was Schönes. Was ist mit einer richtig guten Massage? Denken Sie an Ihr letztes, besonders feines Essen. Usw., usw.
Zugegeben, manche genießen sehr lange und intensive sexuelle Erlebnisse und halten ihr Sexualleben daher durchaus für einen Schatz. Vermutlich fließen in solchen Fällen höhere Energien nach unten und sorgen dort für erhöhte Intensität. Den Betreffenden mag das unbewusst und außerdem egal sein, aber die höheren Energien werden gewissermaßen missbraucht, im doppelten Sinne nach unten gezogen. Ein geborgtes höheres Licht verleiht dem falschen Schatz ein wenig mehr Glanz. Das Gesetz des Lebens lautet Entwicklung und deshalb dauern solche Umkehrungen nie lange an. Im Übrigen können selbst intensive Orgasmen nicht mit den ganzheitlicheren Empfindungen geistig-seelischer Erlebnisse konkurrieren.

Jede Erfahrung mit dem wahren Schatz der echten Liebe hilft Ihnen, den vermeintlich großen sexuellen Schatz als Modeschmuck zu entlarven. Vergleichen Sie daher die sexuellen Freuden nicht nur wie vorgeschlagen mit anderen Körpergenüssen, um so den recht relativen Wert solcher Sexualität zu erkennen. Vergleichen Sie noch viel mehr mit allem, was die sexuelle Energie auf einer höheren, liebevolleren Stufe zum Ausdruck bringt. Vielleicht offenbaren Ihnen Träume oder reale Liebeserlebnisse, welch Potential an Liebe und spirituellen Energien im einfachen Sexualtrieb schlummert. Denken Sie an den Moment in Ihrem Leben, als Sie sich am meisten geliebt fühlten oder selbst liebten. Wie war es, als Sie Ihrem neugeborenen Kind zum ersten Mal in die Augen sahen? Möchten Sie solche seltenen Augenblicke der Liebe nicht öfters erleben?

Je mehr Sie vom großen und wahren Schatz erschmecken, desto leichter gewinnen Sie den Kampf mit den animalischen Instinkten. Achten Sie aber auf die Verdrängungsgefahr durch *zu viel* spirituellen Ehrgeiz. Geben Sie sich die Chance, durch eine ehrliche Selbstreflektion Ihr Wertesystem zu korrigieren. Mit einem realistischeren und weitsichtigen Wertesystem ausgerüstet, halten Sie einen guten Dompteurstock für ungezähmte sexuelle Tiere in der Hand.

4.4.4 Verdrängte Gefühle bewusst machen

Eine dritte Hilfe für die Kontrolle und Besänftigung der körperlich-sexuellen Wünsche ist die bereits erläuterte Bewusstmachung unliebsamer Gefühle. Wenn sie unbewusst bleiben, suchen sie sich je nach persönlicher Neigung mehr oder weniger stark ein Ventil in der Sexualität. Erinnern Sie sich noch an die Sexaffäre des US-Präsidenten Bill Clinton mit seiner Praktikantin Monica Lewinsky? Einige Zeit später gestand Clinton in einem Interview respektabel ehrlich seine Gründe: Erstens, weil er schlichtweg die Macht und Möglichkeit gehabt habe und zweitens, weil er zu jener Zeit unter besonderem Stress gestanden sei. Unfähig, seine Emotionen zu verarbeiten, floh er mit ihnen in seine private Parallelwelt. Dort, so Clinton, konnte er sich und seine Emotionen sexuell ausleben. Eine psychologische Flucht in die Sexualität, die er mit sehr vielen seiner Amtsvorgänger im Weißen Haus teilte, darunter sein Vorbild John F. Kennedy. Genau wie Clinton entlastete sich Kennedy vom enormen Druck des Amtes durch sexuelle Abenteuer.

Je mehr Sie sich verdrängte Gefühle und Emotionen wie z. B. Aggressionen, Trauer und Ärger bewusst machen, desto weniger Futter erhält das „sexuelle Tier“ in Ihnen. Im Idealfall stellen Sie zusätzlich deren Ursache ab.

Verdrängungen bewusst machen und Ursachen abstellen. Das sagt der so einfach, werden Sie jetzt vielleicht denken. Sie haben völlig Recht, das ist nicht so einfach. Verdrängte Gefühle und Emotionen bewusst zu machen, das ist die schwierige Königsaufgabe vieler Psychotherapien. Es reicht auch nicht aus zu wissen, dass da z. B. irgendeine Wut in Ihnen lodert. Wie an anderer Stelle bereits erläutert, ist Wissen und Bewusstsein nicht dasselbe. Bewusstsein erfordert vor allem, emotionalen Ladungen zu erkennen *und zu erleben*. Dazu braucht es Mut, Vertrauen, innere Öffnung, eventuell professionelle Hilfe.
Wenn Sie denken, es sei ein schnellerer Weg, dann gehen Sie zu einem Hellseher. Mit viel Glück finden Sie vielleicht eine wirklich fähige und moralisch integere Person. Er oder sie gibt Ihnen dann vielleicht das nackte Wissen mit auf den Weg, die Wut über einen ungerechten Tod aus einem früheren Leben mit sich rumzuschleppen. Alternativ könnte eine gute Kartenlegerin Ähnliches leisten. Kaufen Sie sich im Eso-Shop ein Orakelbrett und am besten noch ein Pendel dazu, sicher ist sicher. Dann erpendeln Sie sich das fehlende Wissen um Ihre unbewussten Gefühle und alles ist paletti, oder? Gehen Sie zu einem Medium und lassen sich einen Kontakt zur verstorbenen Oma herstellen. Verstorbene sind schließlich allwissend. Mutti ist die Beste und Oma war die Allerbeste, sie kann Ihnen alles Wichtige sagen. Oder gehen Sie zu einem Hypnotiseur und lassen sich gleich alles wegsuggerieren. Wozu sich mit seinen Gefühlen rumschlagen, wenn es Entsorgungsfachleute gibt, die einem alles abnehmen. Was gibt es noch, lassen Sie mich überlegen ... positives Denken! Jeden Morgen stellen Sie sich vor den Spiegel, schlagen sich wie ein paarungswütiger Gorilla auf die Brust und sagen hundert Mal ganz laut: „Ich bin der/die Beste, ich

bin ein Champ". Einfach ein positives Pflaster auf alle vorhandenen Gefühlsverletzungen draufkleben.

Vielleicht probieren Sie eine Hotline für 1,86 Euro pro Minute aus und stellen dort Ihre zentralen Lebens- und Sinnfragen. Fragen, denen kluge Philosophen ihr ganzes Leben gewidmet haben und die zu beantworten viele Jahre der Selbsterforschung erfordern. Doch so ein(e) Lebensberater(in) kann das sicher genauso gut in fünfzehn Minuten. Schließlich hat er oder sie den heißen Draht zum Erzengel Gabriel, ist „bekannt aus Funk und Fernsehen" oder eine „Star-Astrologin", zumindest aber „total liebevoll und einfühlsam" oder ein „erfahrener Experte seit fünfundsiebzig Jahren". Selbst wenn derlei Werbegetöse wahr wäre: Es könnte Ihnen nicht helfen. Nicht wirklich.
Die genannten Beispiele demonstrieren nicht nur meine Neigung zur Ironie. Es gibt tatsächlich viele, die solche Wege gehen. Es ist Ihre Entscheidung und niemand hält Sie ab, doch Sie fliehen damit nur vor sich selbst. Bestenfalls ist es etwas Zeitverschwendung, schlimmstenfalls ein langer und schmerzhafter Umweg. **Nichts kann Ihr eigenes Bemühen um echtes Bewusstsein und Selbsterkenntnis ersetzen.** Ist es Ihnen denn ernst, sind Sie wirklich bereit, Ihren Weg zu finden und zu gehen? Oder sind Sie nur ein wenig neugierig und wollen ein interessantes Buch lesen? Beides geht in Ordnung, Ihnen sollte nur völlig klar sein, was Sie in Ihrem Herzen wollen. Egal, wie lange diese Klarheit braucht. Jeder winzige Schritt auf einem schweren, aber richtigen Weg bringt Sie weiter als hundert Kilometer im Hamsterrad. Steigen Sie aus dem Hamsterrad aus und Sie gehören zu den wahren Siegern.

Verdrängte Gefühle bewusst zu machen funktioniert nicht auf Knopfdruck, sondern bedarf eines kontinuierlichen Prozesses. Jeder dauerhafte Entwicklungserfolg ohne Absturzgefahr bedarf eines Prozesses und damit der Zeit. Eine gute Entwicklung muss *organisch wachsen*

können, wie eine Pflanze. Es braucht einen starken Stamm, kräftige Äste und Wurzeln, die sich in alle Richtungen verzweigen sowie möglichst viele Blätter, um das Sonnenlicht von allen Seiten aufnehmen zu können.
Nicht nur die Bewusstmachung von Gefühlen und die kontrollierte Besänftigung sexueller Triebe ist ein Prozess, sondern unsere gesamte Reise bis hin zur Christusliebe. Organisch-solides Wachstum erfordert zwar Zeit, belohnt die Geduldigen allerdings mit hoher Qualität. Ein großer, starker und viele Früchte tragender Baum braucht für sein Wachstum viele Stunden Sonnenlicht, viel Regenwasser und viele Jahreszeiten, durch deren vielfältige Anforderungen er gedeihen und sich entwickeln kann.

4.4.5 Statt einer Übung ...

... die ich Ihnen detailliert beschreiben könnte, gebe ich Ihnen lieber einige geeignete Rahmenfaktoren für Übungen an die Hand.
Alle Übungen, die Sie in Psychologie- und Esoterikbüchern finden, haben einen großen Nachteil: Es sind *nicht Ihre* Übungen. Der Leser bekommt sie vorgesetzt wie ein unmündiger Schüler die Hausaufgaben. Wird ein gutes Buch von zehntausend verschiedenen Menschen gelesen, dann machen zehntausend Individuen wie die Lemminge genau das Gleiche. Natürlich besitzen solche Übungen eine gewisse Allgemeingültigkeit und sind deshalb selbst für zehntausend individuelle Leser nicht sinnlos. Andererseits spreche ich ständig davon, dass jeder seinen eigenen Weg finden und gehen soll. Wäre es nicht naheliegend, dementsprechend ganz individuell seine eigenen Übungen zu praktizieren? Manche fänden es wohl bequemer, einer vorgegebenen Schritt-für-Schritt-Anleitung zu folgen. Die Frage ist aber, was Sie auf Ihrem Weg stärker unterstützt. In der Regel werden Buchübungen jedenfalls

nicht sehr lange durchgehalten. Dabei wäre es der Sinn und Zweck einer Übung, sie kontinuierlich auszu-üben, um so ihre Wirkung zu entfalten. Übungen sind kein einmaliger, meisterlicher Schlussakt, sie sind der Weg dahin. Übung *macht* (erst) den Meister, doch dazu muss sie auch wirklich gemacht werden.

Der erste Rahmenfaktor für wirklich effektive Übungen betrifft die Einbindung des Körpers. Beziehen Sie ganz bewusst auf irgendeine Weise den Körper mit ein, denn damit sprechen Sie die richtige, „tiereigene" Sprache. Schließlich wollen Sie eine körperliche Kraft bezwingen und nicht Rechenkünstler werden. Denken Sie an das Abholprinzip. Machen Sie also keine meditativen Visualisierungen, in denen Sie in Ihrer Vorstellung Ihre sexuellen Wünsche z. B. mit göttlich-weißem Licht bekämpfen. Bitten Sie keine Engel um deren Unterstützung. All diese Versuche führen zu sehr vom Körper weg.

Nehmen Sie eine Körperhaltung ein, die Ihnen Ihre in den Genitalien schlummernde sexuelle Kraft bewusster macht. Sie könnten z. B. ganz tief in die Hocke gehen, denn das bringt Spannung in den Unterleib. Möglicherweise verstärkt es Ihr Körpergefühl, wenn Sie es nackt machen. Zusätzlich könnten Sie sich Ihre Genitalien anschauen, in gewissem Sinne sehen Sie damit den „Körper" des sexuellen Tieres.

Eventuell kommt es Ihnen mehr entgegen, in liegender Position die Hände auf Ihre Genitalien zu legen. Nicht zur Stimulierung, sondern einfach zur Kontaktaufnahme. Nur unbewegt drauflegen und spüren. Was „sagen" Ihre Hände? Gehen Sie mit Ihrem Bewusstsein voll und ganz in Ihre Hände. Das sind alles nur Vorschläge, finden Sie Ihre eigenen Körperhaltungen, die Ihnen am besten dienen. Wichtig ist einzig und allein, dass Sie einen bewussten körperlichen Kontakt mit den körperlich-sexuellen Energien herstellen, ohne diese in der üblichen Weise zu stimulieren.

Letztlich geht es nicht um den Körper, sondern um die sexuelle Energie *im* Körper. Diese Überlegung führt uns zur zweiten Grundbedingung für geeignete Übungen, dem Wahrnehmen dieser Kraft.
Es gibt unzählige Körperübungen und Körperhaltungen ähnlich den oben genannten. Sie könnten z. B. mit einer gymnastischen Kerze das Blut aus dem Unterleib in den Oberkörper befördern. Möglich wäre des Weiteren körperliche Arbeit. Oder doch besser das gute alte Eis in die Hose? Aber im Ernst, bevor Sie kämpfende Gegenmaßnahmen ergreifen, müssen Sie erst mal den Feind und seine *Kraft* (die Ihre eigene ist!) erspüren. Bevor Sie mit den Zügeln lenken, müssen Sie die Spannung der Zügel spüren. Eignen Sie sich also ein Gefühl für die sexuelle Kraft an. Eine gute Körperübung beinhaltet beides, den Kontakt und die lenkende Stärke. Die als erster Rahmenfaktor genannte Körperhaltung stellt den Kontakt her. Im zweiten Schritt erspüren Sie mit ihrer Hilfe dann die sexuelle Energie im Körper.

Spüren Sie innerlich – und gegebenenfalls äußerlich mit den Händen – in den Genitalbereich hinein. Richten Sie Ihr Bewusstsein auf die Genitalien oder auf das erste und zweite Chakra. Stellen Sie sich vor, dort unten zu sein, bis Sie irgendetwas wahrnehmen. Eine Kraft, eine Spannung, eine Energie, Gefühl, inneres Bild, was auch immer. Probieren Sie das Ganze gegebenenfalls gemeinsam mit einem Partner. Fassen sie sich gegenseitig ruhig und sanft an. Experimentieren Sie ein wenig.
Wenn es Ihnen schwerfällt, etwas wahrzunehmen, dann helfen Sie nach und stimulieren sich ein wenig. Wecken Sie den Tiger, lassen ihn aber an der Leine. Es kann besonders interessant und lohnend sein, eine solche Übung genau dann zu machen, wenn Ihre sexuellen Instinkte den Körper bereits halbwegs in Beschlag genommen haben. Sie sind also sexuell erregt, drauf und dran, Ihrem Trieb wie schon so oft freien Lauf zu lassen – tun es aber nicht. Egal, ob alleine oder zu

zweit, in einer solchen Herausforderung liegt eine große Chance. Gerade in diesem Moment stellt sich die Bändigungsaufgabe und liegt das Potential für einen großen Schritt. Dieser Moment ist in so mancher Hinsicht wertvoll und „heilig" – wenn Sie ihn dazu machen. Heilig? Ja, denn die Heiligen mögen im Himmel *sein*, aber *gemacht*, gemacht werden sie hier unten, durch die Verwandlung des Dunklen zu Licht, des Sexuellen zu Liebe. Immer birgt der Moment der größten Herausforderung die größte Chance auf Heil und Ganzwerdung.

Das dritte Element geeigneter Übungen dreht sich um die eigentliche Aufgabe der bewussten Lenkung, Kontrolle und Besänftigung der sexuellen Kraft. Im Kern verlangt die Aufgabe, sich nicht von den spürbaren, bewusst wahrgenommenen Kräften forttragen zu lassen, sondern die Rolle des Wagenlenkers einzunehmen. Die Pferde sind angeschirrt, Sie spüren den Zug und ziehen selbst dagegen. Stellen Sie sich z. B. vor, wie Sie mit einem Tier kämpfen und spannen ganz real Ihre Muskeln an. Dazu bietet sich der Arm an, dessen Hand gegebenenfalls auf der Genitalgegend ruht oder der Anus-Muskel, der in Verbindung mit dem Wurzelchakra steht. Fühlen Sie sich in die Rolle des Helden hinein, der in unzähligen Mythen, Märchen und Spielfilmen symbolisch Ihren eigenen Kampf ausficht. In diesem Moment sind Sie mehr ein wahrer Held als all die Promis, die in unserer Gesellschaft wie Helden verehrt werden. Ich meine das ganz ernst und ehrlich. Sie verdienen Respekt, meinen haben Sie jedenfalls. Sie führen einen der wenigen gerechten Kämpfe, die sich wirklich lohnen.
Der große islamische Prophet Muhammad sagte nach einem Feldzug: „Wir kehren zurück vom kleinen Dschihad zum großen Dschihad". Damit bezeichnete er den Kampf mit der Waffe als einen nur kleinen Kampf, verglichen mit dem inneren Kampf gegen die fleischlichen Bedürfnisse. Wie Sie sehen können, verstehen islamistische Terroristen ihre eigene Lehre nicht ...

Nutzen Sie die oben beschriebenen drei Hilfen und integrieren Sie sie in die inneren oder äußeren Kampfhandlungen. Denken Sie während der Übung an die Sättigung, die Sie schon oft verspürten und an den sinnlosen Hunger. Freuen Sie sich auf den großen Schatz der Liebe, der vielleicht schon mal vor Ihrem inneren Auge aufblitzte und für den Sie gerade etwas tun.

Grämen Sie sich nicht, wenn Sie vereinzelt Kämpfe verlieren. In der Vergangenheit haben Sie *nur* verloren. Damit ist jetzt Schluss, denn Sie werden immer öfter gewinnen und sind auf dem richtigen Weg. Nur das zählt.

5 Sexuelle Verdrängung und das Lehrbeispiel Kirche

5.1 Der unerlöste Grenzhüter

Sie wissen jetzt, wie und warum die sexuellen Körperinstinkte beruhigt und unter Kontrolle gebracht werden müssen. Ihnen ist bewusst, diese herausfordernde Aufgabe nötigt jedem Kandidaten einen längeren Entwicklungsprozess mit unvermeidbaren Teilniederlagen ab. Mit anderen Worten, der körperliche Sexualtrieb wird sich immer wieder mal durchsetzen – wenngleich immer weniger häufig.

Eine ganz andere, genau gegensätzliche Gefahr ist die blinde Übertreibung der Bemühungen: Es wird dabei so getan, als ob der einfache Sexwunsch überhaupt nicht existieren würde oder zumindest nicht existieren dürfte. Jedes harmlose Aufzucken wird sofort gewaltsam im Keim erstickt. Der sinnbildliche Hund wird nicht kontrollierend an der Leine geführt, sondern eingesperrt und im Keller versteckt. Dort wird er in seiner Not irgendwann zum Werwolf, könnte ausbrechen und gegebenenfalls großen Schaden anrichten.

Die klassische Psychoanalyse unterscheidet zwischen sogenanntem Es und Über-Ich, zwei konträren, inneren Persönlichkeitsanteilen. Das Es ist der Teil in Ihnen, der Bedürfnisse hat, nicht nur, aber auch sexueller Art. Das Über-Ich hingegen setzt den Bedürfnissen Grenzen, agiert als Aufpasser und Kontrolleur, Mahner und Beschützer. Beide

Instanzen können erlöste und unerlöste Formen annehmen und sind stets voneinander abhängig. Es gilt ein gesundes Gleichgewicht zu finden, das beiden ausreichend Entwicklungsmöglichkeiten bietet. Ich sprach eben vom Über-Ich als Kontrolleur, folglich nimmt es bei der Aufgabe der Triebbändigung eine Schlüsselposition ein. Seine Dienste sind unerlässlich, schließlich geht es dabei um die Kontrolle – neben der emotionalen Besänftigung. Das Über-Ich kann es allerdings übertreiben und zu viel des Guten tun. Dann ist es eben nicht mehr gut und hilfreich, sondern nimmt eine entwicklungshemmende unerlöste Form an.

Das *erlöste* Über-Ich sorgt dafür, dass die naturgemäß ich-bezogenen Wünsche des Es sozialverträglich bleiben, der Gesellschaft sogar dienen. Letztlich schützt und fördert es damit nicht nur die Interessen anderer, sondern auch das eigene Es. Der innere Chefkontrolleur entscheidet mit über die Höherentwicklung des Es, denn er öffnet die Tür zu den höheren Ebenen – oder eben nicht. Seine wichtige Funktion ist die eines *Grenzhüters.*

Ein *unerlöstes* Über-Ich könnte z. B. zu nachgiebig, weich und locker sein. Manche Nationen weisen ein solch schwaches Über-Ich tendenziell auf. In Deutschland hingegen treibt eher ein ungünstiger, weil zu harter Grenzhüter sein Unwesen. In der unerlöst übertrieben harten Variante spielt er sich als verurteilender Richter und selbstgerechter Bestrafer auf. Er missbraucht seine natürliche Autorität. Der Tierhalter oder Dompteur wird zum Tierquäler, der Lehrer zum Zuchtmeister, die gelegentliche Spaßbremse zum verbitterten Fanatiker und der Grenzwächter zum Gefängniswärter. Das erlöste Über-Ich spricht als ein höheres liebevoll-konstruktives Gewissen zu Ihnen. Das unerlöst-harte Über-Ich hingegen macht sich als ein „schlechtes schlechtes Gewissen“ bemerkbar.

Im Traum nimmt der Grenzhüter z. B. die Gestalt von Polizisten, Richter, Lehrer oder Pfarrer an. Die Eltern tauchen ebenfalls als symbolische Über-Ich-Figuren auf. Kein Wunder, schließlich bildet sich das Über-Ich nicht zuletzt durch die Verinnerlichung einer mehr oder weniger grenzsetzenden Erziehung.

Die destruktiven Einflüsse eines zu harten Grenzhüters entwachsen allesamt einem ganz zentralen Kardinalfehler: ungenügende Akzeptanz der Es-Wünsche. Akzeptieren heißt nicht „gut finden“, sondern ihre Existenz anerkennen. Das gnadenlose Über-Ich jedoch gesteht menschlichen Wünschen und Bedürfnissen keinerlei Existenzberechtigung zu. Sie sind schlecht und böse, sollten ausgerottet werden. Soweit der innere Moralapostel sexuelle Bedürfnisse als Realität zähneknirschend hinnimmt, will er sie wenigstens möglichst klein halten und unterdrückt sie. Diese innere – und in der Folge häufig äußere – Unterdrückung erfolgt überwiegend *unbewusst.* Sie wird von den Betreffenden nicht wahrgenommen. Eine unbewusste Unterdrückung ist *Verdrängung. Bewusste Unterdrückung ist Teil der sexuellen Triebbezwingung und fördert die Entwicklung, Verdrängung bewirkt jedoch das genaue Gegenteil.*

Die pflichtbewusste und brave Tochter, deren anerzogener religiöser Glaube ihr die rigorose Keuschheit vor der Ehe diktiert, spürt ihre sexuellen Wünsche nicht. Sie mag achtzehn Jahre alt sein, körperlich ausgereift und die Hormone fließen, aber sie nimmt ihre körperlichen Wünsche dennoch nicht wahr. Da kein System perfekt funktioniert, wird sie wohl ab und zu Lust verspüren. Das sind dann aber böse Versuchungen, die entsprechend ihrem Glaubenssystem mit Gewalt unterdrückt werden müssen. Sie weiß nicht, was sie da eigentlich tut und dass es sich um einen vitalen Teil ihrer selbst handelt. Mit anderen Worten, sie verdrängt.

5.2 Sexualmoral – die Kirche als ihr eigener Patient

Das fiktive Beispiel der keuschen Tochter besitzt nicht zufällig einen kirchlichen Beigeschmack. Die Sexualmoral der katholischen Kirche offenbart in vielerlei Hinsicht ein viel zu gnadenloses Über-Ich. Die Einstellung zu vor- und außerehelicher Sexualität, zu Homosexuellen, Verhütung und Abtreibung zeugen von einer grundsätzlichen Ablehnung. Die zugrunde liegende Radikal-Ablehnung stößt bei den Menschen auf Widerstand – wen wundert's. Immerhin besteht die katholische Welt aus sexuell aktiven Gläubigen; aus Menschen, die überwiegend einen realistischen Bezug zur Sexualität besitzen – anders als die Kirche. Dieser Tatsache muss auch das Über-Ich der Kirche Rechnung tragen. Folglich segnet sie Sexualität in einer lebenslangen, treuen Beziehung zwischen Mann und Frau großzügig ab und rechtfertigt ihre ansonsten unmenschliche Moral mit wenig überzeugenden Dogmen und Bibelstellen.

Das minimale Zugeständnis an ehelich gebundene Sexualität entlockt dem mündigen Bürger noch keine Begeisterung. Die Einstellung und das Empfinden der Kirche sind und bleiben sexfeindlich – und damit auch menschenfeindlich. Die meisten Gläubigen spüren, wie sie für ein zentrales Bedürfnis abgelehnt werden. Die Kirche versteht ihre Gläubigen nicht, sie verstößt sträflich gegen den Abholgrundsatz. Lediglich der Blick in die noch schlimmere historische Vergangenheit, als sexuelle Neigungen und Aktivitäten hart bestraft wurden, lässt in der Gegenwart aufatmen. Andererseits, was ist mit dem Beitrag der kirchlichen Familien- und Verhütungspolitik zu den zahllosen Aids-Toten in all den Entwicklungsländern? Und was soll ein Zölibat, der Priester vor eine fast unlösbare Aufgabe stellt und sie damit geradezu zwingt, ihn zu brechen? Wir alle kennen die Folgen: viele (!) uneheliche Kinder, sexuelle Straftaten und die Zuwendung zur Homosexualität. Priester tun damit genau jene Dinge, die sie bei anderen verurteilen. So sieht die ironische und traurige Realität aus. Kein erwachsener Mensch mit eigener Persönlichkeit lässt sich von einer solchen Kirche in das eigene Sexualleben hineinreden. Sie ist kein Führer oder Lehrer, sondern ihr eigener Patient.

Hinsichtlich des Zölibats haben es die Evangelen besser. Vermutlich hat sich Martin Luther damals kirchenpolitisch gar nicht so unglaublich viel dabei gedacht, als er eine Nonne heiratete. Er las ganz einfach die Bibel und fand dort keinerlei Verbot. Als Folge dürfen evangelische Priester heute heiraten. Martin Luther hat damit die christliche Kirche vom sexuellen Stigma befreit und Sexualität mit Spiritualität verbunden. Er hat den Christen damit einen unschätzbaren Dienst erwiesen, der häufig vergessen wird. Klingt der (höchstwahrscheinlich) von ihm stammende Spruch: „In der Woche zwier schadet weder ihm noch ihr" nicht viel sympathischer und menschennäher als die intolerante Sündenmoral der katholischen Kirche? Nur mit toleranter Menschennähe kann die katholische Kirche ihre Schäflein „abholen" und ihnen helfen. Aus der Distanz des Elfenbeinturmes erreicht eine helfende Hand niemanden.

Die sexuellen Wünsche des Es sind ungemein starke Kräfte, die ohne Weiteres in der Lage sind, den gesamten Menschen in Beschlag zu nehmen. Sexsucht, sexuelle Straftaten und das sprichwörtliche „mit dem Schwanz denken" belegen die starken Einflüsse auf das gesamte menschliche Wesen. Der natürliche Gegenspieler in Gestalt eines verdrängenden Über-Iches besitzt jedoch die gleichen Kräfte. Wie bei der Kirche erkennbar, kann es das Denken und den Glauben genauso überwältigen wie das sexuelle Es. Sie erkennen seinen massiven Einfluss z. B. in der kirchlichen Verhütungspolitik.
In den Entwicklungsländern sterben unzählige Menschen direkt oder

indirekt an Aids. Die konservative Verhütungspolitik der Kirche – ihr überharter Grenzhüter – trägt dazu nicht unwesentlich bei. Die Begründung für die strenge Vergütungsmoral lautet unter anderem, Verhütung führe zu Scheinsicherheit und noch ungezügelterer Sexualität. Damit würde die Aids-Verbreitung nur gefördert. Enthaltsamkeit und Treue seien viel effektivere Maßnahmen, Verhütung allein sei niemals eine Lösung.

Denken Sie ein wenig über diese Einstellung und die Realität in den Entwicklungsländern nach. Sie erkennen darin unschwer das beschriebene intolerante Über-Ich. Dem objektiven Beobachter verwundert, dass ein so großer Denker wie Papst Benedikt nicht die offensichtliche Kurzsichtigkeit, Realitätsferne und angstbedingte Scheinlogik in seiner Einstellung erkennt. Das Gleiche gilt für das irrationale Festhalten am bedingungslosen Zölibat. Wie ist das zu erklären? Das ist eben die große Macht des übertriebenen Über-Iches, das jeden gesunden Menschenverstand mit Leichtigkeit zu korrumpieren vermag. Argumente und Halbwahrheiten finden sich immer. Nur eine tiefe und hohe Liebe lässt sich davon nicht übertölpeln – möge die Kirche sie ebenso schnell finden wie „gute“ Argumente.

5.3 Das strenge Über-Ich erlösen

5.3.1 Erschrecken hilft

Wie lässt sich ein überharter Grenzhüter erweichen und zu einer angemessenen Funktion bewegen? Falls Sie einen solchen Grenzhüter Ihr Eigen nennen, sollten Sie sich als Erstes mal bewusst machen, dass Über-Ich und Es beide Ihre eigenen Persönlichkeitsanteile sind. Das sind beides *Sie*. Ihr inneres Über-Ich ist keine außerirdische Wesenheit, die es wie einen Dämon auszutreiben gilt. Sie würden damit den gleichen Intoleranzfehler begehen wie Ihr Über-Ich gegenüber dem Es. Der innere Kontrolleur erfüllt eine wichtige Funktion, zu der nicht zuletzt die Aufgabe der sexuellen Instinktkontrolle gehört. Die Frage ist nur, *wie* er diese Aufgabe erfüllt.

Menschen mit starken Über-Ich-Tendenzen bedürfen einer bestimmten Form von Selbstliebe. Sie müssen lernen, sich die Freude am Leben, nicht zuletzt dem sexuellen Leben, zuzugestehen.
Wenn Sie ein zu hartes Über-Ich betrifft, dann schauen Sie in sich rein – egal mit welcher Technik. Finden Sie das eingesperrte, bestrafte und misshandelte Bedürfniswesen in Ihnen und ... lassen sich erschrecken. Erschrecken Sie daran, wie unbarmherzig der innere Grenzhüter Ihre menschlich-sexuellen Es--Wünsche behandelt. Vielleicht rütteln Sie ein paar unangenehme Träume auf. Auf diese Weise entwickeln Sie Mitgefühl mit jenem Wesen in Ihnen. Darauf aufbauend entsteht später Selbstannahme und schließlich Selbstliebe.

Traum: „Das gewürgte Mädchen“
Ich sitze in einer Art Bordell und sehe ein junges Mädchen. Sie ist nackt und wartet auf Freier. Wir haben kurz Augenkontakt. Sie zieht ängstlich die Augenbrauen hoch – ihr schwant Übles, will sie damit sagen. Zwei Männer kommen, einer von beiden beginnt sie fest zu würgen. Sie ist wehrlos, aber er hört nicht auf. Ich überlege einzugreifen, tue es aber nicht. Erst nach circa dreißig Sekunden gehe ich hin und stoße die Männer weg.

Deutung:
Nach dem Erwachen war ich zutiefst erschrocken und bestürzt darüber, so lange gewartet zu haben. Die Stimme meines Gewissens hat mich noch lange beschäftigt. Die Männer im Traum hatten und woll-

ten keinen Sex, sie waren keine Kunden. Sie waren vielmehr mein personifiziertes, sexfeindliches Über-Ich. Das nackte Bordellmädchen symbolisiert den rein körperlichen Sexwunsch, den das Über-Ich „töten“ wollte.

Der Traum ist auch insofern interessant, als er neben dem gewalttätig unerlösten Grenzhüter eine ebenso übersteigerte Sexualität andeutet. Ein junges Mädchen in einem Bordell steht für kein angemessenes Sexualbedürfnis. Je stärker der vorhandene Trieb, desto stärker verdrängend kann parallel dazu der innere Kontrolleur werden. Die beiden Instanzen gehören letztlich zusammen und bilden eine Einheit. Die Einteilung der Psychoanalyse in Es und Über-Ich ist eine sinnvolle und richtige, verkennt in der klassischen Lehre aber die gleichzeitige höhere Wahrheit der Ganzheitlichkeit.

Parallel zum Prozess des heilsamen Erschreckens und der Selbstannahme bauen Sie die erforderliche Konsequenz gegen den überstrengen Grenzhüter auf. Erschrocken aufgerüttelt und mit einem erweckten Mitgefühl entwickeln Sie die Stärke, ihn zu entmachten. Sie wehren sich gegen die Selbstverleugnung und maßlose Knechtung Ihrer sexuellen Bedürfnisse. Sie sagen nein und setzen Grenzen dem Teil in Ihnen, der selbst zu sehr nein sagt und zu viele Bedürfnisgrenzen setzt. Mit anderen Worten, Sie schlagen Ihr gnadenloses Über-Ich mit seinen eigenen Waffen und sprechen seine Sprache, indem Sie dessen Eigenschaften für die richtige Sache annehmen. Sie werden selbst zum *bewussten* Über-Ich und nehmen seinen Platz ein, anstatt unbewusst zu verdrängen. Wer gegen etwas oder jemand kämpft, wird sehr häufig wie der Feind und meist geschieht das im unerfreulichen Sinne. Machen Sie es besser, indem Sie die Waffen des Feindes bewusst und für die richtige Sache einsetzen.

5.3.2 In Ehren ein sexueller Mensch werden

Was bedeutet das ganz konkret und real für Ihr Sexualleben (sofern Sie das Verdrängungsthema betrifft)? Es bedeutet ein Zulassen von Erfahrungen und sexueller Freude. Ja, am rein oder überwiegend körperlich lustbetonten Geschlechtsverkehr. Genau das, was bei der Aufgabe der Tierzähmung kontrolliert und eingeschränkt werden muss, darf und muss bei der Über-Ich-Erlösung ausgelebt werden. Also, viel Spaß! Tun Sie, wonach Ihnen der sexuelle Sinn steht, sofern es erfüllbar ist und nicht gegen Gesetze verstößt. Probieren Sie alle Stellungen des Kamasutras durch, wechseln Sie häufig den Partner bzw. die Partnerin, gehen Sie in den Swinger-Club, kaufen Sie sich einen Riesen-Dildo oder eine Sexpuppe ... whatever. Sie schützen sich damit vor echten Entgleisungen infolge von Verdrängung. *Für Sie und zu diesem Zeitpunkt* ist das alles völlig in Ordnung. Ja mehr noch, es bringt Sie auf den richtigen Weg.

Eine entwicklungsfördernde Kontrolle der sexuellen Körperinstinkte setzt schließlich voraus, dass solche Kräfte lebendig existieren. Nicht nur in der Theorie, sondern ganz real und vital, der Wissenschaftler oder Philosoph in Ihnen ist an der Stelle nicht gefragt. Es muss etwas Lebendiges da sein, das kultiviert und gezähmt sowie schlussendlich in spirituelle Qualitäten transformiert werden kann. Alles andere ist Selbstbetrug und Scheinheiligkeit. Um irgendwann den wahren sexuellen Schatz, also die in ihm verborgene Spiritualität und Christusliebe finden zu können, müssen Sie zu Beginn den einfachen Lustsex als kleinen Schatz erobern. Klingt paradox, doch genau so ist das Leben. Solche Phänomene sind Bestandteil der Entwicklungsgesetze und kommen in der einfachen Wahrheit zum Ausdruck, dass die besten Heiligen vorher Übeltäter waren. Sie kennen die andere Seite und haben sie überwunden. Die Bekehrten sind immer echt, wahrhaftig und glaubwürdig.

Traum: „Natürliche Sexualität“

Ich sitze mit einigen Frauen in der Sauna. Ein schlanker, muskulöser Farbiger kommt herein. Ohne Scham zieht er sich aus. Er zeigt sich stolz lächelnd den anwesenden Frauen und weiß genau, welche Wirkung es haben wird. Angezogen von seiner sexuellen Körperlichkeit geht eine Frau auf ihn zu und verwöhnt ihn oral. Bei dem nun anstehenden Gruppensex wäre ich gerne dabei, eine der Frauen schickt mich aber autoritär wie einen kleinen Jungen vor die Tür. Wie einen Jungen, für den „das noch nichts ist“.

Deutung:

Der Traum ist zwar sehr alt, damals war ich allerdings bereits erwachsen und sexuell erfahren. Im Gegensatz dazu stellt mich der Traum als jugendlichen Sexneuling dar, weil ich mir mein einfaches Sexwesen noch nicht wirklich erobert hatte. Einen größeren Teil meiner sexuellen Wünsche hatte ich noch nicht auszuleben gelernt. Ich stand nicht dazu. Der Farbige im Traum repräsentiert diesen vorhandenen, aber noch unentwickelten sexuellen Persönlichkeitsanteil. Zum damaligen Zeitpunkt galt es daher für mich, den einfachen Lustsex als (vorläufiges) Entwicklungsziel anzuvisieren. Das Über-Ich nimmt in der Frau Gestalt an, die mich autoritär vor die Tür schickt. Es verwehrt mir sexuelle Erfahrungen.

Das Traumgeschehen mag pornographisch und schmutzig anmuten, doch das war es nicht. Ich empfand es durchaus erotisch und angenehm natürlich. Es hatte nichts Herunterziehendes, es war einfach körperlicher Ausdruck sexueller Kraft. Die Ausstrahlung des Mannes erinnerte mich an die Kraft und den edlen Anmut von Raubkatzen. Tierfreunde werden mich vielleicht verstehen. Man sieht einen schönen Tiger, wie er sich bewegt, seine Umgebung beobachtet usw. und denkt bewundernd, was das doch für ein prächtiger Kerl ist. Es sind

Verdrängungen, die perverse und herunterziehende sexuelle Formen annehmen können, nicht die natürlich gelebte Sexualität, auch wenn sie deutlich sichtbar den Stempel des biologischen Tieres auf der Stirn trägt.

Wenige Monate nach dem Traum hatte ich nach einem sexuell ausgelassenen Erlebnis ein echtes spirituelles Einheitserlebnis. Die bis dahin im Kreuz blockierte Energie des zweiten Chakras (siehe auch Schlangentraum) schoss mit Macht bis in das Kronen-Chakra. Leider blieb es damals ein einmaliges Ereignis, was jedoch nicht überrascht, denn grundsätzlich verhält es sich genau umgekehrt: Rein genitaler Sex fixiert die Energie in den unteren Chakren. Immerhin erhielt ich auf diese Weise einen Geschmack vom großen, in der Sexualität verborgenen Schatz.

Nehmen wir mal an, Sie haben einen knackigen Sextraum. Wäre das ein gutes oder weniger erfreuliches Zeichen? Kommt ganz darauf an. Geht es für Sie gerade darum, Ihrem überstrengen Grenzwächter die Stirn zu bieten und Ihre sexuellen Bedürfnisse zu entdecken? Dann ist es ein gutes Zeichen. Stellt sich jedoch gerade die Aufgabe des Kampfes mit dem sexuellen Tier, dann wäre es ein Warntraum. Zwei genau gegensätzliche Botschaften mit genau gegensätzlichen Folgen für Ihr Handeln und Streben. Verstehen Sie jetzt, warum die psychologische Bestandsaufnahme als Beginn der Reise so wichtig ist?

Bleibt abschließend die Frage zu klären, was Sie sonst noch tun können, wenn Sie einen übertrieben bedürfnisfeindlichen Grenzwächter besitzen. Allein sich von seinem Wirken erschrecken zu lassen und Selbst-Mitgefühl zu entwickeln wird anfangs wohl nicht ausreichen, um zum aktiven Sexgenießer zu werden. Also, was gibt es noch? Sprechen Sie mit ihm! Anders als die animalischen Instinkte des Es ist das

Über-Ich für Argumente grundsätzlich empfänglich, allerdings selbst sehr geschickt auf diesem Gebiet. Die Gestalttherapie nutzt hierfür die Dialogtechnik des sogenannten heißen Stuhls. Setzen Sie sich auf einen Stuhl und stellen einen weiteren vor sich. Formulieren Sie klar und unmissverständlich Ihr Anliegen an Ihren inneren Chefkontrolleur. Sprechen Sie es laut und deutlich aus. Dann wechseln Sie zu dem anderen Stuhl und übernehmen die Rolle Ihres Über-Iches. Sie schlüpfen in dessen Rolle und sprechen ohne lange Überlegung ganz spontan in seinem Namen die Antwort aus. Danach gehen Sie zurück zu Ihrem eigenen Stuhl usw. usw. Probieren Sie es aus.

5.4 Die Grenzhüter an ihre höhere Aufgabe erinnern

Das vorangegangene Hauptkapitel über den Kampf gegen das Tier erweckt den Eindruck, jene Kampfphase sei der Beginn der sexuellen Verwandlungsreise. Das verbreitete Phänomen eines unerlöst-harten Über-Iches bzw. Grenzhüters lehrt jedoch etwas anderes: Dessen Entmachtung und ein natürliches sexuelles Erleben stehen als allererste Aufgabe an. Zumindest kollektiv gesehen, denn Ihre persönliche Ausgangssituation müssen Sie selbst herausfinden. Im Regelfall enthüllen beide Seiten der Medaille noch Entwicklungsbedarf, jedoch mit unterschiedlichen Gewichten. Wer zuerst seinen gnadenlosen Grenzhüter entmachten und körperbetonte Sexualität lernen „muss“, der erfreut sich dafür bei der anschließenden Triebbändigung weitgehender Problemlosigkeit. Mit einem erlösten Über-Ich verfügt er nämlich bereits über das erforderliche Hauptinstrument zur Kontrolle der sexuellen Instinkte. Umgekehrt verhält es sich bei jenen, deren Fokus zunächst beim Bezwingen sexueller Gelüste liegt. Diese müssen ein stärkeres Über-Ich entwickeln, im Gegenzug stellt sich die Herausforderung des sexuellen Auslebens nicht mehr. So hat eben beides seine Vor- und Nachteile, gerecht verteilt.

Beide Aspekte können gleich schwierig sein. Glauben Sie nicht, das Ausleben der sexuellen Wünsche sei viel einfacher, weil es Spaß mache und jeder dann auf den Geschmack kommen müsse. Manche bleiben ihr ganzes Leben lang sexuell gehemmt und verleugnen ihre Bedürfnisse. Denken Sie an das Beispiel der katholischen Kirche und an die potentielle Macht des Grenzhüters.
Mit abschließenden Gedanken zur Sexualität von Priestern schließt sich nun langsam aber sicher der Kreis dieses Kapitels. Was denken Sie könnte den Kirchenvertretern in ihrer Entwicklung helfen? Die Aufhebung des Zölibats – dieser äußeren Manifestierung des überstrengen Grenzhüters – und sexuelle Freuden wären zweifellos ein Entwicklungsfortschritt. Klingt vielleicht etwas provokant, aber gelebte Sexualität würde die meisten Priester weiterbringen.

In der konkreten Praxis würde allein die Aufhebung des Zölibats noch nicht genügen. Es bedürfte zusätzlich der Aufhebung des inneren bzw. verinnerlichten Zölibats, sprich, der Befreiung vom unerlösten Über-Ich. Und wie gelingt das? Neben den schon erwähnten Hilfen verfolgen Priester – ebenso alle anderen – dazu am besten folgende Strategie: *Akzeptieren Sie ganz bewusst die eigentliche, höhere Aufgabe des Über-Iches und erinnern Sie es daran.* Die Aufgabe Ihres Über-Iches besteht zusammengefasst darin, die Maßstäbe der höheren Ebenen anzulegen und die konstruktive Zähmung sexueller Triebe zu fördern. Diese Funktion umfasst zwei verschiedene Teile. Zunächst mal geht es darum, erst dann die Tür zu den höheren Bereichen aufzustoßen, wenn Sie dort gefahrlos bleiben können. Das Über-Ich soll Sie vor energetischen Überspannungen und harten Abstürzen schützen, vor einer Frühgeburt. Wenn die sexuelle Energie in Ihrem Körper vorzeitig und unkontrolliert von unten nach oben durchschießt, dann führt das zu körperlichen und geistigen Schäden. Ein solcher Blitzeinschlag sorgt unter Umständen für einen Platz im Nervenkrankenhaus. Der Grenzhüter kann und soll vor solchen Abstürzen schützen, das ist der erste Teil seines Jobs.

Das unerlöste Über-Ich ist allerdings selbst ein gefallener, bereits abgestürzter Engel, der deshalb seine Schutzaufgabe als Grenzhüter missinterpretiert. Seine durch Eigenerfahrung berechtigte Angst vor Blitzschäden lässt ihn panisch die Grenzen schließen. Der Chefkontrolleur argumentiert mit Schutz; das ist ein gutes Argument, aber nur die halbe Wahrheit. Er hört nicht mehr den Ruf von oben, wenn die Zeit für einen Entwicklungsschritt reif ist. Er verweigert den zweiten Teil seiner Aufgabe, nämlich die Tür zum richtigen Zeitpunkt zu *öffnen*. Die höhere Aufgabe des Grenzhüters besteht nicht nur aus dem Geschlossenhalten bei Gefahr, sondern umfasst auch das Öffnen bei vorhandener Reife. Erinnern Sie Ihren inneren Grenzhüter ebenso wie den äußeren in Gestalt der Kirche an diesen zweiten Teil seiner höheren Aufgabe. Wenn das nicht genügt, dann fordern Sie es ein.

Die zu Unrecht verweigerte Öffnung der inneren und äußeren Grenzen bezüglich Sexualmoral entspricht genau der Situation der katholischen Kirche und genau da könnte ihre „Therapie“ beginnen. Vorausgesetzt, sie würde ihre Therapiebedürftigkeit einsehen, denn wie bei jeder Psychotherapie ist das die Grundvoraussetzung. Dennoch, bei aller berechtigten Kritik, die katholische Kirche will das Richtige. Leider stellt sie es falsch an und erkennt das in ihrer Selbstbetroffenheit und Therapieresistenz noch nicht mal. Selbst „äußere Therapiemaßnahmen“ wie zahlreiche Kirchenaustritte, Priestermangel, leere Kirchen und drohender Pleitegeier wirken bislang nicht. Bis eines Tages wieder ein Erneuerer kommt ... Es ist nur eine Frage der Zeit.

6 Dein Freund der Tod

6.1 Der geheime Name des Todes

Physiker kennen ein Geheimnis, ohne dass es ihnen bewusst ist. Ein Geheimnis mit profunder Bedeutung für die Weiterentwicklung jeglichen Lebens. Der Physiker spricht vom Energieerhaltungssatz, demzufolge Energie nie verloren geht, sondern lediglich andere Formen annimmt. Wird z. B. Wasser erhitzt, so wird es zu gasförmigem Wasserdampf; kühlt es sich danach ab, so kondensiert es wieder zu Wasser. Wird es noch weiter abgekühlt, entsteht Eis.
Alles im Leben ändert seine Form, auf irgendeine Weise, früher oder später. Nichts bleibt wie es ist. Oft entstehen Formen bzw. Zustandsformen, die weder mit Händen greifbar noch mit den Augen wahrnehmbar sind. Wenn Wasser sehr langsam verdampft, können Sie die aufsteigende Feuchtigkeit weder sehen noch spüren. Die menschlichen Wahrnehmungsgrenzen ändern aber nichts daran: Alles ist stets im Wandel. Veränderung ist die einzige Konstante im Leben. Panta rhei, sagte der griechische Philosoph Heraklit, d. h., alles fließt.

Die Physik kümmert sich natürlich nicht um Liebe, die sexuelle Energie oder menschliche Gefühle. Da letztlich jedoch alles eine Form von Energie darstellt, lässt sich der Energieerhaltungssatz meines Erachtens durchaus auf den Menschen, sein Bewusstsein, seine Gefühle und seine Sexualität übertragen. Das Liebesdreieck geht von genau diesem Grundgedanken aus – *eine* Liebesenergie existiert in verschiedenen Schwingungsebenen bzw. Formen.

Was hat das alles mit dem in der Überschrift erwähnten Tod zu tun? Viel, denn nach der bewussten Kontrolle des sexuellen Verlangens folgt als nächste Aufgabe der „Tod“ der reinen Sexualität, d. h., es gilt sie loszulassen. Wie wir jetzt wissen, kann die sexuelle Energie aber gar nicht wirklich sterben, sie kann sich lediglich in eine andere Form verwandeln. Genau wie alles Übrige im Leben, vom Brötchen in Ihrem Magen bis zu den Gefühlen für einen Menschen. Der Tod ist eine Lüge! Der Tod, so wie ihn üblicherweise alle verstehen und fürchten, nämlich als ein völliges Aus, existiert eigentlich gar nicht. Wenn eine Tür zugeht, *muss* eine andere aufgehen. Der Tod ist daher nicht nur der Zerstörer einer bestimmten Form von Materie oder Energie, er ist ebenso der Überbringer einer anderen. Sein wahrer Name lautet **Verwandlung**. In der Astrologie verkörpert diesen Verwandlungstod der Skorpion bzw. Pluto. Wenn Sie den Weg zu mehr Liebe und Spiritualität beschreiten, dann brauchen Sie ihn. Nichts entwickelt sich ohne ihn. Er ist Ihr Freund.

Wenn Sie nach einem langen und hoffentlich erfüllten Leben das Zeitliche segnen, dann stirbt einzig Ihr Körper. Sie als individuelle Seele existieren weiter, Ihr Bewusstsein bleibt erhalten. Sie lösen sich nicht in Nichts auf und die Bestandteile Ihres Bewusstseins verstreuen sich nicht im Universum. Seele und Bewusstsein weisen nach wie vor eine energetische Dichte sowie Individualität auf, die Sie „zusammenhalten“. Ihr physischer Körper löst sich auf und wird Teil der Erde – ihn hält nichts mehr zusammen. Sie als Seele leben in Ihrem Astralkörper in Astraldimensionen weiter. Dort halten sich besuchsweise auch die Lebenden in ihren Astralkörpern auf, wenn sie im Schlaf ihren Körper verlassen. Aus diesem Grund ist der Schlaf der „kleine Bruder des Todes“, wie er manchmal bezeichnet wird. Anders als bei Verstorbenen bleibt die Verbindung zum Körper allerdings bestehen und zieht die Seele wieder zurück.

In der Astrologie gehört der Tod sowohl zum Steinbock als auch zum Skorpion. Nur der Skorpion verkörpert allerdings den eigentlichen Verwandlungscharakter des Todes. Er vertritt das Prinzip des Stirb *und Werde*, Tod *und Wiedergeburt*, das alchemistische Lösen *und Binden*, das Bild von Raupe *und Schmetterling*. Und doch ist es erstaunlicherweise der Skorpion, der als das unbeliebteste Tierkreiszeichen gilt. Ist eine Verwandlung denn wirklich so schlimm und wenn ja, warum? Schauen wir es uns nachfolgend näher an.

6.2 Die wahre Quelle jeder Todesangst

Was die Physik ganz sachlich als Energieerhaltung lehrt, ist bei fühlenden Menschen sehr viel heikler und mit sehr viel Angst besetzt. Nahezu jeder fürchtet den Tod – mehr oder weniger. Nicht weniger scheut der Mensch den für unsere Überlegungen wichtigeren *inneren* Tod, die psychische Verwandlung. Alle Gefühle, Motivationen, Denk- und Verhaltensweisen tragen entwicklungsbedingt bereits im Augenblick ihrer Geburt den Todesstempel auf der Stirn. Irgendwann müssen sie wieder gehen und eine konstruktivere Form annehmen. Die Angst vor dem entwicklungsfördernden Verwandlungstod behindert diesen Prozess jedoch oft mit Erfolg. Manche schaffen es ihr ganzes Leben nicht, ihre Vorliebe für Zigaretten sterben zu lassen oder die Gefühle für einen längst aus ihrem Leben getretenen Menschen. Das Gleiche gilt für sexuelles Verhalten.

Eigentlich überrascht diese ausgeprägte Angst. Zum einen, weil die physikalische Energieerhaltung zwingend logisch, einigermaßen bekannt und auf das gesamte Leben anwendbar ist. Ich finde es aber vor allem deswegen überraschend, weil die Erde ein Ort des Lernens und

der Verwandlung ist. Wer sich als Seele zu einer menschlichen Inkarnation entschließt, der will sich weiterentwickeln. Und das erfordert die Bereitschaft zum inneren Verwandlungstod. Im Körper angekommen scheint das leider alles vergessen. Nahezu keiner stirbt bewusst und freiwillig innere Tode, sondern nur zwangsweise, wenn gelegentlich das Schicksal zuschlägt: Angehörige sterben, der Job geht verloren, eine Krankheit zwingt zum Umdenken usw.
Warum fällt das innere Sterben und Loslassen so schwer? Die Raupe wird zum Schmetterling. Das ist doch herrlich und genau der Zweck, zu dem die Raupe geboren wurde. Objektiv und rational gesehen gibt es keinen vernünftigen Grund für das erschreckte Zurückschaudern vor Metamorphosen. Der Mensch ist allerdings ein höchst subjektives Gefühlswesen. Die große Verwandlungsangst resultiert aus einer noch zu großen Bindung an die alten Gefühls- und Gedankenmuster, kombiniert mit fehlendem Vertrauen zu den neuen.

Solange die Raupe erstens ihr Raupen-Dasein o. k. findet und zweitens an kein besseres Schmetterlingsleben glaubt, will sie eine Raupe bleiben und fürchtet ihren Raupentod. Die beiden Aspekte hängen voneinander ab wie zwei Seiten einer Medaille. Je stärker die bildliche Raupenliebe ausfällt, konkret z. B. zur rein körperlichen Liebe, desto schwerer fällt der Glaube an einen freifliegenden Schmetterling. Und je schwächer der Glaube an den Schmetterling ist, z. B. „Wahre Liebe gibt es nicht“, desto leichteres Spiel haben die Beharrungskräfte der Raupe, z. B. als „Da weiß sich, was ich habe“.
Im Idealfall unterstützen beide Seiten den Prozess der inneren Metamorphose: Die eine Kraft drückt vom Lustsex weg, z. B. durch eine nachhaltige Sättigung und gleichzeitig zieht eine zweite Kraft zur emotionalen Liebe hin, z. B. durch ein echtes Liebeserlebnis. Beides verstärkt sich gegenseitig, wie ein kleiner Engelskreislauf. Bei einer ausgeprägten Angst vor tiefgreifenden Umbrüchen verstärken sich al-

lerdings beide Seiten zu einem Teufelskreislauf. Das Zurückschrecken vor Stirb- und Werde-Prozessen bzw. Verharren im Status quo wird also von zwei Seiten in Teamarbeit gespeist.
Egal, wie aufrichtig oder nachdrücklich jemand betont, den Wandel wirklich zu wollen – solange er nicht gelingt, dominieren diese beiden Verhinderungskräfte. Ein innerer Teil von ihm oder ihr hat im wahrsten Sinne des Wortes mehr Lust auf Sex als auf echte Liebesgefühle. Statt der Entwicklungshemmung verbirgt sich darin zwar manchmal eine Schutzfunktion, die vor einer schädlichen Frühgeburt bewahrt, z. B. bei sehr starkem spirituellen Ehrgeiz. Das ist aber eher selten der Fall. Wesentlich häufiger verlangt die Entwicklung, die Macht der Todesangst zu brechen und den Schritt zu wagen.

6.3 Die richtige und die falsche Angst

Möglicherweise überrascht es Sie, aber die optimale innere Todesbereitschaft äußert sich nicht in einem freudig-motivierten „Hurra süßer Tod, ich komme“. Eventuell machen Sie den allerletzten Schritt im Todesprozess in der Vorfreude auf die bereits wahrnehmbare höhere Liebe. Davon abgesehen ist aber jeder Enthusiasmus verdächtig. Es spricht für zu hohen spirituellen Ehrgeiz, für lebensfremde Überflieger, die gar nicht wirklich in einem Sterbevorgang stecken oder für eine leicht masochistische Neigung.

Ein innerer Tod – sei es die körperliche Sexualität oder anderes betreffend – bedeutet die Zerstörung eines über viele Jahre oder gar Leben mühsam aufgebauten, vertrauten und liebgewonnenen Musters. Ein alter und ausgelatschter, aber doch bequemer Pantoffel soll verschwinden. Der geistig-seelische Pantoffel soll außerdem etwas Neuem wei-

chen, das mehr oder weniger unbekannt ist. Selbst bei reifen Todeskandidaten wird ein solcher Schritt nicht von reiner Freude getragen. Jeder empfindet sein inneres Sterben individuell etwas anders, aber Spaß macht es keinem. Ein gewisser Zweifel und etwas Restangst bleiben immer. Und das ist gut so! Angesichts der tiefgreifenden Veränderung ist es ganz normal, ja sogar willkommen: Restängste und Zweifel sind in diesem Fall Zeichen und Garant für einen echten, reifen Verwandlungsprozess. Sie signalisieren erstens, dass es etwas zu verwandeln gibt und zweitens, dass die Zeit dafür reif ist.
Selbst Jesus ergriff kurz vor seiner Festnahme auf dem Ölberg Angst und Trauer. Er ahnte sein Schicksal und bat Gott, diesen Kelch an ihm vorübergehen zu lassen. Dennoch unterwarf er sich seinem Willen und akzeptierte sein gottgewolltes Schicksal. Mit genau dieser ernsten Reife sollte jeder anstehende innere und körperliche Tod angenommen werden.

Ich erinnere mich noch gut an meinen ersten Feuerlauf. Es waren schon fast alle über die glühenden Kohlen gegangen, viele sogar mehrfach, aber ich traute mich nicht. Eine Stimme in mir sagte: „Du hast Angst. Wenn du Angst hast, bist du dir nicht völlig sicher. Dadurch könnte es schief gehen und du dich verbrennen. Die Angst verrät, du bist noch nicht so weit." Als Vorletzter tat ich es dann trotzdem. Ich weiß nicht mehr warum. Irgendetwas in mir trieb mich zum Rand des Kohlenteppichs. Ich war aufgeregt und etwas ängstlich, aber ich fasste Mut und es ging gut. Ich fühlte mich blendend und ging noch zwei Mal. Es war eine wichtige, befreiende Erfahrung. In nachfolgenden Traumerlebnissen loderte das spirituelle Feuer in mir hoch, weil ich mich dem realen Feuer gestellt hatte.

Im Nachhinein durchschaute ich die logisch klingende Lüge meiner inneren Stimme der Angst. Wenn ein Feuerlauf die Erfahrung bescheren soll, Angst überwinden und etwas eigentlich Unmögliches tun zu können, dann *muss und soll* eine Portion Angst und herausfordernde Unmöglichkeit existieren! Was soll denn sonst überwunden werden, woraus das neue Selbstbewusstsein erwachsen? Im Akt des Tuns geschieht die Verwandlung, aus Angst wird Selbstbewusstsein, in genau diesem Moment. Das klappt aber nur, wenn etwas zum Verwandeln da ist. Wenn der Feuerlauf-Veranstalter zum 127. Mal mit leicht gelangweiltem Lächeln anmutig elegant über die Holzkohlen wandelt, dann plagt ihn keinerlei Angst mehr. Er holt sich zwar keine Brandblasen, gewinnt aber auch nichts dabei.

Dass es zu *wenig* Angst und zu viel Freude am Sterben bzw. Angstüberwinden geben kann, bewies mein dritter Feuerlauf. Eine Teilnehmerin wurde übermütig und tanzte auf den glühenden Kohlen laut johlend wie ein Indianer; die besinnliche Stimmung eines schönen Feuers in dunkler, stiller Nacht damit zerstörend. Erst nach dem Feuerlauf bemerkte sie zahlreiche Brandblasen und konnte keinen Schritt mehr gehen. Eine andere Teilnehmerin hingegen verspürte überhaupt keine Angst, obwohl es ihr erster Feuerlauf war. Wie ein alter Profi marschierte sie über die Holzkohlen – und war hinterher richtiggehend enttäuscht. Ihr spiritueller Hochmut schützte sie zwar in diesem Fall vor Brandblasen, raubte ihr aber ebenso einen Erfahrungsgewinn. Fazit: Ein wenig Angst ist gut, viel oder gar keine Angst weniger gut.

Traum: „Der Tod als schmerzvolle Methode“

Ich sehe, wie sich ein Ritter in dunkler Rüstung ohne zu zögern freiwillig in eine fast senkrecht aufgerichtete Lanze stürzt. Er hängt dort und empfindet Schmerz, scheint aber nicht tot zu sein. Eine Stimme sagt: „Schmerz beseitigt sexuelle Bindung“, eine zweite antwortet: „Nicht immer, nicht unbedingt“.

Deutung:
Der Traum bezog sich auf ein früheres Leben, in dem ich als Mönch den inneren Tod und Schmerz nicht nur annahm, sondern darüber hinaus regelrecht als Erfolgsmethode zur spirituellen Weiterentwicklung einsetzte. Dazu gehörte nicht zuletzt der Verzicht auf das sexuelle Vergnügen, wie der freiwillige Todessprung in die aufgerichtete Lanze zeigt. Ganz im Sinne Freud'scher Psychoanalyse steht diese für das männliche Glied. Der entscheidende Punkt ist das Fehlen der angemessenen Portion Angst. Der Ritter ergibt sich nicht ernst und zögernd in sein als richtig erkanntes Todesschicksal wie Jesus. Das ganz im Gegenteil freudige Hineinschmeißen in Tod und Schmerz war eine überlegte Strategie zur spirituellen Weiterentwicklung; eine Methode zur Beseitigung und Verwandlung einer niemals akzeptierten und ausgelebten Sexualität. Kalkül und Ehrgeiz motivierten mich. Unter diesen Voraussetzungen bewirken innerer Tod und Schmerz eben *nicht* die gewünschte Beseitigung sexueller Bindungen und Weiterentwicklung. Die zweite Stimme stellt das mit ihrer Aussage richtig bzw. relativiert den Effekt des inneren Sterbens.

Der Traum enthüllt die Erfolglosigkeit einer solchen Motivation und Methodik noch auf andere Weise: Die Rüstung als Schutzpanzer vor Verletzungen und Tod signalisiert ganz klar die in Wahrheit *fehlende* Sterbebereitschaft. Ein Teil des Ritters will gar nicht wirklich sterben, denn so eine Rüstung widerspricht einer echten inneren Todesbereitschaft. Sie entspricht wohl einer Art Raupenkokon. Und der Ritter stirbt im Traum ja auch gar nicht. Dementsprechend fehlt außerdem die sich üblicherweise anschließende Verwandlung in etwas Höheres. Der Ritter hängt schwerverletzt, aber nicht tot an der Lanze und das war's.

6.4 Die Gefahr des falschen Mitleids

Sie sitzen am Mittagstisch. Ihr Hund kommt, macht artig Platz, fiept leise und schaut Sie mit den treuesten Hundeaugen der Welt an. Er bettelt um Essen; Essen, das ihm nicht gut tut. Die meisten Hundebesitzer haben sich schon mal erweichen lassen und sind schwach geworden, wider besseren Wissens.
Jetzt stellen Sie sich Ihren treuen Freund vor, wie er gerade im Sterben liegt, Sie ähnlich anschaut und winselt. Stellen Sie sich weiter vor, das Ganze sei ein Traum und der Hund symbolisiert Ihren Sexualinstinkt.

Sie haben den Kampf gegen das Tier gewonnen, also Ihre körperlich-sexuellen Instinkte unter Kontrolle gebracht und mit echten Gefühlen etwas besänftigt. Sterben will das Verlangen aber noch lange nicht. Es will überleben. Was kann das sexuelle Begehren tun? Kämpfen bringt nichts mehr, also wechselt es die Strategie und beginnt stattdessen, an Ihr Mitgefühl zu appellieren. Etwas Gefühle haben Sie dem Instinkt schließlich beigebracht und die verwendet er jetzt gegen Sie. Für die zu Mitgefühl neigenden Zeitgenossen unter Ihnen kann die Überwindung dieser Hürde einige Zeit dauern.

In Träumen werden Sie versucht, dem bittenden Drängen nachzugeben. Darüber hinaus konfrontiert Sie eventuell das Leben ganz real mit ähnlichen Versuchungen. Selbst wenn nicht, hören Sie auf jeden Fall nach innen. In welchen Gedanken und Stimmen spricht der nicht sterben wollende Sexualtrieb zu Ihnen? Schärfen Sie Ihre Wahrnehmung. Die innere Stimme meldet sich vermutlich mit Aussagen wie: „Sei nicht so hart mit dir, gönn dir was“, „Ein wenig kann nicht schaden, man darf es nur nicht übertreiben“ oder „Nur noch dieses Mal, um etwas Neues kennenzulernen, danach ist Schluss“. Solche inneren

– oder auch äußeren – Stimmen klingen menschlich und mitfühlend, aber es ist nur ein Betteln um Futter und das eigene Überleben, nichts anderes.

Ihr Mitgefühl ist ein falsches Mitleid. Es beweist Ihre noch vorhandene Verhaftung und Identifikation mit den sexuellen Wünschen. Die freundlich-drängende Stimme sind Sie, der im Traum bettelnde Hund (sowie gegebenenfalls andere Tiere und Personen) sind ebenfalls Sie. Es ist der Teil in Ihnen, der den einfachen Sexgenuss nach wie vor gut findet und der nicht gehen will. Sie mögen hohe spirituelle Ziele haben und genau Bescheid wissen um den Scheintod allen Lebens und der Transformierung in höhere Formen. Solange dieses Wissen aber nicht verinnerlicht ist, fehlt die innere Bereitschaft für den entscheidenden Schritt zur Verwandlung.
Das falsche Mitleid gewährt zwar gar keine so großartigen Zugeständnisse, denn die Zeiten des ungebremsten Auslebens sind bereits vorbei; doch der entscheidende Punkt ist: Bei der anstehenden Aufgabe der Todesverwandlung gibt es kein „bisschen sterben", genauso wenig wie ein „bisschen schwanger". Der Tod ist kompromisslos. Keine halben Sachen und keine Ausreden. Die halben Sachen waren ein Erfolg im Kampf gegen das Tier, im Ringen um Metamorphose sind sie hingegen ein Hindernis. Wenn Sie Ihre innere Raupe in einen vollständigen Schmetterling verwandeln möchten, dann muss die Raupe auch vollständig sterben. Jeder weitere Biss von grünen Blättern stärkt das Raupen-Dasein.

Traum: „Verhindertes Aufsteigen sexueller Energie"
Ich schwebe langsam senkrecht nach oben und spüre Energie im Körper nach oben fließen. In einigen Metern Höhe höre ich plötzlich ein lautes Schluchzen. Ich sehe nach unten. Eine nackte Frau steht da, weint und jammert. Ich beruhige sie, indem ich ihr sage, es sei gleich

wieder vorbei, gleich hätte sie es überstanden. Ich sinke wieder runter und sie hört auf zu weinen.

Deutung:
Das Hochschweben durch die aufsteigende sexuelle Energie zeigt ihre Verwandlung in höhere, spirituelle Energie, was mir sozusagen Flügel verleiht. Die nackte, jammernde Frau steht für meine einfache Sexualität, die mich verführen und im doppelten Sinne nach unten ziehen will. Was ihr dank meines falschen Mitleids gelingt.

Wie legen Sie das falsche Mitleid ab und entwickeln die erforderliche Konsequenz und Entschiedenheit? Das falsche Mitgefühl basiert auf einer Lüge, die Sie entlarven und verinnerlichen müssen. Ihre unbewusste Identifikation mit den überleben wollenden Sexwünschen geht von dem Irrtum aus, es gäbe keine Transformation in etwas Höheres. Zumindest fehlt der Glaube daran. Letztlich geht es um die bereits erläuterte zweiseitig gespeiste Todesangst und den Teufelskreislauf, den es zu durchbrechen gilt.

6.5 Willkommene Trauer

Nicht zu verwechseln mit dem inneren und gegebenenfalls äußeren Überlebens-Gejammere des Sexualtriebs ist die willkommene Todestrauer. Sie empfinden Trauer, weil ein Teil von Ihnen bereits stirbt und nicht, um damit den drohenden Tod abzuwehren. Diese Trauer begleitet und beweist einen echten Sterbeprozess. Es ist kein Selbstmitleid, das zur sexuellen Fortsetzung verführt. Sie stehen an Ihrem eigenen Grab und verabschieden sich. Es ist nicht leicht oder angenehm, aber irgendwie befreiend.

Die Trauer signalisiert, Sie haben die Todesverwandlung akzeptiert und deswegen vollzieht sie sich bereits. Trauergefühle zeigen zwar ein noch kleines Stück Verhaftung an, aber ein noch größeres Stück Bereitschaft loszulassen. Es gibt kein Zurück mehr. Sie können an dieser Stelle zwar stehen bleiben, aber den Prozess nicht mehr umkehren. Sie bzw. Ihr Sexverlangen liegt bereits im Sarg und muss nur noch begraben werden. Der finale Sprung ist nur eine Frage der Zeit, aber er wird kommen.

Traum: „Gib alles weg ..."

Ein sehr alter Mann steht vor seinem Haus. In den letzten Wochen sind alle seine Angehörigen gestorben, zuletzt seine noch junge Frau. Nackt und fast blind ist sie auf dem Dach rumspaziert und heruntergefallen. Der alte Mann tut mir leid und wir weinen beide. Trotzdem denke ich mir, die vielen Todesfälle werden seine Entwicklung beschleunigen. Mir fällt der Spruch von Jesus ein: „Gib alles weg und folge mir nach."

Deutung:

Der alte Mann bin ich. Er ist der Teil in mir, der zum Sterben bereit ist, was sein bzw. unser trauriges Weinen sowie die altersbedingt natürliche Nähe zum Tod anzeigt. Er will nichts manipulieren oder verhindern. Er ist reif zum Sterben – wie es sich für einen hochbetagten, alten Mann gehört. Die nackte Frau wiederum repräsentiert das, was sterben muss, nämlich mein sexuelles Verlangen. Diese Bedeutung besaß sie bereits im vorigen Traum vom verhinderten Aufsteigen sexuelle Energie. Ihr Tod, also der sexuelle Verwandlungstod, löst Trauer in mir aus. In mir und ebenso dem alten Mann, denn wir beide sind eins. Dennoch ist alles bestens. Die Todeserfahrung beschleunigt seine bzw. meine Entwicklung und ebnet den Weg zum Endziel der Christusliebe.

Genau wie die richtige kleine Portion Angst signalisiert solche Trauer eine wünschenswerte Entwicklung. Die einzige Gefahr bei der Entwicklungstrauer ist ein falscher Umgang mit ihr. Sie könnte z. B. als ungünstiges Zeichen fehlgedeutet oder unterdrückt werden. In unserer Gesellschaft ist es schließlich sehr wichtig, möglichst immer „gut drauf" und erfolgreich zu sein sowie gut auszusehen (im wörtlichen und übertragenen Sinne). Jammerlappen tun sich da schwer. Die meisten haben es verlernt zu trauern und können es noch nicht mal dann, wenn es sogar gesellschaftlich akzeptiert wäre, z. B. beim Tod von Angehörigen. Eine gelungene Trauer heißt erstens, sie zuzulassen und zweitens, auf eine Weise, die in angemessener Zeit ihr eigenes Ende bewirkt. Weil das viele nicht mehr hinbekommen, hat sich in der Seelsorge und Psychotherapie mittlerweile ein eigener, kleiner Zweig etabliert, nämlich die Trauerbewältigung.

6.6 Der polare und lineare Entwicklungsweg

Der Verwandlungstod sexueller Bedürfnisse ist nicht nur deshalb Ihr eigentlicher Freund, weil er Ihnen die nächsthöhere, gefühlsbetonte Emotional-Liebe übergibt. Vereinzelt beschert er außerdem spirituelle Erlebnisse, *Sprünge in den Himmel.* Ersteres, also das Erklimmen der nächsten Leitersprosse, ist Teil und Ausdruck des sogenannten linearen Entwicklungsweges. Letzteres, also der Sprung in spirituelle Sphären, entspricht dem polaren Entwicklungsweg. Beide gemeinsam ermöglichen den Entwicklungsprozess, der vom reinen Lustsex bis zur Christusliebe führt. Sie bilden die beiden zentralen Grundkonzepte bzw. Reisestrategien der gesamten Reise. Sie werden ihnen daher von nun an immer wieder begegnen, aus verschiedenen Perspektiven und Überlegungen heraus.

Im Wesentlichen bewältigen Sie den gesamten Entwicklungsweg bis zur Christusliebe schrittweise, d. h., Sie erklimmen eine Stufe nach der anderen und jede ist Voraussetzung für die nächsthöhere: Ohne vitales Sexualleben gibt es beim „Kampf gegen das Tier" dementsprechend nichts, das konstruktiv gelenkt und besänftigt werden könnte. Erst nach der gelungenen Kontrolle der sexuellen Kräfte entsteht die innere Bereitschaft, reinen Körpersex ganz loszulassen, sterben zu lassen. Der Tod rein körperlicher Sexualität ist wiederum Voraussetzung für die ganz neue Form und Energie der emotionalen Liebe. Und in der gleichen Weise muss schließlich die emotionale Liebe der ungleich höheren spirituellen Liebe Platz machen. Diesen aufeinander aufbauenden, schrittweisen Prozess bezeichne ich als **linearen Entwicklungsweg**.

Zusätzlich und ergänzend zum linearen Entwicklungsweg entwickelt sich der Mensch durch bestimmte *Sprungmuster*. Wohlgemerkt, zusätzlich und ergänzend zum linearen Hauptweg. Entgegen den grundsätzlich gültigen, linearen Erfordernissen erlauben die Sprungmuster Sprünge vom sexuellen Tod direkt in spirituelle Bereiche. Ein Sprungkandidat hat den spirituellen Himmel aber noch nicht „organisch gewachsen", also über den linearen Hauptweg „Schritt für Schritt" erreicht. Dazu müsste ein reifer Verwandlungstod der direkt vorangehenden emotionalen Liebe anstehen, doch genau die wird übersprungen. Betrachten Sie solche Sprünge am besten als kurzfristige Erfahrungs- und Schnupperbesuche. Sie sammeln damit durchaus wichtige Erfahrungen, sollten es sich aber nicht zu gemütlich dort oben einrichten. Meist springen Sie schon recht bald wieder zurück. Die Entwicklung durch Sprünge rauf und runter nenne ich den **polaren Entwicklungsweg**. Polar deswegen, weil Ziel und Start der Sprünge in einer polaren Beziehung zueinander stehen.

Polare Sprungmuster verstehen Sie sehr gut anhand der energetischen Vorgänge in den sogenannten Chakren. Chakren sind feinstoffliche Energiezentren, die sich im bzw. nahe am Körper befinden. Die sieben Hauptchakren liegen in etwa auf einer senkrechten Achse, die mit der Wirbelsäule zusammenfällt. Jedes dieser Energiezentren verfügt über eine vordere und eine hintere Öffnung ähnlich Blumenkelchen, die meistens auf Höhe der Haut liegen. Das Sexualchakra z. B. öffnet sich vorne etwas unterhalb des Nabels und hinten im Kreuz. Das unterste Chakra, das sogenannte Wurzelchakra, ist hingegen nur senkrecht nach unten geöffnet. Parallel dazu ist das oberste Chakra, das Kronenchakra, nur nach oben geöffnet.
Alle Chakren erfüllen spezifische Aufgaben, stehen aber außerdem hintereinandergeschaltet in Verbindung. Wenn die sexuelle Energie aus dem Wurzelchakra ganz nach oben ins Kronenchakra steigt, dann fließt sie der Reihe nach durch alle einzelnen Zentren. Jedes gibt die Energie nach oben zum nächsten weiter, nachdem es sie in seine eigene Schwingung transformiert hat. Dieser Vorgang wird häufig als *aufsteigende Kundalini* bezeichnet: Die sexuelle Kraft liegt zusammengerollt wie eine Schlange im Wurzelchakra und entrollt sich wie eine nach oben schlängelnde Schlange in Richtung Kronenchakra. Die aufsteigende Kundalini ist die energetische Entsprechung zum linearen Hauptweg der sexuellen Entwicklung, die beim einfachen Sex beginnt und mit spiritueller Liebe endet. Wenn Sie also z. B. gerade Ihr sexuelles Verlangen sterben lassen, dann fließt die Energie aus den beiden ersten Chakren zumindest bis zum dritten Chakra.

Neben der linearen Hierarchie stehen die Chakren in verschiedenen, teilweise komplexen Einzelbeziehungen zueinander. Das für unsere Zwecke relevante Beziehungsmuster lautet 7 – 1, 6 – 2 und 5 – 3, d. h., erstes und siebtes Chakra beeinflussen sich wechselseitig, ebenso das sechste und zweite sowie das fünfte und dritte. Diese drei polaren Be-

ziehungsmuster geben die möglichen Sprünge vor und zwar in beide Richtungen. Die sexuelle Energie wohnt im ersten und zweiten Chakra und steht in Wechselwirkung mit dem polar gegensätzlichen sechsten und siebten Chakra. Gelingt ein entscheidender Schritt bei ihrem Verwandlungstod, so können Sie bzw. Ihre Kundalini kurzfristig ins sechste und siebte Chakra „hochfliegen". Sie spüren das aktive sechste und siebte Chakra dann körperlich und/oder psychisch. Körperlich spüren Sie vielleicht gelegentlich eine angenehme Aktivität am Scheitel, die den Kopf leicht nach oben zieht. Psychisch bemerkbar fliegen Sie eventuell öfters im Traum oder erfahren Einheitserlebnisse als reale Traumerlebnisse auf Astralebene. Der Sprung in die durch das sechste und siebte Chakra repräsentierten spirituellen Bereiche nimmt viele Formen an. Wie solche Sprünge aussehen können, deuten z. B. die beiden zuletzt beschriebenen Träume an. Das senkrechte Hochfliegen in dem einen Traum und das Jesus-Thema im anderen haben beide nichts mit der linear anstehenden, emotionalen Liebe zu tun. Sie vertreten vielmehr spirituelle Aspekte der übernächsten Stufe.
Zwei weitere Träume veranschaulichen nachfolgend den Sprung vom sexuellen Tod zur spirituellen Liebe.

Traum: „Engelliebe"
Sexuelle Szenen in einem Haus, ich bin allerdings nicht beteiligt, beobachte das Ganze nur. Ausgelöst durch ein an der Wand hängendes Engelbild, das ich mir näher anschaue, wird mir meine vom Vergnügungssex bewirkte Trennung von „Oben" bewusst. Ich weine traurig und verlasse das Haus. Auf meinem Weg sehe ich plötzlich einen Engel über mir fliegen. Er lässt eine Rose als Zeichen der himmlischen Liebe zu mir runterfallen. Ich beginne wieder zu weinen, doch jetzt aus Rührung, nicht aus Trauer.

Deutung:
Das weinende Weggehen entspricht dem von Trauer begleiteten Loslassen vom Lustsex. Als Folge davon offenbart sich die spirituelle Liebe durch die Rose des Engels.

Die per Sprung erreichte Spiritualität und hohe Liebe kann noch keinen dauerhaften Platz gewähren. Dem Flug nach oben folgt daher in aller Regel schon bald der Rückflug nach unten. Dazu der folgende Traum.

Traum: „Up and down"
Ich werde durch ein Feuer mit leidenschaftlich hochlodernden Flammen geflogen. Ich bin körperlich durchlässig, cs kann mir nichts anhaben, bewirkt sogar das „Hochlodern" der sexuellen Energie in mir. Plötzlich fliege ich rasend schnell durch das Universum. Ich bin in einem veränderten Bewusstseinszustand und gebe ein kontinuierliches „Om" von mir, ohne atmen zu müssen. Vor mir ist eine Art Zeitwirbel. Mich darin reinzubegeben wäre der letzte Schritt zu einem Erlebnis kosmischen Einsseins. Ich will ihn machen, aber im letzten Moment bekomme ich plötzlich Angst und befinde mich schlagartig wieder auf der Erde. Ich sehe eine Sexszene mit einem Pärchen.

Deutung:
Zur Abwechslung nimmt das körperlich-sexuelle Begehren hier mal die Gestalt von „leidenschaftlich hochlodernden" Flammen an. Andererseits besitzt Feuer auch spirituellen, göttlichen Charakter, z. B. als brennender Dornbusch bei Moses. Das doppeldeutige Feuer repräsentiert also passend zum polaren Konzept sowohl den niedrigen als auch hohen Aspekt der Sexualität.
Zu Beginn des Traumes findet die Leidenschaftlichkeit keinelei Resonanz in mir. Mein durchlässiger Energiekörper reagiert auf körperli-

che Stimulierung nicht mehr. Die körperliche Sexualität ist offenbar „tot“. Die sexuelle Energie steigt hoch in die spirituellen Chakren und lässt mich durch das Universum fliegen. Die Angst vor dem letzten Schritt beruht auf der noch bestehenden Restverhaftung an den Körper. Entgegen der Anfangsszene gibt es einen kleinen Teil in mir, der sich noch immer mit dem körperlichen Aspekt der Sexualität identifiziert. Genau dieser Teil ist es, der sein endgültiges Aus in dem möglichen Einheitserlebnis fürchtet und mich auf die Erde zurückholt. Er nimmt Gestalt an in der sexuellen Abschluss-Szene des Traumes.

6.7 Was tun?

Was Sie im Kampf gegen das körperliche Verlangen begonnen haben, das führen Sie beim Verwandlungstod konsequent zu Ende. Alles, was beim Kampf um Kontrolle und mehr Gefühle hilft, das nützt Ihnen daher auch beim Verwandlungstod: das Hinterfragen Ihrer Motive, das ehrliche Wahrnehmen der erreichten Sättigung, ein realistisches, neues Wertesystem und Übungen. Letztere können Sie an die nun anstehende Herausforderung des inneren Sterbens entsprechend anpassen.

Natürlich gibt es auch einige Unterschiede zwischen Kampf- und Todesphase. Willkommene Trauer und Sprünge zur Spiritualität sind typische Merkmale nur des Verwandlungstodes. Ein grundlegender Unterschied ist außerdem die innere Einstellung. Der Verwandlungstod ist – wie jeder Tod – ein eher passiver Akt des vertrauenden Loslassens. Beim Kampf um die Herrschaft über Ihre sexuellen Kräfte ist hingegen eine aktiv-willensbetonte Einstellung gefragt. Sie verwenden also die gleichen Methoden und Übungen wie bisher, aber auf andere Art und Weise.

Eine Beerdigung ist ein Trauerritual und hilft den Hinterbliebenen, nicht nur äußerlich-formal, sondern ebenso innerlich loszulassen. Ein bewusstes Ritual erleichtert es, den Verlust anzunehmen und zu verarbeiten. Es bietet sich an, ähnliche Trauerrituale für jeden inneren Tod durchzuführen. Visualisieren Sie z. B. Ihre eigene Beerdigung, genauer gesagt, die Verabschiedung Ihres Sexverlangens. Noch besser ist die konkrete Handlung. Gehen Sie in den Garten oder einen Wald und beerdigen Sie etwas, das Ihre Beziehung zur Sexualität symbolisiert. Halten Sie eine lange Trauerrede, bei der Sie die Gründe für das Loslassen und Ihre Gefühle dabei aussprechen. „Es war eine schöne Zeit mit dir, aber jetzt muss eine andere, noch schönere kommen. Mach's gut, wir sehen uns mit neuem Gesicht auf der anderen Seite wieder."

Was bedeutet der Verwandlungstod für Ihr reales Sexualleben? Nie wieder rein körperlicher Vergnügungssex? Sofern es ein sauberer Tod ohne „Wiedergeburt" ist, ja. Es bedeutet keineswegs eine lebenslange Enthaltsamkeit von *jeglicher* Sexualität, sondern nur im Hinblick auf reine Lustbefriedigung. Es heißt ebenso wenig, nie wieder sexuellen Hunger zu spüren. Es wird immer wieder mal vereinzelte Momente oder Tage mit sexuellen Wiedergeburten geben. Sie werden dem aber widerstehen und nicht mehr nachgeben. Der Verwandlungstod ist seinem Wesen nach zwar ein kompromissloser und klarer Schnitt, aber mit perfekten 100%-Schritten kann dennoch niemand die Stationen des großen Weges meistern; weder das innere Sterben noch andere Herausforderungen. Der Schmetterling wird sich an einzelnen Tagen etwas wehmütig an sein Raupenleben erinnern. Vielleicht sucht er seinen alten Kokon. Selbst wenn er ihn findet, so kann er nicht mehr zurück.

Genießen Sie stattdessen die liebevolle, zärtliche und gefühlsbetonte Sexualität, bei der nicht das Körperverlangen im Vordergrund steht. Der Körper ist nur noch Diener und Vollzugsorgan Ihres emotionalen Liebesgefühls und zum Teil vielleicht bereits spiritueller Liebe. Spüren Sie die weiche Wärme und den Austausch von Gefühlen, die sich gegenseitig verstärken. *Das beste Mittel gegen das verführerische kleine Vergnügen ist die viel größere Freude echter Gefühle.*

Alle Herausforderungen der großen Reise berühren unweigerlich Ihre Partnerschaft – sofern vorhanden. Das Loslassen vom üblichen Sexleben wird dies zweifelsohne tun. Wenn der/die Partner/-in nicht mitzieht und Sie bei Ihren Veränderungen nicht begleiten will, kann das unter Umständen zur Trennung führen. In diesem Fall bedient sich der sexuelle Verwandlungstod zusätzlich eines Beziehungstodes. Eine Beziehung, die offenbar stark von den sexuellen Freuden geprägt war. Wenn möglich, dann gestalten Sie das Loslassen vom Partner ebenso bewusst wie das sexuelle Sterben. Andernfalls bleiben Sie mit großer Wahrscheinlichkeit innerlich gebunden, trotz getrennter Wohnungen und fehlendem Kontakt.

Wenn Sie bedenken, warum sich Paare üblicherweise trennen, dann ist die eigene Entwicklung zu mehr echter Liebe sicherlich ein sehr guter Grund. Vielleicht der beste. In jedem Falle aber einer, der die Tür öffnet zu einem anderen Partner, der Ihrem neuen Ich mehr entspricht. Ein neugeborener Schmetterling wird nur noch mit einem anderen Schmetterling glücklich, denken Sie nicht auch?

7 Das Drama der emotionalen Liebe

7.1 Die große Liebe

Ich vermute, fast jeder hatte sie schon mal, glaubte sie zu haben oder sucht gerade nach ihr: die vielzitierte große Liebe. Ein inniglich geliebter Partner, der diese Liebe erwidert. Ein solches Glück steht auf der Wunschliste vieler ganz oben. Kein Wunder, denn das Glücksgefühl mit den Schmetterlingen im Bauch ist stark, wenn Sie einen geliebten Menschen umarmen, küssen und intime Stunden mit ihm teilen. Sie gehen gemeinsam durchs Leben und es fühlt sich einfach gut an, einen solchen Partner an seiner Seite zu wissen. Für viele ist es der persönliche Himmel auf Erden, wichtiger als Geld und Erfolg.
Die teils ruhigeren, teils stürmischen Glücksgefühle im Bauch zeigen körperlich-energetisch, an welcher Station der großen Reise wir uns befinden. Nach der sexuellen Energie des ersten und zweiten Chakras sind wir nun bei der emotionalen Liebe des dritten und vierten Chakras angelangt. Das dritte Chakra befindet sich etwas oberhalb des Nabels, im Oberbauch. Eben dort fliegen die Schmetterlinge.

Die emotionale Gefühlsliebe ist ein zweifellos herrliches Phänomen. Erinnern Sie sich daran, als Sie zuletzt glücklich verliebt waren. Die Verliebtheit ergriff Ihr ganzes Wesen und das gesamte Leben war viel schöner als vorher. Irgendwie war einfach alles „gut", jedenfalls meistens. Sie fühlten sich wie ein neuer Mensch und in gewisser Hinsicht waren Sie das. Natürlich lässt die Verliebtheit irgendwann nach und die Gefühle beruhigen sich. Speziell die Verliebtheitsphase offenbart aber immer, wie mächtig Gefühle und Emotionen sein können. Ein Grund hierfür ist ihre Eigenschaft, sich gegenseitig zu verstärken. Die Gefühlsliebe gibt und nimmt. Dadurch wird sie größer und stärker. Gefühle sind Empfindungen, die der Partner in Ihnen auslöst, weil er sie berührt. Wie eine Stimmgabel, die zu schwingen beginnt, nachdem sie vorsichtig angeschlagen wird. Als Emotionen geben Sie die inneren Gefühlsbewegungen nach außen wieder zurück. Das wiederum berührt Ihren Partner, er reagiert seinerseits emotional und so geht es hin und her.

Das sich verstärkende Geben und Nehmen ist ein wichtiges Merkmal der Emotionalliebe und unterscheidet sie vom sexuellen Verlangen. Der Sexualtrieb benutzt den anderen nur, um das Gewünschte zu bekommen. Da sich beide einvernehmlich gegenseitig benutzen, sieht Sex äußerlich wie eine gebende Liebe aus. In Wahrheit ist es aber nur ein selbstbezogenes Nehmen. Anders die emotionale Gefühlsliebe, sie gibt wirklich. Darüber hinaus ist sie in der Lage zu nehmen, genauer gesagt anzunehmen. Um Gefühle und Emotionen austauschen und verstärken zu können, müssen beide Personen fähig sein, die entgegengebrachten Emotionen anzunehmen. Das ist keine Selbstverständlichkeit, denn dazu müssen sich beide emotional öffnen. Und ihre Schutzwände öffnen sie nur, weil sie sich gegenseitig vertrauen. Der rein sexuelle Mensch vermag das nicht. Ja, er kann nehmen, aber nur die ersehnten Körperempfindungen, keine Gefühle und Emotionen. Die gute Nachricht für ihn lautet, er ist dadurch weniger verletzlich als der emotional Liebende. Dafür bezahlt er einen hohen Preis, denn ihm entgehen parallel dazu ebenso die angenehmen Gefühlserlebnisse. Ich spreche hier wohlgemerkt vom klar sexuell orientierten Zeitgenossen, der zu größeren Gefühlen weder fähig noch willens ist. In der Realität und Praxis besitzt eigentlich fast jeder ein gewisses Gefühlspotential.

Traum: „Wärmende Liebe"
Ich liege mit einem Mädchen im Bett. Wir sind nackt, liegen Körper an Körper. Ich bin kalt, aber von ihr geht eine große, überaus angenehme Wärme aus. Sie erwärmt mich wie Eis in der Sonne oder ein zum Glühen gebrachtes Stück Eisen durch ihre abstrahlende Wärme. Wir küssen uns. Es ist nur ein einfacher Kuss, aber er ist wunderschön. Obwohl wir nackt sind, ist das Ganze erstaunlicherweise in keinster Weise sexuell.

Deutung:
Trotz des nackten Körperkontaktes ist es nicht sexuell erregend gewesen, stattdessen herrschte eine wärmende Liebe vor. Das bedeutet, die rein körperliche Sexualität ist überwunden und der nun maßgeblichen Gefühlsliebe gewichen, denn Wärme ist Liebe. Hitze ist sexuelle Leidenschaft und Kälte fehlende Liebe, aber Wärme ist Liebe. Die sexuelle Hitze, die sich üblicherweise auf wenige Körperteile konzentriert, verwandelt sich hier im Traum in eine den ganzen Körper erfassende Liebeswärme.
In der Gestalt des Mädchens - anstelle einer Frau - verschmilzt die emotionale Liebe mit der Selbstliebe zum sogenannten inneren Kind. Ich hatte zur Zeit des Traumes keine Freundin oder Ehefrau, doch die Aufarbeitung einer vergangenen Beziehung führte mich über mehr Selbstliebe weg vom Sex zur emotionalen Liebesfähigkeit. Der Traum verdeutlicht diese neue Liebesfähigkeit, die keiner realen Beziehung bedurfte.
Gleichzeitig knüpft der Traum über die Gestalt des Mädchens an den Traum vom gewürgten Mädchen an. Während dort noch ein überharter Grenzhüter die emotionale Weiterentwicklung des sexuellen Verlangens verhinderte, ist sie hier bereits erfolgt. Das heißt allerdings nicht, dass es keinen Grenzhüter mehr gäbe. Er erfüllt schließlich eine Funktion.

Viele Menschen befinden sich auf ihrer Lebensreise im Wesentlichen auf der Wegstation der emotionalen Liebe. Sie suchen einen Begleiter, mit dem sie ihre Gefühle teilen können. Sie mögen vielleicht Soaps im Fernsehen, Liebesfilme oder Heimatromane. Sie interessieren sich für die Liebesbeziehungen anderer Menschen, z. B. auch von Prominenten und vergleichen es mit eigenen Erfahrungen. Typisch für alle Gefühlsliebenden sind außerdem Diskussionen in Internetforen oder mit Freunden/-innen. Manche schauen sich Talkshows über Liebe an und lesen in Illustrierten, was Psychologen dazu schreiben oder Liebeshoroskope (vermeintlich) verraten.

Wenn Sie zur großen Gruppe der emotional Liebenden gehören, die über die sexuelle Herrschaft hinausgewachsen sind, dann ist das alles völlig in Ordnung. Sie erobern gerade die der reinen Sexualität überlegene Gefühlsliebe und festigen durch all diese Aktivitäten Ihren emotionalen Entwicklungsstatus. Erleben Sie alles, was Ihnen die emotionale Liebe bieten kann. Schmeißen Sie sich rein in das Drama des Lebens. Sich sehnen, bangen, hoffen, aufblühen, zweifeln, sich hingeben, berühren lassen und wieder zurückziehen, trauern und kämpfen. All das gehört dazu.
Sammeln Sie Erfahrungen, bis Ihr „Maß voll ist". Denken Sie nicht, Ihr Maß sei bereits voll, nur weil eine anfangs glückliche Beziehung in die Brüche ging und Sie jetzt die Nase voll haben. Nase voll und Maß voll – das ist ein Unterschied. Solche normalen Enttäuschungen weichen früher oder später einer neuen Liebe, wohlgemerkt einer erneut emotionalen Liebe. Ob und wann Ihr Maß an emotionaler Gefühlsliebe wirklich voll ist und Sie damit für die spirituelle Liebe reif sind, bemisst sich nicht an solchen Gefühlen der Enttäuschung. Ganz im Gegenteil, Enttäuschung, Frustration und Wut beweisen Ihre Zugehörigkeit und Verbindung zur emotionalen Liebe; sie sind ein typischer Teil von ihr. Eine gute Überleitung zu ihren Schattenseiten.

7.2 Die doch nur mittelgroße Liebe

Ob große oder kleine Liebe, das hängt von der Perspektive ab und ist sicherlich relativ. Aus Sicht des Endziels der Christusliebe stellt die Gefühlsliebe eine eher kleine Liebe dar. Allein große Gefühle machen noch keine große Liebe im Sinne einer *hohen* Liebe. Genau genommen lebt die emotionale Liebe nicht von großen, sprich hohen, sondern von *starken* Gefühlen. Die Macht starker Gefühle zweifelt wohl niemand an. Was Menschen im Namen der Liebe alles anstellen, ist wahrlich keine Kleinigkeit. Es reicht von völliger Aufopferung für andere bis hin zu Gewalt und Selbstmord. Eine hohe Liebe wäre dazu nicht imstande. Die Gefühlsliebe lebt von der Intensität und Quantität der Gefühle, die wirklich hohe spirituelle Liebe dagegen von deren Qualität.

Wie bei den Liebesarten bereits ausgeführt, basiert die Emotionalliebe größtenteils auf eigenen unbewussten Eigenschaften und Gefühlen, die auf die geliebte Person übertragen werden. Was die Psychologie Projektion nennt, entspricht recht genau dem Bild von Adams verlorener Rippe, aus der Eva erschaffen wird. Eva ist ein personifizierter Teil von Adam und steht ihm als Partnerin gegenüber, doch er ist sich dessen nicht bewusst. Er sieht Eva, aber er erkennt sich nicht in ihr. Sie spiegelt ihm Teile seines Wesens wider und dank dieser Spiegelung könnte Adam wieder „ganz“ werden, seine verlorene Rippe wiederfinden. Das Gleiche gilt für alle beziehungswilligen Männer und Frauen. Jeder Partner repräsentiert für den jeweils anderen ein Stück der verlorene Rippe, eigene unbewusste Eigenschaften und Fähigkeiten.

Infolge der Übertragung erwarten emotional Liebende unterschwellig etwas von ihrem Partner. Sie möchten etwas (zurück) haben, nämlich ein Stück von sich selbst. Wir haben anfangs lobend festgestellt, die

Gefühlsliebe sei der Sexualität überlegen, da sie nicht nur nimmt, sondern auch gibt. Das stimmt, aber sie erwartet dafür irgendeine psychologische Gegenleistung bzw. Gegenliebe – auch wenn es den beiden selbst nicht klar sein mag. Sie liebt *nur*, wenn sie auch bekommt. Jeder ist darauf angewiesen, das bei sich selbst Fehlende vom anderen zu bekommen. Ohne das entsteht keine emotionale Liebe.

Traum: „Erlöse mich!"
Zwei seltsame Wesen stehen vor mir. Ich sage Ihnen, ich sei ausgepowert und könne meine Aufgabe nicht erfüllen. Ich gehe aus dem Haus hinaus zu meiner Frau. Ich umarme sie und dadurch ausgelöst bricht die Liebe durch, die Umarmung wird total innig und heftig. Ich fange an zu weinen und sage: „Deine Liebe brauche ich zur Erlösung".

Deutung:
Wir haben uns beide wirklich geliebt in dem Traum, Liebe gegeben und genommen. Es war eine gute Gefühlsliebe, die mich nicht zufällig zu Tränen gerührt hat. Bis dahin klingt alles wie ein toller Liebestraum, doch das Entscheidende ist der Schlusssatz zur Erlösung. Diese abschließende Aussage ist ein typischer Irrtum der emotionalen Liebe – zumindest aus Sicht einer höheren (Selbst-) Liebe. Die Erwartung, eine *von außen kommende* Liebe könne mich *erlösen*, irrt gewaltig. Das Ziel ist die höhere, spirituelle Liebe, die jeder in sich selbst trägt. Darin besteht die eigentliche Aufgabe, die ich zu Beginn des Traumes ablehne und nur eine solche spirituelle Liebe kann wirklich erlösen. Es geht letztlich darum, selbst zum wärmenden Feuer zu werden und nicht darum, sich gegenseitig etwas aufzuwärmen. Kein Partner ist der „Erlöser" von eigenen Problemen und Leid; er oder sie kann einem sicher helfen und inspirieren, aber eben nichts abnehmen. Der Traum zeigt insoweit die typische Erwartungshaltung der emotionalen Liebe und was sie von der spirituellen Liebe unterscheidet. Emo-

tionale Liebe fordert ein gegenseitiges Aufwärmen, spirituelle Liebe nicht.

Die Gefühlsliebe entsteht also unter anderem durch fehlende Bewusstheit und gibt nur in der Erwartung einer im weitesten Sinne psychologischen Gegenleistung – bewusst oder unbewusst. Dieser Umstand offenbart sich spätestens dann, wenn die Gegenleistung ausbleibt und deswegen Stress ansteht. Noch ein weiteres Merkmal kennzeichnet sie: Die emotionale Liebe bewegt und äußert sich in genau den durch die individuelle Unbewusstheit vorgegebenen Schienen. Ich spreche vom sogenannten Beuteschema, dem bevorzugten Typ und dem persönlichen Geschmack. Der emotional Liebende steht auf ganz bestimmte körperliche und charakterliche Merkmale. Diese Prägungen fixieren und führen sein Gefühlsverhalten – im Prinzip genauso, wie die unkontrollierte Sexualität seinen Besitzer körperlich führt.

Angesichts ihres subjektiv selektierenden Wesens ist die emotionale Liebe relativ eng, d. h. klein und damit keine große Liebe. Ihre Begrenztheit verrät außerdem ihr polarer Charakter. Als ein Kind der Polarität kann sie jederzeit in ihr Gegenteil umschlagen. Das verliebte Hochgefühl kann tiefem Liebeskummer weichen, große Freude dem Schmerz, der warme Blick einer kalten Schulter und das Kitzeln im Bauch der sprichwörtlichen Wut im Bauch. Ja, aus Liebe kann sogar Hass werden, wie so manche Rosenkriege im Scheidungsverfahren beweisen. Gefühle sind wie Kinder, lebendig und wechselhaft.

Angesichts all dieser Grenzen und Risiken einer Gefühlsliebe fragen Sie sich vielleicht, ob es nicht besser wäre, gar nicht erst zu lieben? Nein, keinesfalls. Ihre Vorzüge und schönen Seiten wiegen alle Makel auf. Wer nicht mindestens ein Mal geliebt hat, der hat nicht gelebt. So oder so ähnlich lautet ein Spruch, der sicherlich die emotionale Liebe meint. Um in allen Ehren ein Mensch auf Erden zu werden, brauchen Sie die Gefühlsliebe mit all ihren Höhen und Tiefen. Auf eine Weise, die Sie anfangs noch nicht verstehen, lieben Sie all die Dramen, auch die unangenehmen. Eines Tages werden Sie die unbewusste Bindung an all die lebendigen, funkensprühenden Gefühle und Emotionen loslassen. Bis dahin müssen und dürfen Sie sie erleben, was durchaus keinen Trostpreis darstellt. Erst nachdem Sie das Funkensprühen schätzen gelernt haben, steht das höhere spirituelle Feuer an (linearer Entwicklungsweg).

7.3 Ein Kind der Zeit

Wenn die Gefühlsliebe ein Kind der Polarität ist, dann ist sie auch ein Kind der Zeit, denn Vergangenheit und Zukunft sind polare Eckpfeiler des Lebens. Das bedeutet, die emotionale Liebe ist endlich und endet irgendwann. In unserem schnelllebigen Wassermann-Zeitalter geschieht das oft innerhalb nur weniger Jahre. Das Ende kann zweierlei Gestalt annehmen. Entweder durch das erwähnte polare Umschlagen der Gefühle in ihr Gegenteil oder aber die Liebesgefühle verschwinden einfach. Trotz der anfangs so großen bzw. starken Gefühle schlafen die meisten Beziehungen nach nur wenigen Jahren oder Monaten weitgehend ein. Woran liegt das und ist es wirklich unvermeidlich?

Die Spannung der intensiven Gefühle entsteht durch Gegensätzlichkeit. Starke Gefühle leben von einer Gegensatzspannung ähnlich der durch Plus- und Minuspol erzeugten Stromspannung. Erinnern Sie sich an das bei den Liebesarten erläuterte Beispiel vom mutigen, starken Mann und seiner gefühlsbetont weichen, schutzbedürftigen Frau. Solche Gegensätze ziehen sich vehement an und erzeugen emotionale

Spannung. Sie streben nach Einheit, wollen eins werden und deshalb ziehen sie sich an. Es wirkt das gleiche Einheitsstreben wie beim Sex, allerdings wollen bei der emotionalen Liebe nicht zwei Körper, sondern zwei Emotionalkörper verschmelzen. Der Emotionalkörper ist ein feinstoffliche Körper, der den physischen Körper durchdringt und umhüllt. Er speichert Gefühle und Emotionen.

Die elektrisierende und intensive Gegensatzspannung bleibt allerdings kein Dauerzustand. So ähnlich wie die körperliche Spannung beim Sex in der körperlichen Einheit bzw. im Orgasmus zusammenbricht und sich erschöpft, geschieht das auch emotional. Es dauert nur etwas länger. Wie läuft das ab?
Durch den intensiven und zwangsläufig ständigen Kontakt der beiden Partner - körperlich, in Gedanken und mit Gefühlen - vermischen sich beide Emotionalkörper. Es entstehen Energieverbindungen, die selbst bei räumlicher Trennung bestehen bleiben. Die Auren der beiden stehen in enger Wechselwirkung und tauschen sich aus. Nach einer Weile trägt jeder Teile des anderen in seinem Emotionalkörper. Dadurch verschwinden die spannungsgeladenen Gegensätze im Laufe der Zeit, denn sie werden alle in das eigene Energiefeld integriert. Je länger und intensiver gegensätzliche Elemente des Partners aufgenommen und zum energetischen Eigentum gemacht werden, desto stärker lässt die Spannung nach. Dieser Umstand erklärt das bekannte Phänomen, dass sich alte Ehepaare immer ähnlicher werden. Beim Sex verschmelzen übrigens die Emotionalkörper ebenfalls - wenn und soweit die beiden Akteure generell und speziell den jeweiligen anderen emotional lieben können.

Stärke, Mut und Wille unseres Mannes befinden sich wie kleine Energiewesen in der Aura der Frau und gleichen sie dadurch aus. Ihre weiche Gefühlshingabe befindet sich wiederum in der Aura des Mannes und gleicht ihn ebenso aus. Zumindest in energetischer Hinsicht verschwinden so die Gegensätze und damit auch die Gegensatzspannung. Natürlich wird in der Praxis nicht alles vollständig ausgeglichen, das Geschehen ist etwas komplexer als bei unserem Beispiel. Der Effekt ist aber deutlich spürbar und erklärt das übliche Einschlafen jeder anfangs so spannenden Beziehung.

Wie lange bleiben Gegensatz-Ausgleich und Spannungsverlust bestehen? Das hängt ganz vom Verlauf der Partnerschaft ab. Die Wesenselemente des Partners genießen lediglich ein Gäste-Dasein im eigenen Emotionalkörper, sie sind nur geliehen. Sie verwachsen nicht unwiderruflich dauerhaft mit den eigenen Energiestrukturen. Solange die Beziehung ohne großartige Änderungen fortbesteht, wird sich am spannungsarmen Ausgleich zwar ebenfalls nichts ändern. Kommt jedoch z. B. ein potentieller neuer Partner ins Spiel, kommt Bewegung in den Emotionalkörper. Endet die Partnerschaft, so fliegen die Gäste nach und nach wieder raus. Treffen sich die beiden einige Jahre nach der Trennung wieder, so empfinden Sie unter Umständen wieder die ursprüngliche Spannung und finden sich anziehend. Das Spiel der emotionalen Liebe beginnt wieder von vorne. So erklären sich die vielen Comebacks vergangener Beziehungen.
Alte Liebe rostet nicht, heißt es. Das stimmt allerdings nur dann und insoweit, als sich die beiden in der Zwischenzeit nicht verändert haben. Sie sehen, rosten im Sinne einer Veränderung ist nicht schlecht und erfreut den Entwicklungswilligen. Ein partnerschaftliches Comeback hingegen stellt sich aus der Entwicklungsperspektive heraus weniger günstig dar. Vorausgesetzt, die Beziehung lebte stark von Übertragungen und knüpft in der Gegenwart wieder da an, wo sie damals aufgehört hat.

7.4 Wenn Adam seine verlorene Rippe findet

Nachdem Sie jetzt wissen, wie und warum sich Gegensatzspannungen energetisch ausgleichen, stellt sich folgende Frage: Warum bleibt der Effekt nur unbewusst energetisch? Warum wird der Mann aus unserem Beispiel nicht wirklich gefühlsbetonter und die Frau nicht mutiger und ich-stärker?

Stimuliert durch den beschriebenen psycho-energetischen Ausgleich können echte Wesensveränderungen theoretisch durchaus folgen. Bis zu einem gewissen – recht geringen – Grad finden sie tatsächlich statt, denn die Energie-Gäste des Partners sind nun mal da und wirken. Dem einen oder anderen Freund unseres Mannes fällt möglicherweise auf, dass jener seit der Beziehung weicher geworden ist. Im Großen und Ganzen ändern sich Verhalten, Denken und Fühlen jedoch nicht. Und warum? Weil fast niemand seine Partnerschaft als Entwicklungschance begreift und seine Gäste bewusst wahrnimmt, sie gut bewirtet und sich zu eigen macht.
Nahezu niemand durchschaut den Charakter der emotionalen Liebe, die maßgeblichen Projektionen und die sich ergebenden Gegensatzspannungen. Beinahe niemand ist daran interessiert, in einer Beziehung zu wachsen, indem er seine auf den Partner übertragenen Qualitäten – seine Adamsrippe – in sich selbst entdeckt. Fast jeder freut sich hochzufrieden, wenn zwei Halbe ein Ganzes ergeben, obwohl die andere Hälfte nur geliehen ist. Und deshalb gleichen sich die Partner nur unbewusst-energetisch aus, was eine nachlassende Spannung bewirkt, jedoch keine Bewusstseinserweiterung und Wachstum. Die verlorene Rippe ist so nah, dass sie gar nicht gesehen wird.

Eine besondere Chance auf Wachstum und Bewusstwerdung in der Partnerschaft bieten *Konflikte*. Die Spannung der Gegensätze wirkt

anziehend und attraktiv, doch Gegensätze bergen ebenso die Möglichkeit des Konfliktes. Es gibt die Anziehungsspannung und die Konfliktspannung, abhängig vom Grad der Unbewusstheit. Im Konflikt, dem offenen Streit, schreien die Unterschiede förmlich nach Beachtung und Bewusstwerdung. Das bietet eine vorzügliche Gelegenheit, hinter die offensichtliche Gegensätzlichkeit zu schauen und sich selbst in der Gegenposition des Partners zu erkennen. So mag z. B. der rational vernünftige Mann im Streit seiner Frau mal wieder deren unberechenbare, irrationale Emotionalität vorwerfen. Sie sieht das partout nicht ein und bringt ihn damit auf die Palme – und an seine eigene, übertragene Emotionalität heran: Er fängt wütend an zu schreien, verliert seine rationale Beherrschung und wird ungewohnt emotional. „Ich rege mich nicht auf!!!" Parallel dazu wird die Frau entgegen ihrem üblichen Verhalten ganz ruhig und sachlich, versucht rational zu verstehen, was da gerade mit ihrem Mann passiert. „Grübel grübel und studier, was hat er denn nur, ich versteh es nicht."
Einige von Ihnen kennen diese Szene sicherlich, zumindest vom Hörensagen. Im Moment eines solchen Konfliktes könnte es bei beiden „Klick" machen. Den beiden Adams könnten die Augen aufgehen und ein paradiesischer Sonnenstrahl die Bühne erleuchten. Könnte.

Was passiert in den wenigen Beziehungen, in denen die Partner nicht nur ihre Konflikte, sondern die gesamte Partnerschaft als eine Chance zum Wachsen engagiert ergreifen? Sich vielleicht sogar gegenseitig unterstützen beim Erlernen und Entdecken all der bei sich selbst verleugneten Eigenschaften und Gefühle? Jeder gibt dem anderen dessen verlorene Adamsrippe zurück und aus zwei Halbkreisen werden somit Vollkreise. So wäre es ideal. Wäre.
Genau wie beim unbewussten, rein psycho-energetischen Ausgleich würde die Spannung auch in diesem Idealfall nachlassen – und mit ihr die Liebesgefühle. Spannungsgeladene Gegensätze und starke Gefühle

entstehen schließlich nur durch die *Unbewusstheit* des eigentlich *Gemeinsamen.* Ja, des Gemeinsamen, denn die Frau in unserem Beispiel verfügt eigentlich selbst über Mut und Ich-Stärke, sie sieht und lebt es nur nicht – anders als ihr Mann. Nur durch die Verleugnung entsteht ein Gegensatz, doch beruhend auf einer Gemeinsamkeit: Beide sind ich-stark = Gemeinsamkeit; der eine lebt es bewusst und der andere nicht = Gegensatz. Mit zunehmender Selbsterkenntnis im und über den Partner verschwinden Gegensätze, Spannung und intensive Liebesgefühle. Sie weichen der neuen, bewussten Gemeinsamkeit.

Entdeckt und lebt die Frau aus unserem Beispiel ihre bislang nur latent vorhandene Ich-Stärke, dann wandelt sich der dunkle Fleck ihrer Psyche in den genau gleichen hellen Fleck, der ihren Mann auszeichnet und ziert. Ein geliehenes Energiefragment ihres Mannes hatte den Fleck überdeckt, das Loch abgedichtet, aber nicht erhellt. Erst durch ihre eigene Bewusstheit ist er hell geworden, ist sie ein Stück gewachsen. Erreicht ihr Mann nun mit seinen eigenen Übertragungen das Gleiche, so gibt es keinerlei spannungserzeugende (Schein-) Gegensätze und intensive Gefühle mehr zwischen beiden. Die beiden wären sich jetzt sehr ähnlich, beide wären ich-stark *und* gefühlsbetont, mutig *und* weich – was sich keineswegs gegenseitig ausschließt. Die spannenden Gegensätze haben einem ruhigeren „Gleich und Gleich gesellt sich gern“ Platz gemacht. Gemeinsamkeiten ziehen sich zwar ebenfalls an, allerdings weniger dynamisch und spannungsreich.

Ist der Verlust an starken Liebesgefühlen tragisch? Nein, ganz im Gegenteil. Zwei Adams haben ihre Rippen wiedergefunden und aus zwei Halbkreisen sind volle Kreise geworden. Vorausgesetzt, die beiden haben sich vorher tatsächlich vollständig ergänzt, als zwei perfekt zueinander passende Halbkreise – ein rein theoretischer Fall. Das ist eben der riesige Unterschied zwischen unbewusster Gegensatz-Anziehung und bewusster Gemeinsamkeitsbeziehung: Bei Ersterem ergeben zwei Halbe ein Ganzes und das auch *nur miteinander;* bei Letzterem sind beide Partner eigene Kreise, was mit entsprechend höherer Selbstannahme, Selbstliebe und Liebesfähigkeit einhergeht. Jetzt könnten die zwei zu einem viel größeren gemeinsamen Kreis verschmelzen. Statt 0,5 + 0,5 = 1 ist ein 1 + 1 = 3 (nicht 2) möglich. Da bereits jeder Vollständigkeit erlangt hat, stellt das allerdings nur eine Option dar, keine Notwendigkeit. Genauso gut kann jeder seinen eigenen Weg alleine weitergehen, zum großen Ziel hin. Sie ahnen vielleicht schon ganz richtig, dass zwei partnerschaftliche Vollkreise bereits zur spirituellen Liebe gehören.

Traum: „Irgendwann muss es enden"
Ich tanze mit meiner Frau, die ein kleines Stück größer als ich ist. Sie stellt erfreut fest, dass ich das Tanzen nun endlich gelernt habe. Wir umarmen uns, doch im selben Augenblick durchzuckt mich die Erkenntnis: Eines Tages müssen wir auseinandergehen, damit jeder seinen eigenen Weg zu Gott finden kann.

Deutung:
„Eines Tages" kam schon sehr bald. Der Traum kündigt das für eine Weiterentwicklung unvermeidliche Ende einer bislang funktionierenden emotionalen Liebesbeziehung (=harmonisches Tanzen) an. Die Beziehung muss enden, selbst dann – oder gerade dann – wenn wir uns unsere verlorenen Adamsrippen zurückgegeben haben. Das Stück Körpergröße, das mir im Traum fehlte, symbolisiert das vorher noch zu erlangende innere Wachstum. In der Realität war ich genau jenes Stück größer als meine Partnerin, mit der ich mich im Traum verheiratet fühlte.
Genau wie der Erlösungstraum endet auch dieser Traum mit einer liebevollen Umarmung und einer wichtigen Reaktion darauf. Anstelle

der für eine emotionale Liebe typischen Erwartungshaltung erkenne ich hier jedoch die Notwendigkeit ihrer Beendigung.

7.5 Die vermeintliche Zwillingsseele

Spirituelle Menschen, die sich noch im Wirkungsbereich der emotionalen Liebe bewegen, wünschen sich oftmals ihre Zwillingsseele als Partner. Das mag Sie überraschen, denn der Wunsch nach der Zwillingsseele klingt eher spirituell.

Die Zwillingsseele bzw. Dualseele ist die Seele, mit der Sie einst aus dem gleichen feinstofflichen Ur-Ei geschlüpft sind. Theoretisch bilden Zwillingsseelen zwei sich perfekt ergänzende Hälften. Spirituell und esoterisch interessierte Menschen sehnen sich aus recht naheliegenden Gründen oft und stark nach ihrer Dualseele. Es verspricht den schnellen Draht nach oben, ein Stück Himmel bereits auf Erden; der perfekte Partner, der alles versteht und einem genau ergänzt. Alle bisherigen Partnerprobleme gehören der Vergangenheit an. Das Leben mit all seinen Widrigkeiten kann einem im starken Team nichts mehr anhaben. Es ist vollbracht.

Bewusst oder unbewusst gehen die Hoffnungen in diese Richtung. Doch das ist ein Irrtum. Ein Irrtum, der die Erfahrung provoziert, einen normalen Seelenpartner mit seiner Zwillingsseele zu verwechseln. Ein Seelenpartner, der mit den gleichen Herausforderungen wie schon in der Vergangenheit konfrontiert. Er wird ihn oder sie vermutlich auf sich selbst verweisen, auf seine illusorische Hoffnung, im partnerschaftlichen Messias spirituelle Sehnsüchte erfüllen zu können. Ein ganz anderes, ebenso wahrscheinliches Szenario: Die vermeintliche Zwillingsseele zieht sich recht schnell wieder zurück aus dem eigenen Leben.

Was denken Sie, warum brauchen viele der nach ihrer Dualseele Suchenden eine solche heilsame Enttäuschung? *Weil der Wunsch nach der Zwillingsseele in der Regel noch immer eine Projektion (Übertragung) darstellt und dem Grundgedanken folgt, dass zwei Halbe ein Ganzes ergeben sollen.* Ob Sie psychologische Eigenschaften wie Mut und Ich-Stärke übertragen oder Ihre Ur-Identität als Seele, macht keinen großen Unterschied. Es ist nur eine spirituellere Variante der gleichen Adamsproblematik. Die Betreffenden haben trotz ihrer spirituellen Interessen und Lebensweise noch nicht verstanden – oder zumindest nicht verinnerlicht – worum es letztlich bei der großen Reise geht. Das Ziel verlangt, *selbst* ein Ganzes zu werden, den göttlichen Funken in sich selbst zu spüren, ohne äußere Ergänzung durch wen auch immer. Dazu muss alles, was zu einem selbst gehört, bewusst gemacht und gelebt werden, alle Künstler des inneren Orchesters müssen spielen. Das schließt neben Gefühlen und psychologischen Eigenschaften auch spirituelle Fähigkeiten und Eigenschaften sowie die seelische Ur-Identität ein. Erst nachdem beide Zwillingsseelen jede für sich ein voller Kreis geworden ist, können sie wieder zu einem neuen Ur-Ei verschmelzen. Erst dann ...

Ich vermute, in fast allen Fällen, in denen angeblich die Dualseele gefunden wurde, handelt es sich in Wirklichkeit um einen intensiv verbundenen Seelenpartner. Ein Seelenpartner gehört der gleichen Seelenfamilie wie Sie an. Er ist einer von vielen innerhalb Ihrer vermutlich recht großen Seelenfamilie, mit dem Sie in mehreren Vorleben intensive Erfahrungen gesammelt haben. Erfahrungen in allen Arten von Beziehungen, nicht nur als Partner. In Frage kommen z. B. alle Familienbeziehungen. Der gemeinsame, stark emotional aufgeladene Reinkarnationshintergrund plus die gefühlsmäßige Wiedererkennung eines Seelenverwandten plus der starke Wunsch nach der ultimativen spirituellen Verbindung verleiten gemeinschaftlich zur irrtümlichen

Einschätzung als Dualseele. Niemand weiß es, aber ich vermute, dass das Treffen der eigenen Zwillingsseele in Wahrheit ein ziemlich seltenes Ereignis ist.

Angesichts all dessen ein verständlicher Irrtum, der häufig in etwa folgendermaßen abläuft: Sie spüren auf Anhieb eine auffällige Vertrautheit und ihr Zusammentreffen erscheint Ihnen schicksalhaft vorherbestimmt. Seltsame Zufälle waren am Werk. Manchmal stehen Sie in einer Art telepathischen Verbindung, wissen und spüren voneinander Unausgesprochenes. Geheimnisvolle Ereignisse geschehen, die Beziehung hat etwas Magisches und berührt Sie tief. Sie haben all das noch nie erlebt – es muss die eigene Dualseele sein. Im Normalfall ist sie es nicht. Und das macht gar nichts. Entscheidend sind die Erfahrungen, die Sie auf Ihrem Weg brauchen, um dem großen Ziel so nahe wie möglich zu kommen. Ob sie Ihnen ein ferner oder naher Seelenverwandter beschert oder eine Seele, die besuchsweise von einer anderen Seelenfamilie kurz vorbeischaut oder eben die Dualseele als intimster Seelenverwandter, das ist zweitrangig.
Suchen Sie nicht zwanghaft nach Ihrer Zwillingsseele. Vertrauen Sie lieber auf Gott und die Gesetze des Lebens, die Ihnen die richtigen Menschen zum richtigen Zeitpunkt zuführen.

Selbst wenn Sie wirklich Ihre Zwillingsseele treffen, was denken Sie passiert dann? Tatsache ist, niemand kann sein gesamtes Wesenspotential als ursprüngliche Seele in ein einzelnes Leben mitnehmen. Schon allein deshalb gibt es keine perfekte Ergänzung als Menschen. Hinzu kommt, Sie haben sich seit dem Ur-Ei beide über eine extrem lange Zeit, über viele Leben verändert. Sie sehen also, zwei Menschen im Hier und Jetzt sind in zweierlei Hinsicht nicht wie ihre Seelen vor Urzeiten. Bedenken Sie außerdem: Jeder von Ihnen befindet sich auf seinem eigenen Weg, der ihn zu einem ganzen Kreis machen soll.

Dem ist alles andere untergeordnet.
Natürlich berührt einem die Dualseele dennoch auf ganz besondere und intensive Weise, aber solange Sie beide die emotionale Liebe noch nicht gemeistert haben, wird die Begegnung kein gemeinsames Schweben im siebten Himmel sein. Nicht auf Dauer oder eben „nur" im Gefühlshimmel, nicht im spirituellen. Vermutlich dreht sich das Geschehen genau wie bei anderen Partnerschaften um das Integrieren der verlorenen Adamsrippe, ja sogar ganz besonders, denn niemand entspricht mehr der eigenen Rippe als die Zwillingsseele. Je mehr Sie von sich selbst auf Ihren Zwilling projezieren, desto härter wird er Sie unter Umständen zwingen, sich im Spiegel selbst zu erkennen. Es wird ihnen beiden vielleicht nicht bewusst sein, aber gerade weil sie die denkbar innigste Verbindung teilen, werden sie sich gegenseitig alles Erforderliche antun, damit jeder selbst zu Gott findet. Das ist das höchste Geschenk, das es gibt und sie werden es sich geben – sofern karmisch sinnvoll. Das ist einerseits herrlich und kann andererseits furchtbar sein. Je mehr Sie diesen höheren Sinn verstehen, desto eher empfinden Sie es als herrlich.

Verraten Sie nicht Ihr eigenes Potential und das hohe Ziel der Reise, indem Sie einer „Super-Übertragung" auf eine vermeintliche oder tatsächliche Zwillingsseele unterliegen. Achten Sie im Gegenteil ganz besonders auf die adamische Herausforderung. Fixieren Sie sich nicht auf das Finden einer Dualseele und schließen damit andere Partner aus, mit denen viel gemeinsame Entwicklung möglich wäre. Vielleicht verschenken Sie damit genau die Entwicklung, die Sie brauchen, um danach Ihre Dualseele treffen zu können! Haben Sie an diese Möglichkeit schon mal gedacht? Vielleicht schaut Ihr nicht-inkarnierter Seelenzwilling von drüben aus zu und hofft flehentlich: „Nimm diese Chancen bitte wahr, damit wir uns dadurch im nächsten Leben endlich wiedersehen können."

7.6 Allein-sein-Können

Das große Heer der emotional Liebenden teilt ein gemeinsames Merkmal: die ständige Suche nach einem Partner bzw. das Nicht-allein-sein-Können. Der entschlossen nach Einheit strebende Emotionalkörper treibt seine Besitzer mächtig an und lässt sie nicht zur Ruhe kommen. Dem starken Sexualtrieb entspricht beim Emotionalkörper ein nicht minder starker „Partnertrieb". Singles streifen mit zumindest einem stets nach möglichen Partnern suchenden Auge durch das Leben. Und wer einen Partner hat, fürchtet meist dessen Verlust, selbst wenn die Beziehung langweilig geworden ist.

Die Stärke des Partnertriebes variiert sicherlich von Individuum zu Individuum, denn nicht jeder ist der geborene Beziehungstiger. Doch alle emotional Liebenden tun sich mehr oder weniger schwer ohne eine bessere Hälfte bzw. „Alter Ego". Recht treffend enthüllen diese gebräuchlichen Ausdrücke, was in Wirklichkeit fehlt, nämlich die verlorene Adamsrippe. Wer nicht gut allein sein kann und ein möglichst lückenloses Beziehungsleben braucht, der hat vermutlich noch einige Adamsarbeit zu leisten. Umgekehrt beruhigt sich der Partnertrieb bei jedem, der schon viel Verlorenes zurückgeholt hat.

Einerseits wäre den unruhig Getriebenen eine Vielzahl von Partnerschaften zu wünschen, damit sie die Chance der adamischen Herausforderung ergreifen. Doch was helfen den Suchenden die besten Gelegenheiten, wenn sie sie nicht beim Schopfe packen? Die meisten ersehnen einen Partner nur, um aus zwei Hälften ein Ganzes zu machen, um sich also gefühlsintensiv zu ergänzen. Irgendwann mal lässt die verliebte Spannung nach und die Schattenseiten der emotionalen Liebe betreten die Bühne. Viele „Halblinge" suchen dann das trügerische Ergänzungsglück einfach in einer neuen Partnerschaft – ohne an

Selbsterkenntnis gewonnen zu haben. Neues Spiel, neues Glück. Solange einem das Leben immer wieder mal passende Ergänzungshälften präsentiert, ist alles in bester Ordnung. Ständige Spannung und intensive Gefühle, immer wieder Verlieben mit wild flatternden Schmetterlingen im Bauch, immer wieder (scheinbare) Ganzheit. Wozu also die adamische Herausforderung annehmen und bewusster werden, wachsen und Ganzheit erlangen? Die Frage ist berechtigt und verständlich. Die meisten wären mit wiederholten Ergänzungspartnern sicherlich sehr glücklich, aber die Rechnung geht nicht auf – jedenfalls nicht auf Dauer. Und warum nicht? Das kleine Glück ist der Feind des großen Glückes, das Sie irgendwann selbst möchten.

Das Festhalten am Leben als „Halbling" widerspricht dem Entwicklungszweck des Lebens und der großen Reise, an dessen Ende schließlich das große Glück winkt. Diesen Entwicklungszweck und dieses größere Glück bürdet Ihnen als emotional Liebenden keine höhere Macht gewaltsam auf. Sie haben sich genau deswegen das menschliche Leben und den gesamten Reinkarnationszyklus ausgesucht. Sie wollen es eigentlich selbst, Sie haben es nur vergessen. Das Festhalten am Ergänzungsschema sabotiert also die *eigene* tiefste Herzenssehnsucht, als ein Ganzes die große Liebe in sich selbst zu spüren, selbst zur göttlichen Flamme zu werden, anstatt sich an einem Lagerfeuer vorübergehend die Hände aufzuwärmen.

Fast niemand anerkennt diese Herzenssehnsucht und das aus gutem Grund. Das Sehnen nach göttlicher Einheit und Liebe ist so stark und die Erkenntnis der gegenwärtig nicht möglichen Erfüllung wäre so schmerzhaft, dass jedermann sein Urbedürfnis so tief wie möglich in sich vergräbt. Lieber sich ersatzweise nach sexuell-körperlicher Einheit sehnen, nach der Einheit in Beziehungen und Gem-ein-schaften aller Art sowie die Flucht in Drogen, als diesen Schmerz spüren. Ersatzobjekte sind insoweit auch ein anfangs sinnvoller Schutz, denn der große Schmerz würde alle spirituell Unerfahrenen in Grund und Boden stampfen. Psychologen sagen, es gäbe keinen größeren Schmerz als durch den Tod eines geliebten Menschen. Ich sage, dieser Schmerz ist nur der kleine Vertreter eines in jedem wohnenden, noch viel größeren Trennungsschmerzes. Und den denkbar größten Schmerz verursacht die Trennung von Gott.

Was tut das Leben, wenn jemand krampfhaft an Beziehungen festhält, um sich nur als Halbkreis zu erfahren? Es segnet ihn oder sie mit Einsamkeit. Die Beziehungswütigen finden keinen Partner mehr. Das Alleinsein bietet paradoxerweise genau wie eine Beziehung die Chance, sich ganzheitlicher zu erfahren: Singles können ihr falsches Selbstbild als eine ergänzungsbedürftige Hälfte nicht mehr durch die Übertragung ihrer Adamsrippe auf einen Partner festigen. Das alleine garantiert noch lange keine Selbstfindung, die Partnerlosigkeit verweist sie aber stärker auf sich selbst. Sie müssen sich mehr mit sich selbst auseinandersetzen, mit sich selbst „etwas anfangen" lernen. Die Chance auf Selbsterkenntnis und Bewusstwerdung der eigenen Ganzheit offenbart übrigens bereits das Wort „all-eins", d. h., eins sein mit allem, mit dem All.

Waren Sie schon mal eine Woche wirklich allein, z. B. in einer Wüste oder auf einer Berghütte? Ohne Handy und Fernseher versteht sich. Sie können sich weder entfliehen noch ablenken oder auf Antworten von Außen offen. Sie würden viel über sich lernen.
Wenn das Alleinsein genau wie Partnerschaften adamische Erfolge ermöglicht, so kann es allerdings auch in gleicher Weise wie Beziehungen zur Flucht vor der Adamsaufgabe dienen. Wer sich z. B. nur aus Enttäuschung dem anderen Geschlecht verwehrt, der flüchtet vor den ganzheitlichen Lernmöglichkeiten einer Partnerschaft in die Einsam-

keit. Andere schieben spirituelle Gründe vor. Spirituelle Menschen reden sich gelegentlich ein, sie seien bereits über ein Beziehungsleben hinausgewachsen und wollten daher keine emotionalen bzw. karmischen Verstrickungen mehr. In Wahrheit haben sie schlichtweg Angst davor. Wären sie einer emotionalen Partnerschaft wirklich und wahrhaftig entwachsen, dann könnten sie gar nicht mehr verstrickt werden. Genau das kennzeichnet schließlich die ausgereifte (!) spirituelle Liebe: Sie kann durch eine hierarchisch darunterliegende Emotionalliebe nicht mehr herabgezogen werden.

Allein oder mit einem Partner lebend, beides birgt also großes Potential für die Weiterentwicklung der emotionalen Liebe in Richtung Spiritualität. Und beides kann ebenso gut zur Vermeidung genau dieser Entwicklung dienen. Es ist wie mit allem im Leben: Nicht *was* jemand macht ist wichtig, sondern *wie*, die Bewusstheit dahinter. Der Buddhismus kennt diese Weisheit und sucht selbst in den alltäglichsten Handlungen einen Weg zur Erleuchtung.

7.7 Was tun?

Irgendwo in der Bibel steht geschrieben, die Engel jubelten angesichts des Ehebundes zwischen Mann und Frau. Vermutlich würden die gleichen Engel beim Anblick einer typischen Ehe von heute eher weinen. Spaß beiseite, geben Sie den Engeln Grund zum Jubeln, indem Sie Ihr Beziehungsleben als Instrument für geistig-seelische Entwicklung und höhere Liebe ehren. Etwas in Ihnen wird mitjubeln.

Fragen Sie sich, was Ihre Adamsrippe darstellt und mit welchen unbewussten Themen und Gefühlen Ihr Partner Ihnen den Spiegel vorhält. Forschen Sie dabei insbesondere nach den Gemeinsamkeiten und

Wiederholungen in all Ihren bisherigen Partnerschaften. Erweitern Sie die Überlegungen auf andere Beziehungen; Freunde, Eltern, Arbeitskollegen und Verwandte. Bleiben Sie nicht bei der Erkenntnis stecken. Leben und spüren Sie Ihre Rippe, auch wenn es manchmal schmerzt. Nur so wird sie wieder festwachsen.
Betrachten Sie das Thema der Seelenzwillinge immer aus dem Blickwinkel der großen Reise, die Sie zu einem vollen Kreis mit einem leuchtenden Herzen machen will.

Wenn Sie alleine sind, dann gehen Sie den dadurch nahegelegten inneren Weg. Suchen Sie sich eine für Sie geeignete Methode; Psychoanalyse, Traumdeutung, Astrologie, Meditation, Schamanismus, was auch immer. Schauen Sie ohne äußere Ablenkung in sich rein und stellen Sie sich immer wieder die Frage aller Fragen: Wer bin ich? Finden Sie als Ersatz für den fehlenden Partner andere Spiegelbotschafter. Das gesamte Leben fungiert als ein Spiegel – Krankheiten, Beruf, Freunde, wichtige Ereignisse, Ihre Haustiere, einfach alles.
Fragen Sie sich außerdem, ob Sie nur aus Flucht vor sich selbst alleine sind, aus Angst, Verletzung oder Stolz.

Legen Sie los.

8 Spirituelle Liebe, das Tor zum Himmel

8.1 Ein neuer Anfang und die spirituelle Gefühlslage

Sie sind vorbei, all die Spiele, die im Namen der sogenannten Liebe gespielt werden und all die Dramen um große Gefühle. Die Seele wird ruhig und der Geist klar. Eine innere Ruhe, denn das drängende Suchen nach einem Partner ist verschwunden. Eine äußere Ruhe ebenso, denn andere fühlen sich nicht mehr emotional angezogen. Das aufgewühlte Meer ist einem ruhigen See gewichen. Das In-sich-Ruhen ist weder ein eingeschlafener Scheinfriede noch ein aufgesetzter spiritueller Stolz oder das stille Resignieren nach schmerzlichen Erfahrungen. Die kraftvolle Ruhe verdankt ihre Existenz sehr mächtigen Eltern; gelebte Selbsterkenntnis ist ihr Vater, transformierte Gefühle ihre Mutter. Wenn Adam die verlorene Rippe zurücknimmt, verschwindet die unbewusste Gegensatzspannung zum Partner und mit ihr die bindenden, starken Gefühle.

Die den scheinbaren Gegensatz erzeugenden Übertragungsmuster lösen sich nicht völlig in Luft auf – spirituell Liebende erkennen noch immer ihr persönliches Liebesschema. Der in der Vergangenheit körperlich und emotional bevorzugte Partnertyp ist vielleicht sogar noch immer ein Blickfang; der – zumindest anfangs – angenehm empfundene Zauber ist jedoch gebrochen. Halleluja. Unser Beispielmann aus dem Vorkapitel erlebt nun seine eigene Empfindsamkeit und parallel dazu hat seine Eva an emotionaler Anziehungskraft für ihn verloren.

Da seine Ehefrau mittlerweile selbst mutige Entscheidungen trifft und sich besser durchzusetzen weiß, ist sie nicht mehr Wachs in den Händen ihres bewunderten Helden.

So wie die rein körperliche Sexualität sterben musste, um der neuen emotionalen Liebe Platz zu machen, so stirbt jetzt die Gefühlsliebe, um in spirituelle Liebe überzugehen. Der verwandelnde Tod erweist sich als zuverlässiger Freund auf jeder Station der Reise.
Was bedeutet das für Ihre Gefühle als spirituell Liebender – sofern Sie zu dieser Gruppe gehören? Sind Sie kühl und unnahbar, ohne nennenswerte Gefühle und Emotionen? Nein, keineswegs. Meiner Erfahrung nach gilt dies nur für spirituelle Menschen, die ihr Gefühlsleben abgetrennt haben, anstatt es zu leben und dann zu verwandeln. Jene glauben, auf dem Thron der Geistigkeit zu sitzen, doch sie haben kein Zepter in der Hand. Ihre Gefühle laufen wie unruhige Tiere um den Thron herum und werden sie irgendwann anspringen. Dann passiert, was immer geschehen kann und auch irgendwann wird, wenn kein echter Verwandlungstod durchlebt wurde: Das Niedrige zieht das Höhere auf seine Ebene herab und besiegt es vorübergehend. Sie finden dieses Motiv sehr anschaulich in allen Dracula- und Werwolf-Filmen. Dort nehmen animalisch-körperliche Instinkte Menschen so sehr in Beschlag, dass sie buchstäblich zu Tieren werden. Sie erleben eine Zurückverwandlung. Der sinnbildliche Vergleich hinkt nur insofern, als in solchen Horrorfilmen weniger Emotionen als körperliche Triebe herabziehen und eine Rückverwandlung bewirken. Schließlich geht es um Wölfe und Fledermäuse, die eher das körperlich-triebhafte Tier symbolisieren und weniger Emotionen.
Gefühle und Emotionen sind nicht per se niedrig oder schlecht, doch bei solchen Vorgängen schlagen sie unangenehm zu. Sowohl Gefühle und Emotionen als auch sexuelle Kräfte können hohe Geister unsanft vom Himmel auf die Erde runterholen. Sie vermögen das allerdings

nur und insoweit, als sie nicht bewusst gemacht, gelebt, „geehrt", wieder distanziert und schlussendlich verwandelt wurden. In genau dieser Reihenfolge.

Ein spiritueller gewachsener Mensch kennt nach wie vor Gefühle und Emotionen, denn die hohen Wellen des Meeres sind zwar einem ruhigen See gewichen – so ein See ist aber nach wie vor Wasser und keine trockene Wüste. Die ruhige Stille mag äußerlich und oberflächlich betrachtet manchmal wie Gefühllosigkeit anmuten, doch der Eindruck täuscht. Der spirituell Liebende lebt sicherlich weniger emotional als andere, aber er ist durchaus *fähig* zu Emotionen. Er ist immer noch ein Mensch, mit einem physischen Körper und einem Emotionalkörper. Sein dennoch ruhigeres Wesen erfreut sich guter Gründe: Sein spirituell verwurzelter Geist widersteht den üblichen Gefühlsködern; er eignet sich nicht mehr als leichte Beute und manipulierbares Opfer all der möglichen Gefühlsverstrickungen in Beziehungen. Der spirituelle Mensch hängt nicht mehr am Gängelband der von seinem Emotionalkörper so geliebten Dramen.

8.2 Spirituell veredelte Gefühle

So wie Gefühle den körperlichen Sexualtrieb kontrollieren und sich gleichzeitig über ihn ausdrücken können, so kann das auch der spirituelle Geist mit und über Gefühle. Das Wort Kontrolle neigt im Zusammenhang mit Gefühlen allerdings zu Missverständnissen. Spirituelle Gefühlskontrolle bedeutet nicht, jegliche innere Regung müsste vor ihrer Äußerung erst einen langen Genehmigungsprozess durchlaufen. Gefühle und Emotionen sind und bleiben ihrem Wesen nach etwas Spontanes, Lebendiges. Allerdings, sie übernehmen nicht mehr das Ruder und bestimmen selbstmächtig das Handeln. Dank kontrollierter Gefühle ahmen Sie als Erwachsener keine Kinder mehr nach, wenn diese bei geringem Anlass sofort weinen oder wütend aufstampfen. Nehmen wir mal an, ein spirituell Liebender hat sein Eifersuchtsthema noch nicht völlig erlöst und verwandelt. Gibt ihm seine Partnerin genug Anlass dazu, dann spürt er dieses nagende Gefühl zwar, aber er reagiert nicht sofort eingeschnappt oder gar wütend. Gefühle werden gefühlt und nicht verdrängt, denn nichts anderes wollen Gefühle. Emotionen werden aktiv geäußert und ausgedrückt, denn das ist ihr Wesen – für emotional und spirituell Liebende gleichermaßen. Doch wie oft und *auf welche Weise* das alles geschieht, darin unterscheiden sich emotionale und spirituelle Liebe.

Sie erkennen spirituell geführte Gefühle und Emotionen also an ihrem Ausdruck, an der Art und Weise des Umgangs mit ihnen. Die spirituelle Liebe respektiert und achtet sie, behält aber stets das Zepter in der Hand. Die spirituelle Kontrolle ist kein widerwilliges Zulassen oder Kleinhalten. Wenn Gefühle wie Kinder sind, dann gibt ihnen der spirituelle Geist elterliche Fürsorge, ohne sich dabei auf der Nase rumtanzen zu lassen. Eine echte Zuwendung wirkt beruhigend, deckt Ursachen auf und führt Lösungen herbei – für Kinder und Gefühle gleichermaßen. Kinder, die ständig quengeln und schreien, fordern damit Zuwendung ein. Erhalten sie echte Aufmerksamkeit, dann spüren sie das. Meist beruhigen sie sich und tanzen den Eltern nicht länger auf der Nase rum. Es sei denn, sie testen gerade ihre Grenzen aus. Sind Eltern jedoch nur körperlich anwesend und mit ihren Gedanken und Gefühlen ganz woanders, so spüren die Kinder das Desinteresse ebenfalls und reagieren fordernd.
Die spirituelle Liebe behandelt Gefühle und Emotionen also mit „elterlicher Fürsorge“, d. h., sie nimmt sie mit echtem Interesse wahr und setzt ihnen – falls dann noch erforderlich – liebevolle Grenzen.

Das hört sich vielleicht leichter an als es ist. Die Aufgabe der angemessenen Grenze liegt häufig in der Entscheidung, ob und wie welche Gefühle als Emotionen gezeigt werden. Dafür gibt es kein allgemeingültiges Rezept.

Der spirituell Liebende verleiht also seinen Gefühlen und Emotionen einen angemessenen Ausdruck; doch er kann noch mehr: Er kann sie erheben, veredeln. Durch den emotionalen Verwandlungstod gewinnen sie eine neue, eben spirituelle Qualität. Sie dienen jetzt als spirituelles Ausdrucksmittel und werden getragen von den starken Schwingen und Schwingungen einer hohen Liebe. Was denken Sie, wie fühlt sich ein spirituell geprägtes Gefühl an, wie drückt sich eine spirituell erhobene Emotion aus? Stellen Sie sich vor, Sie sehen einem Buddha oder Jesus in die Augen und damit in dessen Seele. Sie fühlen einen warmen, tiefen See, der Sie behutsam aufnimmt. Die spirituelle Sonne erwärmt den kalten See, beruhigt alle heftigen Wellen und schickt ihr Licht in dessen Tiefen hinab. Spirituell erhobene Gefühle sind leise, warm und hell. Spirituell erhobene Emotionen sind wie freiwillige Geschenke, ohne sich aufzudrängen.

Meditieren Sie über diese Bilder oder wünschen Sie sich einen Traum, in dem Sie den Unterschied zwischen normalen und spirituell erhobenen Gefühlen erleben. Bilder helfen zum Verständnis und deshalb verwende ich sie großzügig. Verstehen allein genügt jedoch nicht. Gehen Sie in die Bilder rein, fühlen Sie sie. Sie können das mit allen Bildern und Metaphern tun, um aus dem rein rationalen Verstehen rauszukommen und das Gesagte ganzheitlicher zu erfassen.

Wie würden Sie den im Tempel recht emotionalen Jesus einschätzen, als er Händler und Geldwechsler hinauswarf? Ist ihm da einfach der emotionale Gaul durchgegangen oder war es eher der emotionale Ausdruck eines spirituell führenden Geistes? Vermutlich ergriff ihn ein gerechter Zorn im Auftrag seines spirituellen Geistes. Er nahm nicht hin, dass ein dem Göttlichen gewidmeter Tempel von Gewinnstreben und Geschäftsdenken missbraucht und herabgezogen wird. Vielleicht war sogar ein Stück Berechnung dabei, um mit der Aktion die öffentliche Aufmerksamkeit auf sich zu lenken. Wer erkennbar Stellung bezieht, der offenbart sich potentiellen Anhängern und ermutigt sie zur Nachahmung. Sollten derlei Überlegungen eine Rolle gespielt haben, so würde das ebenfalls für keinen spontan durchgehenden Gaul sprechen. Aber wer weiß, vielleicht übermannte ihn sein Zorn doch stärker als geplant. Vielleicht besaß Jesus eine ausgeprägtere Emotionalität als Kirche und Bibelverfasser ihm aus naheliegenden Gründen zugestehen wollen.

Neben all diesen Umgangs- und Ausdrucksfragen unterscheidet sich das Gefühlsleben der spirituellen Menschen noch in einem weiteren Punkt von dem anderer: welche Gefühle und Emotionen *überhaupt entstehen*. Ist ein Gefühl wie z. B. Eifersucht erst mal aufgekeimt, dann kann auch der Spirituellste nichts mehr daran ändern und nur noch mit „elterlicher Fürsorge“ das Beste daraus machen. Wer allerdings wirklich spirituell ist, der neigt nicht mehr zur Eifersucht. Es sei denn, er hätte bei genau diesem Thema noch eine emotionale Restschuld aufzuarbeiten. Im Allgemeinen entsteht dieses Gefühl also gar nicht erst. Warum? Eifersucht folgt einem uneingestandenen Besitzdenken und der Angst vor Verlust. Die spirituell Liebenden haben das Begehrte aber längst in sich selbst entdeckt. Der innere Besitz macht langfristig ruhig und zufrieden, quasi satt und reich. Sie verlangen daher nicht mehr nach äußerlichem Besitz in der Person des Partners, denn sie besitzen das Begehrte bereits – in sich selbst, psychologisch und energetisch. Dementsprechend fürchten sie auch keinerlei Verlust. Vieles, das bei anderen emotionale Knöpfe drückt, kann beim spirituellen Menschen nichts mehr auslösen. Und deshalb neigt er zu weniger und ausgewählteren Emotionen, ohne jedoch die grundsätzliche Gefühlsfähigkeit zu vermissen.

8.3 Spirituelle und emotionale Gefühle im Vergleich

Zwei Beispiele aus meinem eigenen Leben verdeutlichen Ihnen lebensnah den großen Unterschied zwischen emotionalen und spirituellen Gefühlen. Zur Abwechslung handeln sie mal nicht von Beziehungen, schließlich sind Gefühle und Emotionen nicht auf Partnerschaften beschränkt, sondern erwachen in jedem wichtigeren zwischenmenschlichen Kontakt.

Ich fahre mit dem Zug und mir gegenüber sitzt eine Mutter mit ihrer vierjährigen Tochter. Nach einiger Zeit spricht mich die Kleine an und erzählt mir stolz, im Kindergarten zurzeit gleich zwei Jungs als Freunde zu haben. Beide seien in sie verliebt. Ich bin etwas erstaunt über ihre mitteilsame Offenheit, denke mir aber nichts weiter. Kinder sind eben manchmal so und reden ganz ungeniert über alles Mögliche. Ich unterhalte mich mit ihr und der Mutter einige Zeit, als das Mädchen plötzlich ganz nahe zu mir herkommt. Sie nimmt meine Hände und küsst sie. Dann schaut sie mich an und fragt: „Kriege ich einen Kuss“? Ich zögere. Nach einigen Sekunden legt sie nach: „Biiiitteee“. Ich gebe ihr einen Kuss auf die Backe. Sie scheint zufrieden zu sein und geht.

Kurze Zeit später ruft ihre ältere Schwester auf dem Handy der Mutter an. Die Kleine drängt nach dem Hörer, will unbedingt mit der Schwester reden. Sie erzählt stolz, von einem richtigen Mann geküsst worden zu sein und fragt mich ganz selbstverständlich nach meinem

Alter. Sie stellt es so hin, als ob ich selbst den Kuss unbedingt gewollt hätte. In dem Augenblick verstehe ich es endlich – ich bin nur die dritte Eroberung in ihrer Sammlung, neben den beiden Kindergarten-Jungs. Ein besonders großer und alter Fisch in ihrem Netz, aber nicht mehr als ein Beutefang, mit dem sie jetzt prahlt. Etwas später beginnt sie sich für einen weiteren Mann im Abteil zu interessieren.

Die Geschichte hat ohne Zweifel eine lustige Seite. Andererseits, das kleine „Luder" war ganze vier Jahre alt, keine pubertär verwirrte 14-Jährige oder 24-jähriger Männer-Vamp. Ein kleines Kind legt bereits ein partnerschaftliches Eroberungsschema für Männer mittleren Alters an den Tag. Das finde ich schon bemerkenswert. Ich war für sie keine Vaterfigur und kein netter Onkel, dem sie eine Süßigkeit abbettelte. Von der älteren Schwester nur abgeschaut hat sie sich ihr Verhalten ebenfalls nicht. Zum einen war ihre Schwester gar nicht anwesend und zum anderen soll diese nach Aussage der Mutter ganz anders sein, ziemlich schüchtern und introvertiert. Die Mutter selbst verhielt sich ebenfalls unauffällig und zurückhaltend. Ich bemerkte nichts, was auf eine eventuelle Vorbildfunktion hindeutet. Welche Erklärung bleibt noch übrig?

Ich vermute, die Kleine hat eine extrem starke Verwicklung in die emotionale Liebe in dieses Leben bereits mitgebracht. Sie wird in ihrem Leben wohl noch viele Herzen brechen und ebenso viel eigenen Liebesschmerz erfahren. Haben Sie die starke emotionale Liebe des Mädchens wiedererkannt? Da waren die großen Gefühle, als sie meine Hände gehalten und geküsst hat. Der sehnsüchtige Blick und das Mitgefühl erheischende Betteln dazu – ja, das war großes Kino. Kaum hatte sie den Kuss und sich damit ein ausgleichendes, kleines Stück der Adamsrippe einverleibt, kühlte die Gefühlsliebe wieder ab. Kurzfristig satt und die Spannung ausgeglichen, schwand meine Attraktivität für sie. Es gehört des Weiteren zu den typischen Spielen im Namen der emotionalen Liebe, den anderen zu erobern und mit dem neuen Besitz dem eigenen Ego zu schmeicheln. Wie im Telefonat mit der Schwester geschehen. Und wie war das mit dem erläuterten Geben und Nehmen? Die Gefühlsliebe gibt und nimmt, aber sie liebt nur in der Erwartung einer Gegenleistung. Das Mädchen hat mir die Hände geküsst, aber nur, um etwas für sie noch Wertvolleres zu bekommen. Mit anderen Worten, sie hat einen typischen emotionalen Handel betrieben; einen, der ihr vorteilhaft schien.

Und nun eine andere Geschichte bzw. Erlebnis, ein paar Jahre nach dem Mädchen im Zug. Ich gehe gerade zum Einkaufen und stehe neben dem Auto auf dem Parkplatz des Supermarktes. Ich spüre, wie mich jemand anschaut. Ein paar Meter weiter sitzt ein kleines Mädchen, vielleicht drei oder vier Jahre alt, in einem Auto. Mit strahlenden Augen und einem leichten Lächeln sieht sie mich an. Nein, sie schaut mich nicht *an*, sondern über die Augen in mich *rein*. Ein „ich liebe dich" erreicht meine Seele und erschreckt mich fast, weil überraschend und stark. Ich erwidere ihren Blick. Ich sehe kein Mädchen. Ich sehe eine weise, alte Seele mit strahlendem Herzen, eine Himmelsschwester. Eine tiefe und zugleich hohe Liebe fließt mehrere Sekunden zwischen uns. Es fühlt sich an wie eine Mischung aus Himmel und warmem See. Nur zwei Mal in meinem Leben hatte ich so etwas schon gespürt. Diese Liebe gibt einfach und erwartet nichts. Sie braucht keinerlei Gesten, Worte oder Emotionen, sondern nur zwei Augenpaare. Zwei Seelen berühren sich, keine Körper oder Emotionalkörper. Wir hätten uns sicher gerne umarmt oder geküsst, aber es musste nicht sein und in der Situation bot es sich auch nicht an. Es war einfach alles klar und bedurfte keiner bestätigenden oder erfüllenden Handlungen. Es fiel mir relativ leicht, mich nach kurzer Zeit wieder zu lösen und weiterzugehen. Obwohl ungewöhnlich schön, band mich kein emotionales Bedürfnis oder irgendein Wunsch; eine angenehme Bedürfnislosigkeit erfüllte mich.

In den Tagen danach wünschte ich mir manchmal, nicht so schnell weitergegangen zu sein. Im Moment der Begegnung empfand ich es aber anders. In nur wenigen Sekunden, still und bewegungslos, war alles gesagt und getan, was zu tun und zu sagen war. Dieser Eindruck hat mich noch lange begleitet, anders als der kurzlebige Effekt einer emotionalen Liebe durch Energieausgleich. Es flossen durchaus Energien zwischen uns, aber sie waren anderer Art.

8.4 Alleine oder mit Partner?

Die meisten Menschen leben nur eine körperlich-emotionale Liebe und finden hierfür grundsätzlich ein breites Angebot an möglichen Partnern. Hinzu kommt die Anziehung der Gegensätze, die Deckel und Topf zusammenführt. Die emotionale Gefühlsliebe beschränkt sich zwar auf die persönlich unbewussten Übertragungen, denen nur ein kleiner Teil des anderen Geschlechts entspricht. Angesichts der vielen Kontaktmöglichkeiten in der näheren und entfernteren Umgebung sowie mittlerweile im Internet belohnt Amor die Suchenden jedoch relativ häufig.

Wie sieht es dagegen mit der Partnersuche bei den wenigen aus, die sich über viele Leben die spirituelle Liebe erobert haben? Ihre typische allgemeine Menschenliebe sollte eine große Auswahl an möglichen Partnern bescheren, so könnte man meinen. Seine Mitmenschen im Allgemeinen lieben zu können, auf eine spirituelle Weise, hat aber nichts mit der individuellen, intimen Liebe einer Zweierbeziehung zu tun. Außerdem drängt es die spirituell Liebenden nicht mehr in die Arme einer personifizierten, verlorenen Rippe. Ihnen fehlen Antrieb und Gegensatzspannung, denn sie haben das Verlorene bereits wiedergefunden, zumindest weitgehend. Wie sieht es mit der Gegenseite aus, drängt es andere zum spirituellen Menschen partnerschaftlich hin? Nein, genauso wenig. Das ganzheitliche Bewusstsein wirkt nicht anziehend auf all diejenigen, die ihre Rippe noch unbewusst suchen. Es fehlt an Resonanz und Spannung, denn wer schon ein Topf mit Deckel ist, der wirkt nicht mehr anziehend auf Töpfe ohne Deckel. Jedenfalls nicht im partnerschaftlichen Sinne. Das ganzheitliche, spirituelle Wesen mag angenehm und interessant wirken, weckt aber nicht den spannungsreichen Beziehungstrieb.

Im partnerschaftlichen Sinne wird es daher oftmals ruhig und leer um spirituelle Menschen. Anders als unfreiwillige Singles fühlen sie sich aber ganz wohl damit. Sie ruhen in sich und suchen ihr Heil nicht mehr in einem Partner. Wenngleich spirituelle Menschen häufig alleine bleiben, so gibt es aber doch genug, die ganz normal liiert sind. Wie kommt das? Jene haben einen anderen Topf mit Deckel gefunden und kochen mit zwei kompletten Töpfen ihr „Beziehungsmahl". Wie sieht eine solche spirituelle Partnerschaft aus, inwiefern unterscheidet sie sich von anderen? Schauen wir es uns nachfolgend an.

Wer wirklich spirituell bewusst ist, der gehört zu den ganz wenigen, aber er ist noch kein Heiliger. Die Erwachten sind einen langen Weg gegangen, aber die meisten sind noch nicht völlig befreit von den Bindungen der emotionalen und körperlichen Liebe. Wer auf der großen Reise Station um Station erobert und die Leiter Sprosse für Sprosse erklimmt, der vollzieht diese Schritte nie zu 100 Prozent. Der körperliche Sex stirbt nie zu 100 Prozent, wenn er in die emotionale Liebe übergeht und ebenso wenig die emotionale Liebe bei ihrer Verwand-

lung in die spirituelle. Es werden stets „Restschulden mitgezogen", die irgendwann zu tilgen sind. Die Reste sind zwar nicht groß genug, um die Verwandlungsschritte des linearen Entwicklungsweges verhindern zu können, aber doch groß genug für vereinzelte Rücksprünge des polaren Entwicklungsweges.
Selbst spirituelle Meister sehen sich gelegentlich noch mit vorhandenen Restschulden konfrontiert, welche oft karmischen Charakter haben. So erkrankte z. B. der bereits erleuchtete und hochbetagte Buddha nochmal sehr schwer. Lesen Sie die Biographien der Meister und Heiligen. Sofern es sich nicht um schönfärberisch verherrlichende Beschreibungen handelt, finden Sie bei vielen überraschende Ereignisse. Die unantastbar erscheinenden Größen werden z. B. krank, machen einen schweren Fehler, sterben gewaltsam usw.

Es ist seltsam und der äußere Schein kann oberflächlich gesehen leicht trügen: Einerseits sind viel weniger spirituell bewusst, als diejenigen selbst glauben, denn spirituell interessiert zu sein und manchmal spirituelle Dinge tun heißt noch nicht, spirituell zu *sein*. Andererseits erfahren selbst wahre Meister *vereinzelt* ähnliche Rückschläge wie jeder Otto Normalverbraucher.
Für unsere Zwecke sind die im spirituellen Bewusstsein noch vorhandenen Restflecken deswegen interessant, weil es auf den Umgang mit ihnen ankommt. Die spirituelle Partnerschaft unterscheidet sich nämlich von der emotional-sexuellen neben der geringeren Anzahl vor allem durch den weisen und entwicklungsfördernden Umgang mit diesen vereinzelten blinden Flecken. Spirituelle Partner gehen die Herausforderung einfach anders an und mit einer anderen Zielsetzung.

8.5 Das spirituelle Leitmotiv

Wie wir gesehen haben, hält es der spirituell Erwachte ganz gut alleine aus. Wünscht er oder sie sich dennoch einen Lebensgefährten, so möchte er seinen „way of life" verständlicherweise mit jenem teilen können. Beansprucht Spiritualität erst mal einen festen Platz im eigenen Leben, dann findet sie natürlich auch in der Partnerschaft ein willkommenes Spielfeld und möchte sich dort verwirklichen. Immerhin handelt es sich um die zentrale Lebenseinstellung und nicht um ein nettes Hobby, das sich ebenso gut mit beliebigen Menschen außerhalb der Beziehung pflegen lässt.

Wie sieht eine vom gemeinsamen spirituellen Leitmotiv geprägte Partnerschaft aus? Spirituelle Partner haben viele der üblichen – und nicht entwicklungsfördernden – Verhaltensweisen und Bedürfnisse abgelegt. Das Leben dreht sich nicht mehr primär um Karriere, Geld, Sex, gutes Essen oder das Finden einer anerkannten sozialen Rolle. Die Partnerschaft ist kein Ort mehr für wechselseitige Bedürfnisbefriedigung und Abhängigkeit, mit all den typischen Spielchen um Eifersucht und Attraktivität, Macht und Besitzdenken, Geben und Nehmen. Die rein körperliche und emotionale Liebe haben beide ihre einstige Vorherrschaft und magische Faszination verloren. Spirituelle Partner erfreuen sich noch immer vitaler Emotionen und Körper, jedoch mit einem geringeren und vor allem *qualitativ veränderten* Stellenwert. Sie wollen einfach mehr vom Leben, denn da muss noch was anderes sein und das Gesuchte haben sie in der Spiritualität gefunden.

Spiritualität gemeinsam leben und ausdrücken, das alleine genügt vielen nicht. Häufig weckt das spirituelle Leitmotiv zusätzlich den naheliegenden Wunsch nach einer gemeinsamen *Weiterentwicklung.* Die bewusste, gegenseitig geförderte spirituelle Entwicklung wird zur tragenden Säule der Beziehung. Die Hoffnung auf spirituelle Entwicklung ist sicher gerechtfertigt, denn was könnte sie mehr vorantreiben als zwei reife Partner, die am gleichen Strang ziehen? Die möglichen Fortschritte ähneln den großen Sprüngen, die in Indien Schüler bei einigen wenigen Gurus vollbringen. Wie sehr eine solche spirituelle Intensivbeziehung im Idealfall die Entwicklung beschleunigt, können Sie in der „Autobiographie eines Yogi" von Yogananda nachlesen. Anders als bei Guru und Schüler lehren sich Liebespartner gleichberechtigt gegenseitig, doch das tut der Wirkung keinen Abbruch.

Wie gestalten spirituelle Partner ihren Alltag und ihre Freizeit? Gemeinsame Pilgerungen, Meditationen und Diskussionen um Themen wie Engel, Reinkarnation, Religion, Jenseits usw.? Das mag alles dazugehören, birgt aber die Gefahr der geistigen Überbetonung. Es ist wichtig, auch und gerade eine spirituelle Partnerschaft realistisch und psychologisch zu betrachten, sie zu „erden". Nicht zuletzt deswegen empfiehlt sich ein bewusster Umgang mit den bereits angesprochenen Restschulden, also noch übrig gebliebenen körperlichen und emotionalen Verhaftungen. Darum geht es nachfolgend.

8.6 Der spirituell verwendete Spiegel

Spirituelle Partner tun gut daran, mit einer realistischen psychologischen Einstellung nach den für eine emotionale Liebe typischen Spiegelungen Ausschau zu halten. Die eine oder andere Übertragung wird wohl noch vorhanden sein und sich durch auffällige Emotionen verraten. Es ist kein Zeichen fehlender Spiritualität. Es signalisiert lediglich, dass noch emotionale Nachzügler-Elemente existieren, die dem Verwandlungstod bislang entkommen sind. Die Flügel des Schmetterlings tragen noch einige stachlige Borsten der vormaligen Raupe. Niemand bewältigt die Stationen unserer großen Reise perfekt, es verbleiben immer Reste der gerade überwundenen Stufe. Auf dem spirituellen Weg zu sein heißt nicht, im Himmel angekommen zu sein. Unbewusste Übertragungen besitzen eventuell sogar Schattenqualität, d. h., kleinere Stücke der auf den Partner projezierten eigenen Adamsrippe sind sehr dunkel, tief unbewusst.

Sie wundern sich jetzt vielleicht, immerhin sprechen wir von zwei „richtig" spirituellen Lebensgefährten. Was haben denn hier noch unbewusste Schattenanteile zu suchen, selbst wenn es nur vereinzelte Splitter sein mögen? Erinnern Sie sich an die beim Verwandlungstod anhand der Chakren angesprochenen Sprungmuster des polaren Entwicklungsweges. Die erläuterten Sprünge sind natürlich in beide Richtungen möglich: Die sterbende Sexualität kann zu spirituellen Flügen führen, das spirituelle Leben aber ebenso zu sexuell-emotionalen Abstürzen. Das Höchste und das Niedrigste hängen zusammen und bildet eine Einheit. Allerdings können Sie als spirituell Liebender nur insoweit mit Schatten konfrontiert werden, als ein solcher überhaupt vorhanden ist. Hier kommen die Restverhaftungen des linearen Entwicklungsweges ins Spiel sowie das individuelle Karma mit dem jeweiligen Partner.

Ihren spirituellen Partner kennen Sie vermutlich aus vielen gemeinsamen Vorleben und sie beide haben sich ganz bestimmt nicht immer nur geliebt. Sie mögen sich im Hier und Jetzt wahrhaftig und ehrlich spirituell lieben, aber so manch dunkle Episode könnte unerledigt auf ihre Erlösung warten. Vielleicht ist die Zeit dazu nun gekommen. Unterschätzen Sie deren Bewältigung nicht, selbst wenn Ihnen beiden die betreffenden Themen bereits bekannt sind. Unbewusste Gefühle und emotionale Ladungen verwandeln sich nicht allein durch das Wissen um deren Entstehung, sie müssen und wollen wiedererlebt werden. Sie mögen in allen Details wissen, was damals vorgefallen ist; die dazugehörige Emotion lebt aber nicht in Ihrem Gehirn und treibt unterschwellig eventuell nach wie vor ihr Unwesen. Die Trennung von Wissen und Gefühl ist ein in der Psychotherapie recht bekanntes Phänomen. Manche Klienten erzählen leichten Herzens und in allen Details von dramatischen Erlebnissen – aber nur, weil sie das zugehörige Gefühl abgespalten haben.

Was machen Sie nun mit den vereinzelten emotionalen Übertragungen oder gar Schatten, sofern es Sie betrifft? Wegbeten, wegmeditieren oder wegvisualisieren können Sie sie jedenfalls nicht. An dieser Stelle wird es interessant, denn genau bei dieser Bewältigungsfrage unterscheiden sich spirituelle Paare von anderen. Spirituelle Partner sind vor solchen Schwierigkeiten nicht völlig gefeit, aber wie sie damit umgehen, das kennzeichnet sie als geistig-seelisch entwickelt. Eine spirituelle Partnerschaft kennt insbesondere auch die adamische Aufgabe, nimmt die Herausforderung an und bewältigt sie. Wie? Indem sich die beiden im Geiste gereifter Spiritualität und Liebe gegenseitig helfen und genau wissen, was sie tun. Ein anderes Paar lebt unwissend und blind mit ihren spannungsgeladenen unbewussten Adamsrippen, die zum Teil attraktiv sind und zum Teil Konflikte auslösen, emotionale Liebe bewirken und ebenso Scheidungskriege, aneinander binden und abhängig machen. Spirituelle Partner hingegen unterstützen sich bewusst und liebevoll gegenseitig, um Gefühle zu heilen und die fehlenden Seiten zu integrieren. Die hohe, spirituelle Liebe findet immer Wege für eine solche Heilung.

Spirituelle Lebensgefährten wissen um den Zusammenhang zwischen Hohem und Tiefem, sie verwehren sich nicht tief unbewussten Schattenanteilen. Wahre Spiritualität erkennt im Schatten ein notwendiges

Gegenstück für spirituelle Entwicklung im Sinne des Gleichnisses vom hohen Baum: Ein Baum kann nur so weit in den Himmel wachsen, wie seine Wurzeln in die Erde reichen. Stehen Sie bildlich an der Schwelle zum Himmel, so überschreiten Sie diese nur, indem Sie ein dazu adäquates Bein in der „Hölle" (Schatten) erlösen. Genau dieses dunkle, kranke Bein verhindert den Zugang zu genau diesem Himmel und liefert den passenden Schlüssel. Nur mit genau diesem geheilten Bein können Sie durch jenes Himmelstor gehen. So funktioniert der polare Entwicklungsweg. Wer in den Himmel strebt, der wird dies zweifellos erreichen – oder mit genau der polaren Schwierigkeit konfrontiert, die dem Wunsch im Wege steht.

Letztlich und eigentlich ersehnt jeder den Himmel, d. h. göttliche Einheit und Liebe. Fast jeder Mensch will „gut" sein. Doch wenn das Leben dieser Absicht allerlei Hindernisse entgegengestellt, welche Reaktion erfolgt dann? Hier trennt sich die Spreu vom Weizen, unterscheidet sich der spirituell Erwachte von den emotional-sexuellen Herdenschafen. Die spirituell Gereiften sehen im Schatten ein verhindertes Licht und stellen sich ihm. Sie wissen, Licht entsteht nicht aus dem luftleeren Raum, sondern aus der Verwandlung der Dunkelheit – und handeln entsprechend. Sie wissen es nicht nur, sie haben es verinnerlicht, weil sie es auf ihrem Weg schon oft genug erlebt haben. Mit dieser Einstellung praktizieren sie eine spirituelle Form des positiven Denkens, von der sich alle Vertreter des rosaroten positiven Denkens nicht nur eine, sondern ganz viele Scheiben abschneiden können.

Überrascht Sie das bislang gezeichnete Bild einer spirituellen Partnerschaft? Sie sehen, spirituelle Beziehungen sind kein dauerhaftes, gemeinsames Schweben im siebten Himmel. Anders als in den üblichen Partnerschaften wiederholen sich die gelegentlichen Kämpfe und Probleme aber nicht immer wieder, da sie effektiv gelöst werden. Und nicht zuletzt wachsen beide mit und an der Beziehung. Ich denke, das könnte der Art von Ehebund entsprechen, der Engel jubeln lässt.

8.7 Der spirituell geführte Konflikt

Im Hinblick auf den spirituellen Umgang mit Übertragungen und Schatten spielen Konflikte eine besonders interessante Rolle. Das auch noch, spirituelle Partner bleiben wirklich von nichts verschont, was andere nicht ebenso durchmachen, denken Sie jetzt vielleicht. Zumindest die noch vorhandenen Schattenreste erzwingen tatsächlich häufig Auseinandersetzungen. Es liegt in der Natur der Sache, dass tief unbewusste Gefühle und Persönlichkeitsseiten zu Streit führen können. Sie sind nicht umsonst stark verdrängt, sondern weil sie ihr Besitzer aus irgendeinem Grund entschieden ablehnt. Auf den Partner übertragen empfindet er sie als dessen Merkmale nicht weniger unsympathisch. Was er oder sie in der anfänglichen Verliebtheit noch wohlwollend akzeptierte, provoziert irgendwann Konflikte.
Selbst die weniger stark unbewusste Projektion von *positiven* Eigenschaften birgt Konfliktpotential. Was der Projezierende beim Partner bewundert und liebt, weckt später z. B. Neid und Minderwertigkeitsgefühle oder macht abhängig. Gelingt damit kein konstruktiver Umgang, so erwachsen daraus Konflikte und andere Schwierigkeiten.

Konflikte treten also vereinzelt auf und das ist völlig in Ordnung. Ergreifen Sie die darin verborgene Gelegenheit für persönliches Wachstum. Spirituelle Paare tun das. *Das Konfliktthema erkennen, akzeptieren und integrieren, sich dabei gegenseitig liebevoll unterstützen und den höheren Sinn begreifen, das alles macht eine wahrlich spirituelle Partnerschaft aus.* Genau dadurch erweisen sich beide als „spirituell". Es fördert die spirituelle Entwicklung ungleich mehr als das gemeinsame Lieblingslied in der Kirche oder Partnermeditationen.

Wer wirklich spirituell liebt, der flüchtet sich nicht konfliktscheu in Meditation und scheinüberlegenes Drüber-Stehen-Wollen. Gehen Sie im Fall der Fälle lieber zu Ihrem Partner und blicken Sie ihm bzw. Ihr tief in die Augen. Nehmen Sie seine bzw. ihre Hand und sprechen Sie ehrlich, aber mitfühlend aus, was Sie bewegt. Bleiben Sie dabei fair, auch wenn es einfacher ist, den eigenen Schmerz mit einem Gegenangriff zu überspielen.
Aus meiner eigenen persönlichen Erfahrung und durch meine Arbeit bin ich zu der Überzeugung gelangt, dass konstruktive Konflikte das wichtigste Element einer entwicklungsbetonten Beziehung sind. Genau dort und genau dann finden Wachstum und Entwicklung statt. Und nichts bindet zwei Menschen stärker positiv aneinander als das gemeinsame Überwinden von Schwierigkeiten.

8.8 Bewusstes Hochleiten sexueller Energie?

Wie lebt der spirituell Liebende seine Sexualität in einer Beziehung? Tut er „es" überhaupt noch? Es spricht nicht das Geringste dagegen, der spirituellen Liebe körperlichen Ausdruck zu geben, weil es eben genau das ist: körperlicher Ausdruck vitaler Spiritualität. Nicht der sexuelle Trieb übernimmt das Kommando und erzwingt durch sein unbewusstes Einheitsstreben eine körperliche Vereinigung, sondern der bereits ganzheitliche Geist realisiert sich im und über den Körper. Aus diesem Grund haben spirituelle Partner keinen typischen, normalen Sex. So wie die spirituelle Sonne den *emotionalen* See erwärmt und durchlichtet, so erhebt und veredelt sie auch den *körperlichen*

Sex-Trieb. Erinnern Sie sich an das Bild vom Liebesdreieck mit der Sexualität als untere Spitze. Es macht deutlich, wie die spirituelle Liebe oben die darunterliegende emotionale und körperliche Liebe umfasst und von ihrer erhöhten Position aus prägt.

Was machen spirituell bewusste Menschen ohne Partner, spirituelle Singles? Sie werden die körperliche Vereinigung als den intimen, persönlichen Ausdruck gereifter Spiritualität wohl kaum mit flüchtigen Bekanntschaften teilen. Selbst wenn sie wollten, sie fänden schwerlich willige und geeignete Personen, sprich, spirituelle Singles wie sie. Als weitgehende Vollkreise schickt sie ohnehin kein unbewusst drängender Einheitswunsch mehr auf sexuelle Mission. Die sexuellen Begehrlichkeiten sind also recht schwach. Kurzum, spirituelle Singles leben weitestgehend im freiwilligen „Zölibat". Wie katholische Priester verzichten sie freiwillig und bewusst auf Sex. Im Gegensatz zum überwiegenden Teil der katholischen Priesterschaft gelingt es ihnen auch, denn sie verdrängen ihre sexuelle Energie nicht.

Gerade den allein Lebenden stellt sich an diesem Punkt die Frage, ob sie nicht durch Übungen das Hochtransformieren der sexuellen Energie willentlich vorantreiben sollen. Die Kundalini würde dadurch aus dem ersten und zweiten Chakra in die höheren Energiezentren gelenkt. Manche Bücher werben recht überschwänglich für diese Idee, so als ob es nur ein Fingerschnippen wäre. Es sei die Krone spirituellen Fortschritts. Mit theoretisch tatsächlich möglichen Erfolgswirkungen machen Sie dem Leser den Mund wässrig. Heilungen, suggestive und schöpferische Kräfte, Hellsehen, Karmalöschung und Ähnliches mehr stellen die Autoren in Aussicht. Sollten spirituelle Singles solche willentlichen Transformierungen anstreben?
Zunächst mal: Wer sich wirklich auf der spirituellen Stufe befindet, der transformiert bereits seine Sexualität! Nur über genau jenes Trans-

formieren bzw. Hochverwandeln der sexuellen Energie, der Gefühle und Emotionen ist er schließlich zu seiner Spiritualität gelangt. Die Chakrafunktionen verändern sich nämlich parallel zum linearen Entwicklungsweg, der das Sexuelle über die Gefühlsliebe zur spirituellen Liebe führt – auch ohne eine explizite Energiehochleitung. Bewusste Übungen würden also nur verstärken, was ohnehin bereits geschieht bzw. geschehen ist. Ich halte die bewusste Energiehochleitung für eine grundsätzlich gute Idee, der Heilige Gral ist es aber nicht.

Etwas kritischer und differenzierter sehe ich solche Übungen für alle noch *emotional* Liebenden, die dadurch Spiritualität *erlangen* wollen. Es ist ein großer Unterschied, ob ich Übungen mache, um etwas unbedingt zu bekommen, das ich nicht habe oder als Ausdruck und Verstärkung von etwas bereits Vorhandenem. Wie ich vorhin bereits erwähnte, verändern sich die Energien parallel zur linearen Bewusstseinsentwicklung. Sie tun dies aber nicht nur parallel dazu, sondern eigentlich *abhängig* davon. Die Energien *folgen* dem Bewusstsein. Die offenbar praxisfremden Autoren der angesprochenen Bücher tun gerade so, als ob Chakren und Kundalini völlig eigenständig funktionieren würden. Dem ist nicht so. Energieübungen setzen also grundsätzlich am falschen Ende an. Der Schwanz versucht mit dem Hund zu wedeln, statt umgekehrt. Damit die Kundalini durch Übungen aufsteigen kann, muss das führende Bewusstsein weit genug vorangeschritten sein. Jemand, der z. B. gerade sein sexfeindliches Über-Ich in die Schranken weist und den Spaß am Sex entdeckt, wird durch keine Übung der Welt Erfolg haben. Emotional Liebende werden ebenfalls nicht viel erreichen. Und Misserfolge demotivieren.

Derlei Vorhaben ähneln dem Versuch, einen Kleinwagen zu einem Rennauto tunen zu wollen. Autotuning ist ein gutes Bild für Übungen, die die eigene Entwicklung beschleunigen sollen. Es spricht nicht das Geringste gegen „Bewusstseins-Tuning“ durch Übungen; letztlich entspricht jedes bewusste Bemühen um spirituelle Weiterentwicklung einem Tuning. Und es liegt in der Natur der Sache, dass Übungen etwas im Moment noch nicht Vorhandenes einbringen sollen. Logisch, sexuelle Energieübungen machen daher vor allem diejenigen, deren Bewusstsein und Kundalini noch *nicht* im spirituellen Himmel angekommen ist. Die bereits Erleuchteten brauchen schließlich keinerlei Übungen mehr. Dennoch: Jedes Bemühen und jede Übung braucht eine dafür geeignete Basis. Nur als ein bereits sportliches Fahrzeug der gehobenen Mittelklasse können Sie sich durch Kundalini-Übungen zu einem Renner tunen.

Ein weiterer Aspekt spricht gegen Transformierungsübungen, falls die spirituelle Liebe noch zu weit weg ist. Jede bewusste Übung, um damit etwas Höheres zu erreichen, schickt immer auch eine *unbewusste* Botschaft an das schöpferische Universum. Diese unbewusste schöpferische Botschaft besagt erstens, das Gewünschte zu wollen und zweitens, es nicht zu haben. Dieser Akt des „ich will, aber habe nicht“ wird wie jedes konzentrierte Bewusstsein schöpferisch nach Verwirklichung streben: Sie werden es auch weiterhin wollen und nicht haben bzw. bekommen. Erstaunlich, aber diese Erfahrung erschafft sich der nicht weise Übende. Nicht immer und bei jeder Übung läuft es so, aber wohl im vorliegenden Fall der zu großen Distanz zwischen Ziel und Standort. Zwar verwirklichen sich natürlich ebenso die erfolgversprechenden, *bewussten* Botschaften solcher Übungen, z. B. durch Visualisierungen vom erwünschten Ziel. Doch wie erfolgreich kann eine Übung mit gegenläufigen Manifestierungstendenzen sein? Der stärkere Impuls wird sich durchsetzen und verwirklichen. Bewusst will der Übende die Energie nach oben ziehen, aber unbewusste Botschaften wirken grundsätzlich stärker.

Im Buddhismus spielen Übungen eine große Rolle und sind Teil des achtfachen Weges zur Erleuchtung. Buddhistische Nationen bringen dennoch keine Erleuchteten am Laufband hervor. Der durchschnittliche Buddhist ist wahrscheinlich nicht weiter entwickelt als der durchschnittliche Christ, Muslim oder Jude. Warum funktioniert es nicht so einfach, obwohl Buddhisten ihre Meditationen und Yoga-Übungen mit recht viel Fleiß und Disziplin absolvieren? Unter anderem deswegen, weil sich das Bewusstsein zu sehr auf das Licht und zu wenig auf die in Licht zu verwandelnde Dunkelheit konzentriert. Die Übungen zielen darauf ab, den Himmel auf die Erde herabzuzwingen, anstatt die Erde zum Himmel zu machen. Die unbewussten Teile der Psyche verstärken sich dadurch. Mit jedem einseitigen Blick zum Himmel wächst der Schatten. Theoretisch gilt das auch umgekehrt, doch diese Form der Einseitigkeit erweist sich selten als Problem.

Stellen Sie sich einen kleinen tibetischen Jungen vor, der von seinen lieblosen Eltern in ein Kloster abgeschoben wird. So viel er zeitlebens über das Nirwana meditieren mag, die in ihm schwelende elterliche Ablehnung wird stets seinen spirituellen Weg behindern. So lange, bis er sein Bewusstsein auf diesen dunklen Fleck richtet.

Warum konfrontiert das Leben ein so friedliches und spirituelles Volk wie die Tibeter mit den machtbewussten Chinesen? Ich bin mir sicher, die Chinesen spiegeln den Tibetern deren eigenen Macht- und Gewaltschatten. Vor nicht allzu langer Zeit haben sich zum ersten Mal tibetische Mönche gegen die chinesische Gewalt mit eigener Gewalt gewehrt. Zum ersten Mal äußerte sich der Gewaltschatten sichtbar. Das Bewusstsein etwas mehr darauf und etwas weniger auf das Nirwana zu richten, könnte Tibet viel helfen. Der Entwicklungsweg der Tibeter fordert ihnen sicherlich keine aktive Gewalt ab. Solange sie jedoch einen Teil ihrer selbst verleugnen, richtet er sich äußerlich gegen sie.

Trotz der geschilderten Bedenken erfüllen selbst die zu frühen Transformierungsübungen von Gefühlsliebenden zumindest einen Zweck. Selbst dann, wenn sich die Kundalini nicht einen Millimeter bewegt. Warum? Weil der angestrengte Versuch trotz der Erfolglosigkeit dennoch *einen* Erfolg bringen wird: Entsprechend dem polaren Entwicklungsmuster konfrontiert das erfolglose Bemühen mit den Gründen des Misserfolges. Die Anstrengungen stoßen den Übenden auf all jene psychischen Stolpersteine, Übertragungen und Schatten, die das Aufsteigen der Energie verhindern. Der als Kind von seinen Eltern abgeschobene tibetische Mönch wird also früher oder später auf die in ihm schwelenden Gefühle wie Trauer und Wut treffen. Bleibt nur zu hoffen, sein Glaube erlaubt ihm den psychologisch richtigen Umgang damit ...

8.9 Verdrängung oder Verwandlung

Je nach dem, in welchem Bewusstsein welche Übungen wie gemacht werden, kann grundsätzlich immer zweierlei geschehen. Entweder die Verwandlung der sexuellen Energie in spirituelle Energie wird gefördert und die Kundalini steigt auf oder aber die sexuelle Energie wird verdrängt. Verdrängung oder Verwandlung, das ist die Gretchenfrage. Im Zweifelsfall probieren Sie es einfach aus.

Als ich vor längerer Zeit die Frage stellte, ob ich das Aufsteigen der Kundalini durch konsequente Enthaltsamkeit und Übungen bewusst anregen sollte, erhielt ich einen sehr langen, aufschlussreichen Antworttraum. Aufschlussreich ist er vor allem deshalb, weil er nahezu alle Elemente des polaren und linearen Entwicklungsweges aufweist. Außerdem zeigt er die Zusammenhänge zwischen diesen Elementen auf.

Traum: „Die Entwicklung der sexuellen Energie"

Ich bin in einem Raum und hebe die Arme zum Himmel hoch, eine Art Empfangsgeste. Daraufhin schwebe ich raus ins Freie, zu einer Art Gefährt aus zwei Karussellpferden. Ich mag die Pferde und fahre ein Stück mit ihnen. Mir fällt auf, sie lassen sich trotz meiner Zuneigung nicht weiterentwickeln und erlösen. Liebe verwandelt zwar, aber hier funktioniert das nicht. Irgendwie dachte ich, meine Zuneigung müsse sie verwandeln. Doch ganz im Gegenteil, die Pferde bleiben sogar plötzlich stehen, wie bei einer entladenen Batterie. Das Gefährt verwandelt sich in eine Frauen-Schaufensterpuppe. Sie hat eine Körperöffnung, die eine Opferschale darstellt. Ich weiß, ich muss meinen nicht-erigierten Penis reinlegen. Als ich es tue, wachsen mir Flügel. Endlich kann ich selbst fliegen, so denke ich mir und fliege weg. Ich fühle mich körperlich sehr stark und kämpfe gegen das Böse, komme mir dabei vor wie Erzengel Michael. Dann bin ich wieder am Boden, umgeben von hohen Zäunen, die ich überfliege, jedoch tauchen immer wieder neue auf. Ich ändere meine Strategie und reiße die Zäune ein, obwohl Spinnen aus der Erde kommen könnten. Das passiert nicht, aber ich sehe zwei Bilder von mir. Auf dem einen sehe ich mich als kleinen Jungen in der Luft schweben, mit dem Kopf nach unten. Die langen Haare stehen rundlich-kreisförmig weg, was an eine strahlende Sonne erinnert. Auf dem anderen Foto sehe ich mich als der gleiche Junge in normaler Seitenansicht. Der Kopf ist auffällig lang, die Augen dunkel und der Gesichtsausdruck erschreckt: „Oh Gott, was ist passiert?" Der gesamte Körper hat lange, rötliche Narben, die zusammenlaufen. Der Körper war offenbar zerstückelt und die Teile wurden wieder zusammengefügt.

Szenenwechsel. Ich spüre sexuelle Lust, aber die in Frage kommende Frau gibt zu bedenken, seit langem einen festen Freund zu haben. Ich überlege kurz, ob ich sie umstimmen könnte, aber dann akzeptiere ich es ohne weitere Diskussion.

Deutung:

Der Traum bejaht die Ausgangsfrage und zeigt die sich dadurch ergebende lineare und polare Entwicklung der sexuellen Energie.

Die empfangende Geste und die Karussellpferde stehen für die unreife Sexualität (Pferde), die wie Kinder (Karussell) nur egoistisch nimmt (Empfangsgeste). Die Zuneigung zu dieser unreifen Sexualität kann sie nicht weiterverwandeln, da es keine erlösende höhere Liebe ist. Es ist einfach nur die „Liebe“ zum Sex selbst, die Vorliebe für einfaches Vergnügen. Im Traum wird mir dieser Umstand jedoch bewusst und dadurch kann die Entwicklung weitergehen. Die daraufhin entstehende Frauengestalt deutet gegenüber den kindlichen Karussellpferden eine erwachsene, normale Sexualität an (linearer Entwicklungsweg). Nach deren freiwilligem „Opfertod“ erfolgt der Sprung in die Spiritualität (polarer Entwicklungsweg), symbolisiert durch das Fliegen wie ein Engel. Anders als die Pferde, die mich wie unkontrollierbare Maschinen fahren (das ungezähmte sexuelle Tier), fliege ich jetzt *selbst*, aus eigener Kraft. Im Kampf gegen das Böse und durch die auftauchenden Spinnen konfrontiert mich die polare Entwicklung dann mit tiefem Schatten. Zunächst falle ich nicht wieder zurück auf das Niveau von einfachem Vergnügungssex, obwohl es typisch für das polare Sprungmuster wäre. Ich kämpfe und stelle mich dem Schatten. Ich bin zwar kein fliegender Engel mehr, kann mich aber dadurch auf dem spirituellen Niveau halten, ohne in das rein Sexuelle zurückzufallen. Erst als der Traum mit dem zerstückelten Kind einen noch tieferen Schatten aufwirft, geschieht es doch: In der Abschluss-Szene regt sich die sexuelle Lust in mir, ich kann sie aber zumindest kontrollieren. Mein zögerndes, aber widerspruchsloses Akzeptieren des Neins der Frau offenbart eine kontrolliert-gezähmte Sexualität.

Der Traum befürwortet die Möglichkeit der bewussten Hochleitung sexueller Energien, indem er die dadurch ausgelösten Entwicklungsschritte aufzeigt. Der Traum sagt: „Mach ruhig, bleibe abstinent und betreibe Übungen, du wirst damit ohne Verdrängung weit kommen. Du wirst zwar bei jedem Schritt nach oben mit einem polar verbundenen, tieferen Schatten konfrontiert, das ist aber keine Folge von Verdrängung. Es ist ein normaler und gewünschter Effekt des polaren Entwicklungsweges. Es erlaubt dir, immer Helleres aus immer Dunklerem zu erschaffen. Irgendwann stößt Du zwar an deine Grenzen und musst wieder bei der sexuellen Kontrolle anfangen. Du fällst aber nicht mehr auf das unkontrollierte Ausleben sexueller Wünsche zurück, mit der die gesamte Entwicklung begann (Karussellpferde).“

Das zerstückelte Kind auf dem zweiten Foto verweist auf meine allererste Inkarnation, in der ich tatsächlich zerstückelt wurde. Ich war vorher als quasi zerstückelte Seele aus der göttlichen Einheit gefallen (erstes Kinderbild) und betrat auf diese Weise den Reinkarnationszyklus. Die reale Zerstückelung im ersten Leben verwirklichte und vollzog die seelische Verfassung körperlich. Eine recht radikale Form der Psychosomatik.

Haben Sie eine grobe Vorstellung davon, wie sich eine aufsteigende Kundalini anfühlt und was dadurch geschieht? Die folgende Beschreibung soll einen Eindruck vermitteln. Während eines vierwöchigen Urlaubs zu Hause mit sexueller Abstinenz erlebte ich es selbst – sogar ohne Übungen. Es war eine besondere, sehr schöne Zeit, die leider wieder zu Ende ging.

Viele Auswirkungen waren körperlich. Ich fühlte mich fitter, stärker und gesünder, weil sich die sexuelle Energie im ganzen Körper verteilte und ihn wie eine Batterie auflud. Ich saß z. B. nicht mehr mit gebeugtem Rücken und hängenden Schultern da, sondern aufrecht. Eigentlich ist das recht anstrengend für die Muskeln, doch ich nahm die neue Körperhaltung ganz unwillkürlich von selbst ein – ohne jegliche Muskelschmerzen. Obwohl seit vielen Jahren eher ein Sportmuffel, verspürte ich sogar Lust zum Joggen und konnte für meine Verhältnisse ungewöhnlich lange laufen. Noch erstaunlicher aber fand ich das sehr schwungvolle morgendliche Aufstehen. Normalerweise stehe ich nämlich nicht so gerne auf, schlafe lange und drehe mich mehrfach um. In diesen vier Wochen allerdings wachte ich morgens nicht nur ungewöhnlich früh auf, sondern stand außerdem noch *gerne* auf. Eine kleine Sensation. Als ein weiterer sehr angenehmer Effekt verschwanden meine chronischen Rückenschmerzen. Eines abends lag ich im Bett, als plötzlich meine Rückenmuskeln wild zu zucken begannen. Sie zuckten an genau der Stelle im Kreuz, wo sie sonst immer verkrampft auf die Nerven drückten und Schmerzen verursachten. Das fühlte sich sehr angenehm an und zeigte mir, wie die Blockade sich löste und die Energie dort wieder zu fließen anfing.

Seelisch ging es mir ebenfalls blendend. Ich war einfach glücklich mit mir selbst und meine Augen strahlten. Ich war schon immer viel und gerne alleine, aber jetzt war es mehr als nur das. Ich ruhte still und selig in mir. Trotzdem war ich relativ aktiv und leistete viel mehr als sonst. In der Ruhe liegt die Kraft, so heißt es. Mit genau dieser inneren Ruhe und Kraft ging ich durch den Tag.

Ich hatte viele Flugträume und auch einige besondere Einheitserlebnisse. Manchmal wachte ich nachts auf und es kam mir vor, als ob ich einen halben Meter über dem Bett schwebte. Häufig spürte ich Stirn- und Kronenchakra pulsieren, das Stirnchakra manchmal unangenehm stechend. Das Kronenchakra fühlte sich wie angenehm massiert an und gleichzeitig der Kopf wie an einer Schnur sanft nach oben gezogen. Das dritte Chakra beim Solarplexus kitzelte gelegentlich angenehm, wie bei dem typischen Glücksgefühl im Bauch.

Das Einzige, das ich im Nachhinein vermisste, war die hohe Liebe im

„Herz der Herzen", im feinstofflichen Herzen des vierten Chakras. Die sexuelle Energie floss zwar nach ganz oben, aber entweder übersprang sie das Herzchakra oder die Stimulierung genügte nicht.

Es waren herrliche vier Urlaubswochen, doch der Alltag holte mich wieder ein, mit all seinem Ärger, der die Energien nach unten zieht. Die besondere Zeitqualität, die während einer bestimmten astrologischen Konstellation die aufsteigende Kundalini begünstigte, ging zu Ende. Ich nahm mir fest vor, auf Dauer sexuell enthaltsam zu bleiben, aber das war damals völlig unrealistisch. Für die vier Traumwochen genügte die konsequente sexuelle Abstinenz, ohne Übungen. Später erreichte ich allerdings selbst in Abstinenzzeiten *mit* Übungen keine auch nur annähernd so effektiv hochsteigende Kundalini mehr. Der entscheidende Faktor war wohl die besonders begünstigende Zeitqualität; astrologisch erkennbar unter anderem an Transit-Uranus im Quadrat auf meinen Radix-Mars. Das Erlebnis beweist, wie wichtig es ist, die astrologische Zeitqualität mit all ihren Themen und Aufgaben erstens zu kennen und zweitens bewusst mit ihr zu leben. Was wäre wohl passiert, wenn ich es falsch angepackt und mich entgegen der Zeitqualität sexuell ausgelebt hätte? Sicher nichts Erfreuliches.

8.10 Das höhere Selbst, der persönliche Gott in dir

Gott ist im Himmel. So jedenfalls glauben viele. Was auch immer genau mit dem Himmel gemeint sein mag, Gott ist für die meisten jedenfalls sehr weit weg. Jesus lehrte zwar, das Himmelreich sei in jedem; auf das Christentum und seine Gläubigen wirkt diese Vorstellung dennoch befremdlich. Nur wenige der esoterisch und spirituell Suchenden sowie insbesondere Gnostiker folgen der Auffassung des

inwendigen Himmelreiches bzw. Gottes.
Spirituelle Menschen sind gewissermaßen dem Himmel nahe, sind sie damit auch Gott näher als andere? Ja und nein. Nein insofern, als *jeder* einen göttlichen Funken in sich trägt. Niemand kann daher Gott näher sein als ein anderer, weil jeder ein Teil von ihm ist. Ja insofern, als sich der spirituell Erwachte seiner göttlichen Teilhaberschaft bewusster ist als andere. Er fühlt sich nicht wirklich wie ein Gott, aber ihm manchmal doch nahe.

Der göttliche Funke in jedem von uns wird häufig als höheres bzw. hohes Selbst bezeichnet. Ich finde diese Bezeichnung treffend, denn sie verweist mit dem „Selbst“ auf etwas Eigenes und nicht auf eine dubiose äußere Macht im realen oder spirituellen Himmel. Die Charakterisierung als hoch oder höher fällt angesichts des Göttlichen sicherlich etwas zu bescheiden aus. Andererseits signalisiert der Begriff immerhin zutreffend eine dem normalen Ich-Bewusstsein übergeordnete Instanz. Außerdem wirkt das Göttliche angesichts der menschlichen Grenzen selbst bei den spirituell Erwachten ohnehin nur gedämpft.

Das höhere Selbst ist Ihr persönlicher Anteil am Göttlichen, Ihr persönlicher Sonnenstrahl der Gottsonne. Gott als solches ist kein individuelles Bewusstsein, sondern ein unbegrenztes Kollektivwesen. Seit er all die Lebensformen erschaffen hat, die seinen Funken im Herzen tragen, besitzt Gott aber gleichzeitig auch unermesslich viele individuelle Bewusstsein. Es ist also beides wahr. Jedes Lebewesen ist eine Zelle im Körper Gottes. Gott besitzt ein gesamtgöttliches Bewusstsein als allumfassender Geistkörper und gleichzeitig unzählige individuelle Bewusstsein, die zusammen sein Gesamtwesen ergeben. Das Ganze ist immer mehr als die Summe seiner Teile, lautet eine esoterische Weisheit. Das gilt ebenso für die göttliche Sonne, die mehr als nur die Summe aller individueller Funken oder Sonnenstrahlen ist.

Spirituell Liebende suchen früher oder später den Kontakt zu ihrem höheren Selbst. Folgen Sie diesem Beispiel, es kann Ihr Leben grundlegend ändern. Kein äußeres Wesen, kein Geistführer, Engel, aufgestiegener Meister, Osho, Maharischi, Dalai Lama, Sai Baba oder Heiliger weiß so gut, was das Beste für Sie ist, wie Sie selbst – als höheres Selbst! Niemanden kümmert Ihre Entwicklung mehr, als dem höheren Selbst. Bei niemandem ist die Gefahr von Abhängigkeiten, Eigeninteressen und Vorurteilen so konsequent ausgeschlossen.
Viele Geistführer stehen ihren Schützlingen liebevoll zur Seite, aber sie können auch weniger gute Freunde sein, subjektiv befangen und zur Abhängigkeit verleiten. Ein körperloses Wesen ist nicht automatisch weise, hochentwickelt oder ein guter Helfer.

Was bedeutet das alles für die Partnerschaft des spirituell Liebenden? Ob mit oder ohne menschlichen Gefährten, für jeden steht ein geeigneter, universal-optimaler „Partner" zur Verfügung: sein eigenes höheres Selbst. Eine solche Verbindung entspricht in etwa dem Zölibatsgedanken von Nonnen, geistig-seelisch mit Jesus verheiratet zu sein. Allerdings ist das höhere Selbst eben kein fremdes Wesen, Sie sind es vielmehr selbst. Ein entscheidender Unterschied, der dem Endziel unserer großen Reise sehr entgegenkommt. Letztlich geht es schließlich darum, das Göttliche in sich selbst zum Leben zu erwecken.

Die Tausend(?)-Euro-Frage lautet nun, ob, wie und wie leicht Sie mit Ihrem höheren Selbst eine Verbindung herstellen können. Grundsätzlich kann jeder mit seinem höheren Selbst in Kontakt treten. Neben einem ernst gemeinten Interesse und dem Glauben an das Göttliche in einem selbst bedarf es allerdings einer halbwegs aufgeräumten Psyche. Ihre Psyche ist das Fenster, über welches der Kontakt erfolgt. Jeder innere Konflikt, jedes verdrängte Gefühl und jede starke Bindung an Ersatzgötter wie Geld, Sex oder Macht ist ein dunkler Fleck auf dem Dachfenster zum höheren Selbst. Solche Flecken erschweren den Kontakt oder lenken den Frageimpuls zu einer anderen Adresse hin. Passiert Letzteres, so stammen die Antworten dann z. B. aus Teilen Ihres Unterbewusstseins oder von Astralwesen.

Beginnen Sie mit Ihren Bemühungen, indem Sie eine besonders gute Frage stellen. In einem entspannten Zustand, z. B. kurz vor dem Einschlafen, formulieren Sie eine kurze Frage. Am besten eine, die direkt aus Ihrem Herzen kommt. Herzensfragen haben den kürzesten Weg zum höheren Selbst, da es eben dort wohnt. Fragen und Anliegen, die primär angstmotiviert sind sowie solche aus reiner Neugier und rationalem Wissenwollen bringen nur selten (gute) Antworten ein. Quelle, Motiv und Qualität der Frage beeinflussen also die Qualität der Antwort, da Sender und Empfänger eine Einheit bilden. Sie und Ihr höheres Selbst sind sowohl Sender als auch Empfänger und Resonanz verbindet Sie beide. Wenn Sie auf einer niedrigen Frequenz funken, dann finden Sie keine Resonanz zum hochfrequenten höheren Selbst. Das Sender/Empfänger-Prinzip erklärt unter anderem, warum Gott oder Engel niemandem die ersehnten Lottozahlen verraten: Solche Ego-Wünsche erreichen Gott oder höhere Wesen gar nicht bzw. stoßen dort auf taube Ohren.

Vertrauen Sie auf eine Antwort. Genau genommen ist die Antwort exakt im Moment der Frage schon da, denn das stets präsente höhere Selbst muss nicht überlegen. Fraglich bleibt, ob, wann und wie Sie Ihr höheres Selbst und dessen Antwort wahrnehmen. Sie sind bei dieser Wahrnehmungsfrage bildlich gesehen auf der Erde, während Ihr höheres Selbst wie die Sonne immer ihre Strahlen zur Erde schickt. Sie scheint immer. Die Erde aber dreht sich und dreht sich damit immer wieder weg von der Sonne; es wird Nacht. Selbst am Tage verhindern möglicherweise Wolken zwischen Ihnen und dem höheren Selbst des-

sen Wahrnehmung.
Zeitpunkt und Form der Antwort variieren stark, abhängig von Ihrer individuellen Empfänglichkeit. Vielleicht erhalten Sie die Antwort sofort als inneres Bild, vielleicht entwickelt sich ein deutliches Gefühl innerhalb einiger Tage oder Wochen. Möglicherweise gibt Ihnen ein Zufall die Antwort, der eben keiner ist, sondern Zeichen einer bedeutsamen Synchronizität. Sie erhalten *immer* eine Antwort, die entscheidende Frage ist zum einen, ob Sie sie wahrnehmen und zum anderen, wie Sie sie interpretieren.

Das Leben wird eine Antwort geben, denn Gott bzw. Ihr höheres Selbst ist vor allem eines, nämlich Leben. Es ist das Leben bzw. die Lebensenergie in allen Dingen und Lebewesen, aber ebenso der sich gesetzmäßig vollziehende Lebensprozess, der dem dafür offenen Geist Sinn und Erfüllung offenbart und deswegen „antwortet". Bleiben Sie wach, aber vertrauensvoll, d. h., ohne ständig misstrauisch nach einer Antwort zu schielen. Nach der Frage müssen Sie loslassen.

Erwarten Sie keine perfekte Antwort, die alles sofort und leicht verständlich erläutert. Jedes menschliche Problem ist mehrschichtig und komplex, so dass Sie oftmals nur Teilantworten erhalten. Außerdem müssen Sie sich zu dem Verständnis einer hohen Antwort häufig erst noch hinarbeiten. Ihr Bewusstsein muss und soll (!) einer wirklich guten Antwort entgegenwachsen. Zum einen will Ihr höheres Selbst Sie damit zum Wachsen anregen, zum anderen ist ein Wachstumsprozess sowieso unvermeidlich. Warum? Weil für wichtige Fragen und Anliegen bzw. deren Lösung eine kurze, nackte Info nicht genügt. Tiefere Anliegen erfordern ein tieferes Verstehen und veränderte Gefühlsmuster. Sie sehen, über das reine Verstehen einer Botschaft hinaus ist ein Bewusstseinsprozess also ohnehin unvermeidlich.

Betrachten Sie Ihre Beschäftigung mit nicht perfekten Antworten als Teil und Motor Ihrer spirituellen Entwicklung. Sie entwickeln in dem erforderlichen Bewusstseinsprozess das Gerüst und die Ankerpunkte, auf denen das erworbene Verstehen organisch weiterwachsen kann. Bekämen Sie auf zentrale Fragen sofort eine perfekte Antwort, wäre diese für Sie ohnehin wertlos. Sie hätten keinen Zugang und keine Resonanz zu ihr. Die beste Antwort auf die Frage nach dem Sinn des Lebens könnte z. B. „Sein“ lauten. Würde Ihnen das nützen? Eigentlich sind die erhaltenen Teilantworten bereits perfekt und optimal, da sie sich Ihrem gegenwärtigen Bewusstseinsstand anpassen.

Überprüfen Sie jede Antwort. Stammt sie wirklich von Ihrem höheren Selbst, einer offensichtlich hohen Quelle? Unterscheiden Sie hohe und weniger hohe Quellen an deren *Inhalt* und *Form*, an der Qualität des Inhalts und der Übermittlungsform der Botschaft. Antwortet z. B. eine Stimme mit einem verächtlichen, harten „Hau ihn um“, dann ist das sicher keine Antwort des höheren Selbstes. Ein weich-melodisches „liebe oben wie unten“ erfüllt hingegen inhaltliche und formale Kennzeichen einer echten Botschaft. Außerdem stimuliert es in seiner Rätselhaftigkeit zum aktiven Hinwachsen. Es ist keineswegs ungewöhnlich, wenn z. B. innere Bilder oder Stimmen nur aus dem Unterbewusstsein kommen. Wenn Sie statt der Antwort Ihres höheren Selbstes z. B. den Hilfeschrei Ihres inneren Kindes vernehmen, dann ist das zwar nicht die gewünschte, aber dennoch eine wichtige Botschaft. Solche indirekten Antworten und Reaktionen besitzen eine starke, thematisch passende Resonanz zur Frage. Arbeiten Sie mit ihnen. Sie zeigen das Vordringlichste.

Zunächst gilt es, einen möglichst soliden Kontakt zu Ihrem höheren Selbst aufzubauen, eine stabile Brücke. Eine Brücke verbindet, aber sie trennt auch. Solange Sie einen „Kontakt zu Etwas oder Jemand“

herstellen, bleibt dieses Etwas und dieser Jemand etwas von Ihnen Getrenntes. Selbst wenn Sie rational verstehen, mit dem höheren Selbst eigentlich eins zu sein. Fragesteller und antwortende Instanz verhalten sich wie getrennte Wesen; der eine stellt Fragen und der andere antwortet. Wenn Ihnen z. B. eine Stimme antwortet, so werden Sie in der Regel nicht das Gefühl haben, sich gerade selbst geantwortet zu haben. Das finale Ziel besteht darin, zum höheren Selbst zu *werden*, anstatt mit ihm wie mit einem fremden Geistwesen Kontakt aufzunehmen. Erst dann ist jede Trennung aufgehoben und Sie sind angekommen. Bis dahin genießen Sie am besten die Fortschritte beim Bauen einer Brücke. Das Endziel ist im Moment noch weit weg, erfreuen Sie sich an jedem kleinen, gelungenen „Kontakt".

9 Das Höchste und das Niedrigste sind eins

9.1 Über Hobbits, Alchemie und Buddha

Sie sind ein Hobbit. Wissen Sie, was ein Hobbit ist und warum das ein Kompliment darstellt?
Vermutlich kennen Sie den Roman oder die verfilmte Trilogie von „Herr der Ringe“. Ein episches Märchen mit monumentalen Schlachten und hässlichen Monstern, aber natürlich auch mit vielen Heldengestalten. Da gibt es mächtige Magier, stolze Könige, furchtlose Prinzen und Krieger, feenhafte Wesen, lebende Baumriesen – und es gibt die Hobbits. Sie sehen ähnlich aus wie Menschen, feiern und trinken gerne, führen ein recht beschauliches und unspektakuläres Leben in ihrem kleinen Wald. Den „Halblingen“ fehlt es nicht nur körperlich an Größe, denn sie verfügen über keinerlei Kräfte oder besondere Fähigkeiten. Soziologen würden sie wohl als kleinbürgerlichen Mittelstand bezeichnen. Das einzig Große an ihnen sind ihre Füße. Und doch ist ausgerechnet ein Hobbit der eigentliche Held der Geschichte. Am Ende der Verfilmung verbeugen sich alle Helden völlig zu Recht vor den nur körperlich kleinen Hobbits, sogar der neue König.

Das Epos erzählt von der Aufgabe, den dunklen Ring der Macht zum Ort seiner Entstehung, dem Schicksalsberg, zurückzubringen. Nur so kann das Böse besiegt werden. Ähnlich wie unsere große Reise ist es ein langer und schwieriger Weg, doch das eigentliche Problem überfordert sämtliche Helden: Wer immer den Ring trägt, verfällt augenblicklich seinem bösen Einfluss. Nur Frodo, einer der Hobbits, kann seiner Wirkung halbwegs widerstehen. Anders als Krieger, Zauberer, und Könige verfügt er über die größte *innere* Kraft. Er vollbringt das große Werk. Während seine heldenhaften Freunde äußere Kämpfe gewinnen müssen, führt Frodo den noch weitaus schwierigeren inneren Kampf. Der Film thematisiert dies in seiner Beziehung zu Gollum, einem ehemaligen Hobbit und Ringträger. Gollum kennt den Weg zum Schicksalsberg und begleitet Frodo wie sein sprichwörtlicher Schatten. Genau diesen Schatten symbolisiert er auch im psychologischen Sinne, d. h., er personifiziert den Teil in Frodo, der den mächtigen Ring für sich selbst behalten will. Gollum verkörpert Frodos dunkles Alter Ego.

Mythen und Märchen sind nicht einfach nur erfundene, unsinnige Geschichten. Bewusst oder unbewusst kleiden die Autoren tiefere Lebenswahrheiten und menschliche Urmuster in das Gewand einer bilderreichen Erzählung. Tolkiens Herr der Ringe befasst sich unter anderem mit dem Thema der menschlichen Entwicklungsreise und dem Kampf mit inneren Schatten. Eine recht schwere Aufgabe, in der Geschichte ebenso wie in der Realität.

Nicht die strahlenden Heldengestalten meistern diese herausfordernde Herkules-Aufgabe, sondern ein Hobbit. Die Kleinsten sind die Größten. Die Hobbits verkörpern die ganz normalen Menschen des realen Lebens. Menschen wie du und ich. Das sind Sie, liebe Leser. Sie müssen kein Held im üblichen Sinne sein, kein Professor, Promi, Sportskanone, Firmenchef, Model oder Guru. Sie müssen „nur" den inneren Kampf mit der Dunkelheit aufnehmen und den Weg antreten. Sie müssen noch nicht mal am großen Ziel ankommen. Gehen Sie, so weit Sie kommen und Sie werden der eigentliche Held sein. Und weil die meisten von Ihnen den Weg schon angetreten haben oder es zumindest noch werden, sind Sie eben ein Hobbit im besten Sinne – wie anfangs festgestellt.

Im Mittelalter erlangte eine besondere Form der Chemie Berühmtheit, die Alchemie. Im Gedächtnis blieb vor allem ihr Versuch, ganz gewöhnliche Substanzen in Gold zu verwandeln. Die Alchemie scheiterte daran, doch warum und wie kam der Chemiker des späten Mittelalters überhaupt auf eine so verwegene Idee?
Kluge Köpfe haben richtige Gedanken aus esoterischen Überlieferungen aufgegriffen, sie allerdings rein materiell interpretiert und umgesetzt – anstatt geistig-seelisch. Der Grundgedanke der Verwandlung des Niedrigen in etwas Höheres, Wertvolleres ist ein universales Lebens- und Entwicklungsprinzip. Es spielt eine gewichtige Rolle für unsere Reise, bei der sich die körperlich-sexuelle Energie in feingeistige spirituelle Liebe verwandeln soll. Die Alchemisten beabsichtigten hingegen, Wasser, Blei und viele andere alltägliche Substanzen in Gold zu verwandeln. Erkennen Sie den prinzipiellen Unterschied? Die Alchemie blieb auf materiell-körperlicher Ebene. Auf unser Anliegen übertragen wäre das in etwa so, als ob aus schlechtem Sex guter Sex gemacht werden sollte. Es bliebe also körperlich und damit weder verwandelt noch weiterentwickelt. Die *wahre* Alchemie versteht und verstand daher die vielfältigen Veränderungsprozesse als Gleichnis für *inneres* Geschehen. Die materialistische Gold-Alchemie des Mittelalters war sozusagen ein früher Vorreiter des heutigen Esoterikkommerzes. Heutige Esoterik zeichnet sich leider überwiegend durch den Versuch aus, mit käuflichen Hilfsmitteln etwas zu bewirken, das in Wahrheit geistig-seelisch bewirkt werden müsste. Der Gegenstand ersetzt das Eigentliche und verhindert damit eventuell sogar echte Entwicklung.

Die Alchemisten damals haben die richtige Idee falsch umgesetzt. Die sogenannte *prima materia*, der gewöhnliche Urstoff, den jeder besitzt, kann tatsächlich in etwas Höheres verwandelt werden. Aus Blei kann Gold werden, ja muss sogar – früher oder später. Allerdings nur in Ihrem Bewusstsein. Die prima materia entspricht dem Hobbit. So wie die prima materia in strahlendes Gold verwandelt wird, so wird der Hobbit zum strahlenden Helden und Retter aller Lebewesen. Fällt Ihnen noch ein „gewöhnlicher Urstoff" ein, den jeder hat und zu Gold transformieren kann? Genau, die sexuelle Energie.

Nun zu Buddha. Ich weiß, ich schlage einen ziemlich weiten Bogen von Fantasy-Hobbits über mittelalterliche Alchemisten zu einem der größten Religionsgründer. Werden Sie in Ihrem Denken ebenso weit und erkennen Sie alle relevanten Zusammenhänge. Der Bogen unserer Reise vom Sex zur Christusliebe umfasst schließlich einen genauso weiten Umfang.

Buddha bzw. Prinz Siddhartha widmete sein Leben mit einer schier unglaublichen Motivation und Disziplin der Erleuchtung. Viele Jahre der Suche, unzählige Stunden tiefer Meditation und härteste Askese begleiteten seinen Weg. Er verließ außerdem seine Familie und war dem Tode nahe. Als er eines Tages unter einem Baum sitzend meditierte, erreichte er sein großes Ziel schließlich. Und das kam so: Nach einer Reihe von Versuchungen sieht er endlich den Verursacher und Urvater allen Leides und aller Prüfungen, den Dämon Mara. Er bekämpft ihn jedoch nicht, sondern erkennt in Mara einen Teil von sich selbst – in diesem Moment erfährt er Erleuchtung. Die Erkenntnis des Dunklen und Dämonischen in ihm selbst erleuchtet ihn; das war der entscheidende Schlüssel. Keine göttlichen Wesen trugen ihn in den Himmel; nein, verantwortlich dafür ist Mara, der Urvater aller irdischen Bindungen, das personifizierte Böse. Mara entspricht im westlichen Kulturkreis dem Teufel und dieser Teufel wird zum Motor und Treibstoff von Buddhas Himmelfahrt. Im Moment der entscheidenden Erkenntnis wird er zu Licht und löst seine dämonische Gestalt auf. Der dunkelste Schatten wird zum höchsten Licht. In den Überlieferungen ist von der entscheidenden „Erkenntnis" die Rede, verwechseln Sie das aber nicht mit einem gewöhnlichen Verstehen oder Aha-Effekt. Vermutlich zerstörte diese Erkenntnis wie ein einschlagender Blitz innere Mauern, in ihr gipfelten jahrelanges Suchen und Verstehen.

Ich bin kein Buddhist und kein Religionswissenschaftler, doch mir scheint, der Buddhismus würdigt die immense Bedeutung von Buddhas Schattentransformation nicht genug. Vielleicht sollten Buddhisten ihrem Gründer nicht nur in dessen diszipliniertem Streben nach Erleuchtung und Meditation nacheifern, sondern auch im Umgang mit inneren Dämonen. Wenngleich das Verhältnis des Buddhismus zum Bösen sicherlich weniger Kritik verdient, als z. B. die Einstellung der christlichen Kirche.

Ohne harmlose Hobbits keine heldenhaften Menschheitsretter, ohne wertloses Blei kein wertvolles Gold und ohne bösen Teufel kein erleuchteter Buddha. Ein erstaunliches Fazit, nicht wahr? Viele weitere Beispiele tragen einen vergleichbar seltsamen Grundgedanken in sich: Ohne hässliche Raupe kein schöner Schmetterling, ohne Kreuz keine Auferstehung, ohne Dunkelheit kein Licht. Ganz praktisch und konkret heißt das, ohne Schwächen, Fehler und Schwierigkeiten erlangen Sie keine Erkenntnis, Bewusstsein und Entwicklung. Das Niedrige und Schlechte ist Garant und Treibstoff für seine hohen Gegenspieler und deshalb eigentlich genauso wertvoll wie das angestrebte Hohe. Niedriges und Hohes sind in Wahrheit gar keine Gegenspieler. Sie spielen im gleichen Team, verfolgen das gleiche Ziel der Entwicklung, als zwei Seiten *einer* Medaille. Niedriges und Hohes bilden stets eine Einheit, so wie die dunkle und helle Hälfte im bekannten Yin-Yang-Symbol. Im Sinne des Verwandlungsgedankens *ist* das Niedrige und

Dunkle das Hohe und Helle – nur in einer anderen Zustandsform. So wie Eis potentielles Wasser oder Wasserdampf ist, so ist Dunkelheit potentielles, verhindertes Licht. Licht entsteht direkt und ausschließlich aus der Verwandlung des Dunklen. Wenn Sie ein Kreis sind, je zur Hälfte hell und dunkel, so werden Sie nur durch die Transformierung der dunklen Hälfte vollständig hell. Nichts und niemand kann Ihnen von außen zusätzliches Licht einflößen, so dass der Lichtanteil gegenüber dem gleichgroß bleibenden Dunklen anwächst. Warum? Weil die Größe des Kreises für die Dauer eines Lebens gleich bleibt. Bei allen Veränderungen und Entwicklungen geht es daher immer nur darum, wie sich die Hell/Dunkel-Anteile voneinander abhängig verschieben. O. k., Sie können natürlich das bereits Helle noch heller auf Hochglanz polieren, aber so richtig voran bringt Sie nur eine echte Hell/Dunkel-Transformation.

9.2 Der sexuelle Schatz

Was für Buddhas Teufel bzw. generell alles Niedrige und Dunkle zutrifft, gilt in gleicher Weise für die Sexualität als unbewusste, niedrige Körperliebe. Sie ist ein Schatz, weil Garant und Treibstoff für spirituelle Liebe. Sie ist potentielle spirituelle Liebe, lediglich gefangen in ihrer körperlichen Ausrichtung, wie der Geist in der Flasche. Auf den ersten Blick mögen Sie das vielleicht nur schwerlich glauben. Sex, da sehen wir in Gedanken zwei schwitzende und stöhnende Leiber, die sich redlich um angenehme Körpergefühle bemühen und dabei Körperflüssigkeiten austauschen. Meist gipfelt die Bemühung erfolgreich im Orgasmus, dann ist die vergnügliche Show wieder vorbei. Und das soll tatsächlich ein echter Schatz sein? Ja, genauer gesagt ein potentieller Schatz. Wenn und soweit Sie willens und fähig sind, Ihre Sexualität (sich selbst!) zu transformieren, erhalten Sie den realen Schatz. Das gelingt Ihnen nur, wenn Sie an einen solchen Schatz glauben und der Sexualität ein solches Potential zutrauen.

Traum: „Der Schatz der sieben Inseln"

Ich bin auf der Suche nach einem Schatz und tauche in einem tiefen Schwimmbecken hinab zum Boden. Der Boden ist aus Sand, ich sehe die eingedrückten Fußspuren der schwarzen Katze, die kurz zuvor den Schatz hier versteckt hat. Ich beginne zu graben und eine andere Person hilft mir. Als mehrere Kastanien erscheinen, sagt mein Helfer erfreut: „Das ist er, der Schatz der sieben Inseln." Ich aber denke mir enttäuscht, dass es nicht das Gesuchte sein kann.

Deutung:

Das Schwimmbecken ist meine Psyche. Ich suche den Schatz also am richtigen Ort, nämlich in mir selbst, nicht in materiellen Objekten oder anderen Menschen. Die Kastanien stehen für sexuelle Fruchtbarkeit (Assoziation Hoden) und die schwarze Katze besaß bereits im Traum von der verbissenen Katze eine klar sexuelle Bedeutung. Die Traumhandlung dreht sich also um den *sexuellen* Schatz und ich finde ihn schließlich auch. Der Helfer sagt es ganz klar, es ist der gesuchte Schatz, mit dem sich die sieben Inseln = sieben Hauptchakren als aufsteigende Kundalini erwecken lassen. Allerdings (an)erkenne ich den Schatz nicht als solchen. Er besteht aus ganz gewöhnlichen Kastanien – typisch prima materia –, welche die ganz gewöhnliche Sexualenergie symbolisieren. So etwas ganz Normales kann in meinen Augen kein Schatz sein. Ich erwartete Edelsteine oder Ähnliches.

Traum: „Der schwarze Stein"

Sexuelle Handlungen, doch frustriert höre ich auf und schreie verzweifelt, ich wolle eins mit Gott sein. Traurig gehe ich auf einem Weg alleine weiter. Ein entgegenkommender Wanderer drückt mir einen schwarzen, glänzenden Stein in die Hand; es ist „Luzifers Stirnauge". Doch dann sehe ich ein paar Meter weiter einen ganz ähnlichen Stein aus der Erde herausragen. Ich schmeiße den Stein des Wanderers weg, denn dann kann er nicht wertvoll sein.

Deutung:
Wenn ich nach oben zu Gott will, muss ich mich mit dem Dunklen unten (schwarzer Stein, Erde) beschäftigen. Genauer gesagt, mit der unerlösten Sexualität, denn der schwarze Stein entspricht den Kastanien im vorigen Traum. Er besaß die gleiche Größe wie eine Kastanie und der zweite Stein steckte wie die Kastanien in der Erde. Trotz meines verzweifelten Rufes nach Gott erhalte ich keinerlei direkte oder indirekte Antwort von dort. Kein symbolischer Wink des Himmels als Reaktion. Stattdessen zeigt mir ein hilfsbereiter Wanderer den Weg dorthin und die eigentliche Lösung – in Gestalt des schwarzen Steines. So wie Buddhas Streben nach Erleuchtung den Teufel als Himmelsbringer ins Spiel bringt, so wird auch mein Ruf nach Gott mit dem Teufel – dem dunklen Stirnauge Luzifers – beantwortet.

Es war richtig, die vorher gelebte Sexualität aufzugeben, sich von ihr zu distanzieren, wie es durch das frustrierte Weggehen zu Beginn und ebenso bereits im Traum von der Engelliebe geschah (linearer Entwicklungsweg). Das allein genügt allerdings nicht. Um Niedriges in Hohes zu verwandeln, muss ich den potentiellen sexuellen Schatz als solchen (an)erkennen. Das gelingt mir hier genauso wenig wie im Kastanientraum. Den eigentlich hohen Charakter des Steines deutet sein Wesen als Stirnauge an, denn das Stirnauge ist das hohe sechste Chakra, in welches die transformierte Kundalini fließt. Der schwarze Stein erinnert außerdem an die im Kastanientraum erwarteten Edelsteine. Er ist allerdings schwarz, kein farbiger Edelstein oder heller Brillant und er liegt wie ein Kieselstein auf dem Weg, für jedermann erhältlich. Erneut verkenne ich deshalb den Wert dieser prima materia als sexuellen Schatz.

Nehmen Sie auf Ihrer Reise stets zwei Sichtweisen ein. Einerseits existiert eine klare Hierarchie von Entwicklungsstufen, was sich im linearen Entwicklungsweg widerspiegelt – Sex, Gefühlsliebe, spirituelle Liebe, Christusliebe. Zusätzlich gibt es aber noch eine zweite Wahrheit: Die hierarchisch niedrige Sexualität ist insofern nicht niedrig, als sie der Rohstoff für die höhere Liebe ist. Ohne Sexualität als Verwandlungsrohstoff keine spirituelle Liebe. Diese Wahrheit findet sich im polaren Entwicklungsweg, ihm ist außerdem der Buchtitel gewidmet. Auf Luzifers Flügel zur himmlischen Liebe, d. h., ohne Luzifers Sexualität – seinem sexuellen Flügel – fliegen Sie nicht in den spirituellen Himmel und zur Christusliebe. Was das mit Luzifer und Christus zu tun hat, erfahren Sie später.

Nur wenige kennen die beschriebenen Zusammenhänge zwischen Hohem und Niedrigem; andere kennen sie, glauben aber nicht daran. Dementsprechend wenige bewegen sich mit nachhaltigen Schritten in Richtung Spiritualität. Die meisten jagen einseitig nur dem Licht hinterher – oder was sie dafür halten. Doch ausgerechnet das, was wirklich Licht und Bewusstsein bringt, wird gemieden oder zumindest nicht als Treibstoff genutzt. Machen Sie es besser.

9.3 Die Polarität allen Seins

Wer da sagt: Schön
schafft zugleich: Unschön.
Wer da sagt: Gut
schafft zugleich: Ungut.
Bestehen bedingt Nichtbestehen.
Verworren bedingt Einfach.
Hoch bedingt Nieder.
Bedingt bedingt Unbedingt.
Jetzt bedingt Einst.
Also der Erwachte:
Er wirkt ohne zu werken.
Er sagt ohne zu reden.
Er trägt alle Dinge in sich zur Einheit beschlossen.
Er erzeugt doch besitzt nicht.
Er vollendet Leben
beansprucht nicht Erfolg.
Weil er nicht beansprucht
erleidet er nie Verlust.

(Laotse, Tao te King)

Vielleicht kennen Sie bereits die zentrale Grundregel unseres Universums, das Polaritäts- bzw. Dualitätsgesetz. Der Polarität zufolge lebt und geschieht alles in einem zweiseitigen Rhythmus, z. B. als Tag und Nacht, Rauf und Runter, Ein- und Ausatmen. Neben dem aktiven Lebenstakt besitzt auch statisch gesehen alles zwei Pole. Es gibt gut und böse, hell und dunkel, links und rechts, Liebe und Hass, Sonnen und schwarze Löcher, Plus und Minus usw. „It takes two", sagt der Engländer, d. h., zu allem gehören immer zwei zusammenwirkende Seiten.

Die beiden Pole stehen sich zunächst mal konträr gegenüber und bilden einen spannungsreichen Gegensatz. Ganzheitlich betrachtet ergänzen sich jedoch beide und bilden eine Einheit. Polarität äußert sich daher entweder als Konflikt oder als ein sich ergänzendes Teamwork. Spannungsreicher Konflikt oder Ergänzung – Sie sehen, auch die Polarität selbst lässt sich polar betrachten. Für unsere Lebensqualität und Entwicklung spielt es eine große Rolle, ob wir ein konfliktträchtiges Entweder-oder erleben oder das ergänzende Sowohl-als-auch. Eines allerdings zeigen beide Varianten gleichermaßen: Gegenpole sind voneinander abhängig und gehören immer zusammen. Strom fließt nur, wenn Plus- *und* Minuspol existieren, erst beides zusammen ergibt Strom. Ob der Strom harmonisch konstant fließt oder Kurzschlüsse stattfinden, ist eine andere Frage, eine Frage des „Wie". Das Einatmen erzwingt das Ausatmen und umgekehrt. Ohne das eine gibt es das andere nicht und erst beides zusammen bildet den Atem. Ob Sie immer genug Luft bekommen oder an Asthma leiden, ist damit aber nicht festgelegt.

Esoterisch Interessierte kennen vermutlich das Polaritätsgesetz und haben darüber gelesen. Manche schmücken sich sogar mit einem chinesischen Yin-Yang-Kettchen. Leider sind Esoteriker meist nur Theoretiker; kaum einer denkt die Polaritätsidee konsequent zu Ende und noch weniger leben sie. Das ist schade, denn die Dualität stellt wirklich und wahrhaftig das Grundgesetz des menschlichen Universums dar. Es ist kein weltfremdes Esoterikkonzept für Hobby-Philosophen, sondern bestimmt unser aller Leben. Sie können es ganz praktisch im Alltag einsetzen. Nehmen wir mal als Beispiel einen Streit zwischen

Freunden, der wegen einer notwendigen Entscheidung gelöst werden muss. Jeder vertritt seine Meinung und keiner will nachgeben. Jeder ist auf seinen Standpunkt bzw. Pol fixiert. Häufig löst sich der Konflikt jedoch auf, sobald einer von beiden Zugeständnisse macht. Probieren Sie es beim nächsten Mal aus. Niemand kann zu hundert Prozent Recht haben. Verlassen Sie Ihren Pol und räumen irgendeinen Fehler, eine Kurzsichtigkeit oder Starrsinn ein. Bewegen Sie sich einen Schritt auf Ihren Partner zu. Sie ermutigen ihn damit, das Gleiche zu tun. Ja, er „muss" sogar seinen Pol ebenfalls verlassen, weil beide Seiten voneinander abhängen. Wie schnell und auf welche Weise das geschieht, ist individuell verschieden. Manchmal nimmt das polare Wirken sogar lustige Formen an. Der eine gesteht konsequent zu, ein echter Idiot gewesen zu sein und sofort beeilt sich der andere zu versichern, er selbst sei ein noch viel größerer Idiot. Beide finden plötzlich ganz viele Argumente für die Position des anderen und gegen die eigene. Kurz vorher schien das noch völlig unmöglich und verhielt sich genau umgekehrt.

Eine andere Lösungsvariante für Konflikte, die sich ebenfalls am Polaritätsgesetz orientiert, sucht nach einem fairen Sowohl-als-auch. Finden Sie eine Möglichkeit, beide Positionen zu berücksichtigen, indem Sie z. B. etwas Verbindendes, Gemeinsames herausstellen. Schlägt das fehl, dann verwirklichen Sie beide Ansätze hintereinander. Die Idee des Sowohl-als-auch entspricht weitgehend dem guten alten Kompromiss. Die Kunst besteht darin, einen guten und keinen faulen Kompromiss zu finden.

Wie wichtig das duale Zusammenspiel für unsere Reise ist, haben Sie bereits bei der Beschreibung des polaren Entwicklungsweges erfahren. Der polare Entwicklungsweg und all die Beispiele aus dem vorangehenden Kapitel über Hobbits, Alchemie und Buddha thematisieren ein ganz bestimmtes Polaritätspaar: das Höchste und Niedrigste. Wie alle Polaritätspaare sind auch diese beiden Aspekte voneinander abhängig und gehören zusammen. *Das Höchste und das Niedrigste sind eins.* Lassen Sie sich diese Einsicht in aller Ruhe auf der Zunge zergehen.

Was sich so unverbindlich und leicht liest, hat geradezu erschreckende Konsequenzen und Einsichten – sofern Sie es kühn zu Ende denken. Vergegenwärtigen Sie sich all die Diktatoren, Schwerverbrecher und Teufel einerseits und all die Erlöser, Heiligen und Engel andererseits. Denken Sie an Täter und Opfer. Und immer sind beide Seiten eins ... Ich möchte in keinster Weise das Böse verharmlosen oder schönreden. Wer Verbrechen begeht, muss sich den menschlichen Gesetzen stellen. Punkt. Ich biete lediglich eine *zusätzliche*, zweite Sichtweise an, die auf einem universellen Gesetz beruht, eben dem Polaritätsgesetz. Entsprechend dieser Gesetzmäßigkeit gehören alle Gegensatzpaare zusammen und bilden eine Einheit, auch die genannten. Nicht beliebig, aber „irgendwie". Das Grundgesetz des Universums macht hier ganz bestimmt keine Ausnahme für einzelne Personen eines einzelnen Planeten.

Für viele ist das alles schwer verdauliche Kost. Ich verstehe das gut, aber in den folgenden Kapiteln um Luzifer und Christus wird es dennoch schwer verdaulich bleiben. Wahrheit ist eben Wahrheit und jedem bleibt die Freiheit, sie abzulehnen. Machen Sie sich am besten bewusst, dass ich lediglich den Ihnen schon bekannten Grundgedanken des Buches fortführe: Das Höchste und das Niedrigste sind eins. Denken Sie des Weiteren an die vielen Leben und Erfahrungen, die jeder für seine Entwicklung braucht. Im Laufe des Reinkarnationszyklus spielt jede Seele widersprüchliche Rollen durch, ist Opfer und Täter, mal gut und mal böse. Das Wechselspiel ist ganz normal und unvermeidlich. Die auf nur ein Leben begrenzte Sichtweise vermittelt eine ebenso begrenzte Wahrheit. Die Zusammengehörigkeit extremer Pole erfordert eine höhere Wahrheit und Sichtweise.

Das nachfolgende Erlebnis führte mir sehr deutlich die Einheit von Niedrigstem und Höchstem vor Augen. Es handelt sich um keinen normalen, symbolischen Traum, sondern um ein nächtliches Realerlebnis. Es fand also eine echte Begegnung statt, die allerdings mein Bewusstsein teilweise symbolisch übersetzt hat. Beim Schlafen verlassen wir den Körper und begeben uns in andere Realitäten, vor allem in Astraldimensionen. In diesen Realitäten nehmen Gefühle und Gedanken sofort Gestalt an und erzeugen Träume. Da es sich um reale Existenzebenen handelt, finden dort aber ebenso Kontakte aller Art mit Wesen aller Art statt. Vermutlich treffen Sie nachts öfters verstorbene Angehörige, erinnern sich aber morgens nicht mehr daran.

Traumerlebnis: „Die dunklen Söhne Gottes"
Ich bin Besucher an einem unbekannten Ort; die Gebäude dort sehen wie eine Universität für Spiritualität aus. Ich sehe eine Versammlung der „dunklen Söhne Gottes": sehr schlanke, hochgewachsene, ca. 2,50 Meter große Gestalten mit schmalen Köpfen. Körperlich erinnern sie mich stark an afrikanische Massai-Krieger, zumal sie erstaunlicherweise eine dunkle Hautfarbe haben. Ihre Ausstrahlung und vor allem ihre Gesichter sind allerdings sehr viel edler, feiner. Es sind zweifellos hochspirituelle Wesen, sie strahlen aber kein kühles Licht, sondern eine lichte Wärme aus. Einer von ihnen war Jesus. Ich erkannte ihn an seinem Mund und dem typischen, leicht angedeuteten Lächeln – es schien mir irgendwie vertraut.

Die Gottessöhne waren dunkel bzw. zeigten sich mir so, weil sich in ihnen das Göttliche und das Dunkle bzw. Menschliche vermischt. Beides kommt in ihnen zusammen. Sie waren keine strahlend weißen

Engel, deren Licht blendet. Sie strahlten ihr spirituelles Licht als Menschenliebe aus. Die dunkle Hautfarbe bedeutet, sie haben sich bewusst mit Dunkelheit bedeckt, indem sie Menschen wurden und körperliche Existenzen annahmen. Es schien mir, als ob sie ihr weißes Engelskleid gegen ein dunkles Menschenkleid eingetauscht hätten. Nur so – als Menschen – können sie das Bewusstsein der anderen Menschen erheben helfen, nicht vom unerreichbaren Himmel aus. Solange Gott nicht Mensch wird, existiert er nicht für die Menschen und erreicht sie nicht. Indem seine Gesandten Mensch werden, können sie sowohl die Menschheit als auch das Menschliche in ihnen selbst durch ihr spirituelles Wesen erheben und „mitnehmen". Um das Menschliche verwandeln und erhöhen zu können, müssen sie erst einmal selbst Menschen werden. Wir kennen diesen Umstand bereits als linearen Entwicklungsweg.

In den dunklen Gottessöhnen kommen beide Aspekte zusammen, die sie erst zu echten Gottessöhnen machen. Sie vereinigen das hohe, spirituelle Wesen und die vermeintlich niedrige, körperlich-menschliche Existenz. Das Höchste und das Niedrigste verschmelzen in ihren Seelen. Ohne menschliche Erfahrungen wären sie keine Gottessöhne, sondern vermutlich wie Engel. Engel ohne freien Willen, ohne schöpferische Fähigkeiten und ohne ein Bewusstsein ihrer eigenen Göttlichkeit. Die dunklen Gottessöhne jedoch erinnerten mich eher an freiwillig (!) gefallene und wieder auferstandene Engel. Sie schienen mir wie erlöste Luzifers, weit entfernt von der kirchlichen Sündenversion. Genau damit befasst sich das nächste Kapitel.

Das christliche Polaritätsgedicht

„Der Weg nach oben führt über unten, der Weg ins Licht durch die Dunkelheit. Ohne Raupe kein Schmetterling, ohne Tod keine Neugeburt. Ohne Fehler und Schwächen kein Lernen und keine Entwicklung. Je tiefer die Wurzeln nach unten reichen, desto höher wächst die Krone in den Himmel. Selbst die höchsten und erleuchtetsten Stufen der Bewusstseinsleiter werden nur über die unteren Sprossen erreicht. Daher, jedes entzündete Licht ernährt sich von der Dunkelheit und verdankt ihr seine Existenz. Dies ist das Geheimnis des Menschseins, der Dunkelheit und sogar des Bösen. Wer es mit Herz und Seele erfasst, der lebt die wahre Liebe, die Liebe des Urchristentums und seines Gründers.“

10 Luzifer und sein Erhöhungsfall

10.1 Vom bösen Fall zum gottgleichen Fliegen

... So müssen wir uns doch alle ins Gedächtnis rufen, dass an diesem Rand des Abgrunds, an diesem Rand der Tiefe das Abenteuer zu finden ist. Hier liegt die neue Chance. Hier beginnt die wahre Schöpfung.

„Kommt an den Rand der Tiefe."
„Wir können nicht, wir fürchten uns."
„Kommt an den Rand der Tiefe."
„Wir können nicht, wir werden fallen!"
„Kommt an den Rand der Tiefe."
Und sie kamen.
Und er stieß sie.
Und sie flogen.

Kommt. Lasst uns gemeinsam fliegen.

(Gespräche mit Gott, Band 2)

Ohne Fallen kein Fliegen. Der, der die anderen in die Tiefe stößt, das ist Luzifer. Und der, der sie auf diese Weise zum Fliegen bringt, ist folglich ebenfalls Luzifer. Luzifer verleiht Flügel. So wie Vogeleltern ihre Jungen an den Rand des Nestes führen, so führt er seine jüngeren Seelengeschwister an den Abgrund und stößt sie. Er stößt sie aus dem Himmel, hinab auf die Erde. Während dieses Abenteuers lernen sie fliegen und kehren zurück; mit Flügeln, die sie vorher nicht hatten. Eigene, echte Flügel, aus ihnen selbst gewachsen. Das ist genau die Art von Wachstum, Freiheit und Entwicklung, die ein erlöster Luzifer bewirkt. In dem von ihm beauftragten Luzifer spricht Gott zu den Seelen: „Ihr tragt meine spirituellen Liebesflügel in euch selbst, ich werde es zeigen. Ihr braucht nichts und niemand, entdeckt eure Flügel, breitet sie aus, lernt sie gebrauchen und dann fliegt. Werdet Götter. Werdet wie ich und lasst uns gemeinsam fliegen. Ich warte auf euch, in eurem Herzen."

Der klassische Mythos um Luzifer handelt vom Fall der Engel. Sie wenden vielleicht ein, die Engel hätten bereits Flügel gehabt – anders als in meiner Version. Wer sagt, Engel müssten immer Flügel haben? Hollywood? Flügel symbolisieren die Fähigkeit zu fliegen, d. h., sich dank spiritueller Eigenschaften in höheren Sphären zu bewegen. Vielleicht besaßen jene Engel eben gerade keine Flügel und genau deshalb musste sich der Sturz ereignen? Möglicherweise hatten sie Flügel, verstanden es aber nicht, mit ihnen zu fliegen? Vielleicht flogen sie sogar mit ihren Schwingen in allerhöchster Eleganz, doch waren sich dieser Gabe völlig unbewusst? Erkenntnis und Bewusstsein bedarf der Polarität. In einer rein geistigen Welt, in der aber nur – quasi beinlose – Flügelwesen leben, gibt es auch nur das Fliegen zur Fortbewegung. Alle würden ständig fliegen, es wäre völlig selbstverständlich – und daher unbewusst. Fliegen wäre keine vorübergehende Tätigkeit – es gibt ja nichts anderes – , sondern ein dauernder Seinszustand. Die Engel wären sich ihres fliegenden Seins nicht bewusst; bis sie einer auf den Boden der Erde stößt, in eine Welt voller Lebewesen mit Beinen. Dann gehen ihnen die erkenntnisfähigen Augen auf und sie sagen:

„Ah, ich gehe mit meinen Beinen auf der Erde, aber da drüben ist ein Vogel, der in den Himmel fliegt." Dann erkennen Sie beide Pole, Erde und Himmel, gehen und fliegen.
Welche der drei Versionen der Wahrheit am nächsten kommt, ist unwichtig, denn sie besagen letztlich das Gleiche: Mit dem Fliegen – den spirituellen Fähigkeiten – stand es nicht zum Besten; es bedurfte einer Weiterentwicklung. Die benötigte Evolution erfolgte durch das polare Entwicklungsmuster, das über unten nach oben führt. Wir alle durchlaufen diesen Prozess noch heute.

Luzifer stößt nicht nur und bleibt selbst im Himmel, um von dort aus theoretischen Flugunterricht zu geben. Sein aktives Hinabstoßen bedeutet genau genommen, er stürzt sich als Erster in die Tiefe und zieht seine Freunde mit. Als Erster breitet er seine Flügel aus. Luzifer geht voran, weist den Weg und lebt es vor. Er nimmt die Dunkelheit auf sich, um sie in Licht zu verwandeln. Als der strahlendste Engel stürzt er am tiefsten und wird wieder am höchsten aufsteigen. Das Höchste und das Niedrigste gehören eben zusammen, sind eins. Keine Figur verkörpert diese Wahrheit anschaulicher als Luzifer. Die Kirche sieht nur den Sturz und verurteilt ihn, doch sein Name verrät die andere Seite. Luzifer heißt wörtlich Lichtträger oder auch Lichtbringer. Er bringt sowohl die Dunkelheit als auch das Licht. Wem verleiht die Kirche Flügel und um wessen Entwicklung willen nimmt sie Dunkelheit auf sich?

Es heißt, Luzifer hätte sich stolz auf eine Stufe mit Gott erhoben und sei dafür bestraft worden. Ja, er wollte frei und gottgleich durch den Himmel schweben, jedoch nur, um *gemeinsam* mit Gott und seinen Seelengeschwistern zu fliegen. Stolz und Strafe? Stolz und Strafe sind Verurteilungen, die aus der menschlichen Deutungsperspektive bereits Gefallener herrühren. Eine solch einäugige Sichtweise vermag die ganzheitliche Wahrheit des dunklen Lichtträgers nicht zu erfassen. Öffnen Sie Ihre Augen, denn in jedem wohnt ein Stück Luzifer und wartet auf seine Erlösung.

Traum: „Der lichte Feuerteufel“
Ich bin in einer Kirche, habe Schuldgefühle und bin gleichzeitig traurig darüber, welche zu haben. Wie von unsichtbarer Hand werde ich rhythmisch durch die Kirche bewegt. Dann sehe ich den Teufel, eine dunkle Gestalt, die sich plötzlich entzündet und lichterloh in Flammen steht. Ähnlich wie ich zuvor bewegt er sich ohne zu verbrennen rhythmisch durch die Kirche. Plötzlich durchzuckt mich die Erkenntnis „auch Feuer ist Licht“.

Deutung:
Der Traum betont den hellen Teil, das Licht des Lichtbringers. Feuer ist einerseits ein häufiges Merkmal des bösen Teufels, der in der feurigen Hölle sitzt. In diesem Zusammenhang steht es z. B. für verzehrende Leidenschaften und aggressive Emotionen. Andererseits gibt es aber auch das göttliche Feuer wie der brennende Dornbusch bei Moses und nicht zufällig brennen in jeder Kirche Kerzen. Es kann außerdem das Licht der Erkenntnis symbolisieren. Im Mythos um Prometheus stiehlt jener den Göttern mit dem Feuer sinnbildlich das Licht der Erkenntnis und bringt es ganz ähnlich wie Luzifer den Menschen. Feuer ist also ein ambivalentes, zweideutiges Symbol. Bereits im „up and down“-Traum erwies sich Feuer als doppeldeutig sexuell und spirituell.
Im vorliegenden Traum wird mir der helle, lichte Aspekt des Feuers bzw. Teufels bewusst. Als hell brennende, aber nicht verbrennende Feuergestalt wird der Teufel im wahrsten Sinne des Wortes zum Luzifer, zum Lichtträger. Die plötzliche Entzündung glich einem eingeschalteten Licht.

Eine wichtige Rolle im Traum spielt des Weiteren die Kirche. Genau wie das Feuer hat sie eine duale Funktion. Einerseits ist sie das Haus Gottes und betont damit die helle Bedeutung des Feuers und des Teufels. Andererseits verstärkt die reale Institution Kirche mit ihrer Sünden- und Bestrafungsmoral gerade beim Thema Sündenfall unnötig Schuldgefühle bei den Gläubigen. Die Schuldgefühle zu Beginn des Traumes und die identischen Rhythmusbewegungen legen nahe, dass die Feuergestalt einen innerpsychischen Teil von mir selbst darstellt, den lichten Aspekt des Gefallenen in mir. Die Schlusserkenntnis des Lichtträgercharakters beendet – zumindest im Traum – Schuldgefühle und Trauer wegen des Gefallen-Seins.

Der Fall der Engel ist kein harmloses Märchen, sondern ein bedeutsamer Mythos und durchaus real. Ein solcher Mythos, der sich über Urzeiten ins Bewusstsein der kollektiven Menschenseele brennt und den in ähnlicher Form vermutlich alle Kulturen kennen, der transportiert eine tiefe Wahrheit. Andernfalls wäre er längst in Vergessenheit geraten. Kein Mythos ist wortwörtlich zu verstehen, Flügel und Himmel sind Metaphern. Die tiefe Wahrheit von Mythen will also deutend erschlossen werden. Sie gestatten dadurch jedem Individuum, innerhalb eines allgemeingültigen Rahmens persönliche Wahrheiten zu finden. Die Wahrheit des Luzifer-Mythos liegt im polaren Entwicklungsweg. Die bildhafte Geschichte verkündet die Botschaft eines neuen, größeren Himmels, der über die Erde erreichbar ist. Im Leben als Mensch erwirbt sich die Seele ihre Flügel, d. h., ihre Spiritualität, Liebe und Freiheit. Wir alle sind gefallene Luzifers und werden mit unseren erworbenen Flügeln als freie Seelen zurückkehren, zurück in den Himmel der Liebe.

Bei Adam und Eva finden wir das gleiche Grundmotiv. Die Engel fallen aus dem Himmel, Adam und Eva werden aus dem Paradies ver-

bannt. Das Paradies repräsentiert keinen schönen Ort auf der Erde, sondern ganz im Gegenteil einen nichtirdischen, himmlischen Seelenzustand. Das Paradies symbolisiert genau wie Luzifers Himmel das Einssein mit Gott. Die Rolle Luzifers übernimmt hier die teuflische Schlange, die zum Apfelbiss verführt. Ein Engelkollege Luzifers, Erzengel Michael, führt die beiden dann aus dem Paradies.
Adam und Eva aßen trotz des göttlichen Verbotes vom Baum der Erkenntnis, der Erkenntnis von Gut und Böse. Das war die Sünde. Wer wem den Apfel gereicht hat, ist meines Erachtens ein weniger wichtiges Detail. Die Kirche und andere patriarchale Gemeinschaften sind aus Eigennutz schon lange genug darauf herumgeritten. Die beiden essen also vom Apfel und wissen nun, was gut und böse ist – das ist die angebliche Sünde. Die Erbsünde, eine böse Tat. Doch wer seinen gesunden Menschenverstand von verfehlten Moralvorstellungen befreit, der muss zu folgender Erkenntnis kommen: Es war eben gerade *nicht* böse! Es kann keine böse Tat gewesen sein, denn das dafür erforderliche Bewusstsein von Gut und Böse hatten Adam und Eva eben gerade *nicht*. Genau deswegen machten sie den Schritt – um genau diese fehlende Erkenntnis erst noch zu erlangen. Warum also glauben fast alle Menschen und Kirche so bereitwillig an eine böse Tat, obwohl die Geschichte selbst es völlig logisch ausschließt?

Nahezu jeder bevorzugt eine negative Sichtweise von Luzifers Sturz und dem Paradies-Eklat, nicht nur die Kirche. Die Kirche findet bereitwillige Abnehmer für ihre Version der Sünde, Schuld und Bestrafung. Bei sehr vielen nagt unterschwellig und unbemerkt ein mit dem Menschsein verbundenes Schuldbewusstsein. Wenngleich ungerechtfertigt, so scheint es tatsächlich eine Art Erbsünden-Schuldgen zu geben, das jeder in sein Leben mitbringt. Wie kann das sein? Dafür gibt es unerfreuliche, aber plausible Gründe, mit denen wir uns auseinandersetzen müssen.

Zunächst mal ist der sogenannte Sündenfall das für eine Seele denkbar erschütterndste und prägendste Erlebnis. Natürlich trägt jede Seele eine derart wuchtige Erfahrung in all ihre Leben deutlich spürbar mit hinein. Schließlich löst genau dieses Ereignis den kompletten Reinkarnationszyklus aus. Der Sturz ist also bei jedem stets gegenwärtig. Dass fast alle dieses Ereignis so sehr verurteilen, finde ich keineswegs verwunderlich, denn es war äußerst schmerzhaft. Der Fall ist ein höchst dramatisches und traumatisches Erlebnis, ein extrem schmerzhaftes Urtrauma. Vor dem Fliegen kommt erst das Fallen und das tut gerade anfangs richtig richtig weh. Erst der Sturz ermöglicht zwar die geflügelte Himmelfahrt und dadurch wird er zum Schatz. Luzifer gleicht insoweit dem Sandkorn, das in eine Muschel eindringt und dessen Inneres verletzt, so dass die Muschel daraus im Laufe der Zeit eine Perle macht. So weit so gut. Den Sturz selbst – die Verletzung – erlebten aber alle Beteiligten als eine nicht bewältigbare Katastrophe. Daran gibt es nichts zu beschönigen und dieser Eindruck prägt uns noch heute.

Genau wie als Seelen damals, beurteilen auch die Menschen heute den Sturz noch immer im traumatisierten Zustand. In der Situation *nach* dem Ereignis, schmerzlich selbstbetroffen und mit der polaren Gut-Böse-Erkenntnis ausgestattet, fällt das Urteil unvermeidlich vernichtend aus. Sich im eigenen Schmerz windend ging der kollektive Schrei „böse" durch die Seelen. Durch die dunkle Brille des Gestürzten sieht die ursprüngliche Entwicklungsabsicht, mit Gott frei fliegen und lieben zu können, wie ein überheblicher Fehler aus. Der Wunsch nach Erkenntnis wird als Rebellion, Sünde und Hybris empfunden. Das alles ist unvermeidlich und Teil des Planes. Die ursprüngliche Entwicklungsabsicht und die Einheit mit Gott *müssen* vergessen werden. Nur so kann sich der Plan erfüllen. Nur so können jedem *eigene* Flügel wachsen. Nur so entdeckt der Mensch das Göttliche in *seinem* individuellen Herzen und wird schlussendlich ein bewusster kleiner Gott. Ohne Fallen, das Böse und das Vergessen geht es nicht. Erst der Sturz bringt die Himmelfahrt. Unser aller Kopfsprung zur Erde war und ist kein „Sündenfall“, sondern Flugunterricht, ein Erhöhungsfall. Genau das: ein **Erhöhungsfall.**

Es geschah, was geschehen sollte, aber die kollektive Verurteilung darf dennoch niemand verwundern. Das Ereignis traf uns sehr viel härter, als wir uns das vorgestellt hatten. Diese Fehleinschätzung war allerdings genauso unvermeidlich wie das Ereignis selbst! Wie sollen Seelen den Schmerz des Fallens vorher richtig einschätzen, wenn sie noch nie gefallen sind und noch nie ein irdisch-emotionales Schmerzorgan besessen haben? Es bestand nie die Chance, das Kommende richtig zu beurteilen und deshalb war es eigentlich auch keine Fehleinschätzung. Die Schmerzerfahrung war schlichtweg Schicksal. Ein gottgewolltes und zugleich selbstgesetztes Schicksal. Der polare Preis für die ekstatischen Freuden des Fliegens.

10.2 Der Schmerz als Ur-Ursache

Sie erinnern sich vielleicht an den Umstand, dass negative bzw. verdrängte Gefühle den Sexualtrieb stimulieren. Zu den verdrängten Gefühlen zählt insbesondere Schmerz, psychischer Schmerz. Die anderen unbewussten Gefühle wie z. B. Zorn und Hass beruhen ihrerseits auf Schmerz. *Schmerz ist immer die tiefste Ursache, der andere Gefühle folgen.* In „Greystoke“, einer modernen Tarzan-Verfilmung, erlebt der bei den Affen aufgewachsene Lord Greystoke den Tod seiner Affenmutter durch einen Panther. Er kniet weinend über ihrem toten Körper und ein jammernder Schrei des Schmerzes hallt durch den

Dschungel. Dann wird der Schrei lauter, aggressiv und hasserfüllt. Er sucht den Panther und tötet ihn. Etwas ganz Ähnliches geschieht in der menschlichen Psyche bei Trauma-Erfahrungen. Sie werden vom Partner verlassen, verlieren früh einen Elternteil, werden sexuell missbraucht oder Opfer eines anderen Verbrechens und die erste Reaktion darauf ist immer Schmerz. Bei schlimmen Erlebnissen ist der Schmerz aber unerträglich groß und deshalb verwandelt er sich in leichter erträgliche Gefühle wie Zorn, Hass, Neid, Machtgier, Zerstörungswut usw.

Im Gegensatz zu Tarzan kann der traumatisierte Zivilisationsmensch nicht laut aufschreien und destruktiven Folgeemotionen freien Lauf lassen. Negative Gefühle auch nur zu zeigen ist bereits unerwünscht in unserer Gesellschaft. Nahezu jeder erleidet irgendwann in seinem Leben tiefe Verletzungen. Nur selten finden sich jedoch Kanäle für die entstehenden destruktiven Gefühle. Liebloser Sex ist ein solcher, allerdings unbewusster Kanal. Für gewöhnlich werden die emotionalen Ladungen verdrängt und brodeln unbewusst in den Tiefen der Psyche. Von dort aus verursachen sie Schwierigkeiten aller Art, Ängste, Komplexe, kriminelle Energie usw. Jeder gute Psychotherapeut weiß, die Königsaufgabe liegt im Bewusstmachen unbewusster Gefühle, vor allem von Schmerz.

Schmerz ist also die tiefste Ursache aller Schwierigkeiten, Konflikte und Probleme. Ich behaupte nun, jeder Traumaschmerz ist Folge und Ausdruck des Urschmerzes beim Erhöhungsfall, dem Urtrauma. Der Urschmerz dieses Urtraumas wird in jede Reinkarnation hineingetragen und verursacht dort in vielerlei Gewändern kleinere Traumen und Schmerzerlebnisse. Der Urschmerz hat einen Namen, er lautet *Trennung*. Trennung vom Himmel und der paradiesischen Einheit mit Gott. Das Bewusstsein von polaren Gegensätzen erfordert zwin-

gend Trennung. Nur als getrennte Teile kann das menschliche Bewusstsein Gegensätze wahrnehmen.
Jedes menschliche Trauma wiederholt geringdosiert das Trennungstrauma des Erhöhungsfalles und dessen Trennungsschmerz. In einer polaren Welt voll individueller Vielfältigkeit nehmen die Schmerzerfahrungen entsprechend vielfältige Gestalten an, doch der gemeinsame Nenner der Trennung ist stets vorhanden. Bei einigen Traumen ist das Trennungsthema recht offensichtlich, z. B. beim Verlust von Kindern oder Eltern. Bei anderen ist es nicht so offensichtlich, doch stets geht etwas verloren, das ein subjektives Einheitsgefühl vermittelt. Wie im Kapitel über die Liebesarten angedeutet, existieren neben der sexuellen Vereinigung noch viele weitere Objekte und Tätigkeiten, die eine mehr oder weniger unbewusste Ersatzeinheit ermöglichen. Jetzt verstehen Sie, warum der Mensch nahezu sein gesamtes Leben dem Einheitsgefühl durch „Ersatzgötter" widmet. Schließlich ist die Trennung von der göttlichen Einheit Ursache und Impuls für die menschliche Existenz, für den gesamten Reinkarnationszyklus. Das übermächtig starke Trennungsmotiv als Ur-Ursache treibt den Menschen in all seinen Leben entsprechend stark an. Der Sinn des gesamten menschlichen Lebens liegt so gesehen in der Überwindung der Trennung. Der Mensch muss die Einheit mit dem Himmel wiederfinden. Jeder Entwicklungsschritt erobert ein Stück erweitertes Bewusstsein seiner Zugehörigkeit zur göttlichen Ganzheit.

Theoretisch wäre das therapeutische Wiedererleben des Erhöhungsfalles und die Heilung dieses Urschmerzes die Expressfahrkarte in den Himmel. Mit einem Schlag wären sämtliche Trennungstraumen in allen Reinkarnationen aufgehoben. Sie sind wieder eins mit dem Paradies. Mit der aufgehobenen Urtrennung wären auch alle daran geknüpften Einzel-Trennungstraumen überwunden. In der Praxis funktioniert das allerdings nicht. Wenn es Ihnen nicht gelingt, einzelne

Trennungstraumen zu verarbeiten, dann erst recht nicht die übermächtige Wucht des Erhöhungsfalles. Nur wenige besitzen den Mut und die Fähigkeit, sich gerade mal einzelnen Lebenstraumen zu stellen. Noch weniger schaffen es, diese psychologisch zu verarbeiten, ihr Bewusstsein zu erweitern und die zugehörige Trennung in ein Stück Einheit zu verwandeln. Im Vergleich zum persönlichen Bigbang sind solch einzelne Schockerfahrungen eines Lebens aber Peanuts. Nur wer wie Buddha als bereits hochentwickelte Seele sein gesamtes Leben dem einen Ziel widmet, könnte es schaffen. Nur dann könnten Sie in einem finalen Bewusstseinsakt den tiefsten Luzifer-Schatten erlösen und die himmlische Einheit wiedergewinnen. Trösten Sie sich, der Weg ist das Ziel und hält viele kleine Himmel bereit.

10.3 Der sexuelle Charakter des Sündenfalls

Was haben Luzifer sowie Adam und Eva mit unserem Thema der Sexualität und Liebe zu tun? Eine ganze Menge, denn Paradiesschlange und Luzifer sind nichts anderes als die in das erste Chakra gefallene Kundalini-Schlange. Was immer Sie über Luzifer und teuflische Gestalten lesen, hören oder sehen – sie besitzen immer einen deutlich sexuellen Charakter. Als unbewusste Luzifers, die unter ihrem eigenen Gefallen-Sein noch mehr als andere leiden, haben sie ihren ursprünglichen Entwicklungsauftrag vergessen. Sie sehen nur noch den Aspekt des Fallens, nicht mehr den des Fliegens. Sie führen den Menschen in die Welt der polaren Gegensätze und verstricken ihn darin. Ihr sexuelles Wirken beschränkt sich daher weitgehend auf das Ausleben und den Missbrauch der Sexualenergie. Menschliche und nichtmenschliche „Teufel“ fördern die sexuell-spirituelle Entwicklung damit nur indirekt und ungewollt insofern, als die körperliche Sexualität eine notwendige Voraussetzung für höhere Stufen darstellt. Wie im Kapitel über Kirche und sexuelle Verdrängung erläutert, will auch das lustvolle Vergnügen erstmal erobert und gelebt werden. Manchen fällt das schwer, sie brauchen unter Umständen die verführende Schützenhilfe durch Vertreter der dunklen Seite.

Ein solch unerlöster Luzifer verführt zum Sex, in sowohl männlicher als auch weiblicher Gestalt. Er benutzt die ihm eigene Kraft der Lenden für seine Zwecke. Sex, das ist immer Macht. Ein unbewusster Luzifer kettet die Menschen an die rein körperlichen Freuden, macht sie abhängig und ermutigt sexuellen Missbrauch in jeglicher Form. Satanisten bedienen sich immer sexmagischer Rituale. Selbst das Zeugen von Kindern ist dem Teufel nicht unsympathisch, zieht es doch die Seelen in „sein" irdisches Reich herunter.

Der beschriebene Kampf gegen das sexuelle Tier ist ein Kampf gegen den sexuellen Aspekt des Teufels. Nicht zufällig besitzt er häufig tierische Kennzeichen oder nimmt gänzlich die Gestalt von Tieren mit sexueller Bedeutung an. Am häufigsten tritt er als Schlange auf, nicht zuletzt wegen der Schlange im Paradies bei Adam und Eva. Eine andere recht beliebte Gestalt des Teufels ist der sprichwörtlich geile Ziegenbock. Hörner und Ziegenhufe sind typische Merkmale des bösen Verführers. Zwei Hörner und zweiteiliger Huf symbolisieren seine zweiseitige, polare Natur, seine duale, spaltende Kraft. Die Zwei ist immer die Zahl der Dualität.

Das symbolische sexuelle Tier als ein Kennzeichen des Teufels liegt durchaus nahe. Der reine Körpertrieb ist ein maßgebliches Merkmal von Tieren, also nimmt der sexuelle Teufel tierische Charakteristika an.

Bedenken Sie angesichts des sexuell unerlösten Luzifers zwei Dinge. Erstens, die unbewusste Sexualität ist das polare Sprungbrett zur Spiritualität – das Höchste und das Niedrigste sind eins. Und zweitens, das sexuell Luziferische ist ein Teil des Menschen. Wen es beherrscht, der wird letztlich zu seinem eigenen Opfer und schreit eigentlich laut nach Liebe und Einheit. Solche Menschen sind genau wie unerlöste Teufel aus höherer Sicht sprichwörtlich „arme Teufel" – mit jedoch paradoxerweise göttlichem Potential.

<u>Traum: „Versöhnung mit dem Teufel"</u>
Ich sehe einige Szenen aus früheren Leben und bereue vieles davon zutiefst. Ich gehe einen Weg entlang und frage in einer Meditationsübung den Himmel nach meinem weiteren Lebensweg. Ich sehe eine Lichtscheibe am Himmel, eine Art UFO. Plötzlich steht ein großer, schwarzer Ziegenbock wenige Meter von mir entfernt. Es ist der Teufel. Er stürmt auf mich los, doch er nimmt mich nicht auf die Hörner, sondern bremst im letzten Moment ab. Ich streichle ihn und er leckt intensiv meine Brustmitte, genau da, wo das Herz ist. Ich empfinde ein starkes, inneres (!) Kitzeln. Der Kontakt mit dem Ziegenbock gibt mir ein körperliches Kraftgefühl. Ich lasse einen lauten, euphorisch-triumphierenden Schrei los. Ich frage den Ziegenbock, wie lange es bis zu unserer jetzigen Versöhnung gedauert hat. Er sagt: „8333 Jahre".

<u>Deutung:</u>
Genau wie im Traum vom schwarzen Stein wende ich mich Gott zu und erhalte als Antwort etwas Schwarzes und Unerlöstes auf meinem Weg, sprich Lebensweg. Genau darin liegt eben die Lösung und das Mittel. Statt des schwarzen Steins erscheint hier ein schwarzer Ziegenbock. Er erinnert außerdem an die schwarze Katze aus den Träumen vom Schatz und der verbissenen Katze. Der schwarze Ziegenbock ist der sexuelle Teufel, ein gefallener Luzifer, wie das Licht-UFO andeutet. Was der sexuelle Luzifer jedoch eigentlich will, ist Liebe, echte Herzliebe. Das Lecken soll mein Herz für ihn erwecken, was auch ge-

lingt. Sex wird in Liebe verwandelt. Die Transformierung verleiht mir körperliche Kraft, genau wie während der Urlaubswochen, in denen die Kundalini bei mir aufstieg.
Was aus dem Traum nicht hervorgeht, aber wichtig ist: Die Bereitschaft des Teufels bzw. Tieres, sein im Sexuellen liegendes, heimliches Liebes- und Einheitsbedürfnis zu zeigen, bedarf der vorherigen Zähmung. Erst wenn Sie das sexuelle Tier und seinen Trieb kontrollieren, ist es für eine höhere Liebe empfänglich. Erst wenn der psychologisch unerlöste Luzifer in Ihnen erkennt, nicht mehr gewinnen zu können, ergibt er sich dem Höheren.

Im Gegensatz zu Luzifer tritt der sexuelle Zusammenhang bei Adam und Eva sehr deutlich hervor. Der Mythos selbst offenbart in seiner Handlung die Verbindung von Sexualität und Erhöhungsfall bzw. Paradiesvertreibung. Da sind ein Mann und eine Frau, beide nackt. Sie kosten vom Apfel, schämen sich und bedecken ihre Blöße. Der Baum der polaren Erkenntnis von Gut und Böse tut seine Wirkung. Adam und Eva erkennen nunmehr ihre Gegensätzlichkeit und Polarität – als Mann und Frau. Woran ganz genau? Natürlich an den Geschlechtsorganen. Und – ganz wichtig – sie schämen sich, so als ob etwas nicht in Ordnung sei. Genau wie der gefallene Luzifer befinden sich die beiden nun bereits im unangenehmen Zustand der in die Dualität Gefallenen. In ihrer schmerzlichen Eigenbetroffenheit und der vergessenen Einheit mit dem Paradies bzw. Gott können sie gar nicht anders, als einen Fehler zu sehen. Durch die schmerzverzerrte Polaritätsbrille der bereits Gefallenen erkennen sie jetzt etwas „Böses“ und fühlen sich schuldig.

Adam und Eva müssen aus dem Paradies, denn mit der sexuellen Identität als Mann *oder* Frau sind Sie nicht mehr Teil der paradiesischen Einheit. Sie erkennen sich im anderen nicht mehr, sie sind sich fremd geworden. Ich bin so und der andere ist anders. Sie bemerken jetzt die Unterschiede – Unterschiede, die bereits existierten ... Gott verbannt sie auf die Erde. Dort suchen sie als Mann und Frau in den Freuden der Sexualität unbewusst-körperlich das verlorene Einssein mit dem göttlichen Paradies. Bis heute. In Ihnen.

10.4 Die sexuelle Schöpferkraft

Auf unserem langen Weg schreiten wir von der Sexualität zur wahren Liebe und Spiritualität, von Trennung und Polarität zur finalen Einheit. Einen wichtigen Aspekt der Entwicklungsreise habe ich bislang allerdings ausgespart. Die sexuelle Energie birgt eine große *schöpferische Kraft* und *Kreativität.*

Das schöpferische Potential der sexuellen Energie ist durchaus naheliegend, schließlich erschaffen wir durch sie unsere Kinder. Wir erschaffen neues Leben. Das Wunder des Lebens ruht in der Sexualität. Sie macht uns dadurch Gott ähnlich, denn was Gott als Schöpfer *allen* Lebens vollbringt, das vollbringen wir ebenso als Eltern. Wenn es in der Bibel heißt, Gott habe den Menschen als sein Ebenbild geschaffen, so dachte der Autor bestimmt nicht an sichtbare Äußerlichkeiten. Gemeint ist vielmehr die Fähigkeit, Leben zu erschaffen. Die sexuelle Energie ist die menschlich-körperlich gelebte Schöpferkraft Gottes.

Die maßgebliche Frage ist, *wie* wir mit unserer Schöpferkraft umgehen und was wir mit ihr erschaffen. Die Frage berührt nicht nur Sexualität, sondern das gesamte Leben, denn wir sind die Erschaffer unseres gesamten Lebens, nicht nur unserer Kinder. Von A bis Z. Von der bewusst und mühsam erkämpften Beförderung bis hin zur schweren Erkrankung. Glauben Sie nicht? Das kann ich gut verstehen, denn angesichts der vielen unangenehmen und sicherlich nicht gewollten Lebenserfahrungen klingt meine Behauptung vermutlich unglaubwürdig. Und doch ist es so. Des Rätsels Lösung liegt in der Tatsache, dass der Mensch sein Leben auch unbewusst erschafft. Alle unsere Gedanken, Gefühle, inneren Bilder und Energien streben nach Verwirklichung, nach konkreter Manifestierung. *Alle*, also auch die unbewussten, wie z. B. verborgene Ängste. Sie verwirklichen sich im Leben genauso wie die bewussten Absichten und Pläne unseres Denkens. Jedes Mal, wenn etwas völlig Überraschendes geschieht oder ein bewusst erstrebtes Ergebnis ausbleibt, haben Sie es unbewusst ins Leben gerufen. Sie fühlen sich nicht für alles verantwortlich, doch Ihre Schöpferkraft wirkt in jeder Sekunde, nicht nur beim rationalen Handeln. Je nach Thema und Ereignis beteiligen sich häufig andere an Ihren Werken. Eine Scheidung z. B. ist immer das Ergebnis zweier zusammenspielender Manifestierungen der beiden Partner.

Dass sich jede Form von Energie verwirklichen will, ist ein für unsere Welt – und ebenso andere Welten – gültiges Lebensgesetz. Nehmen wir mal an, Sie besitzen eine unbewusste Wut auf Ihren Partner. Im Traum manifestiert sich der Zorn sofort als ein entsprechendes Symbol, z. B. als fauchende Katze. Die Traumkatze ist nicht nur ein deutungsfähiges Bild, sie ist der Energieträger Ihrer Wut, vitale Energie. Die schöpferischen Aktivitäten am Tag funktionieren genauso – nur wesentlich träger und schwerer erkennbar. Nach einigen Monaten der angestauten Wut beißt Sie beim Spazierengehen ohne echten Grund ein fremder Hund. Sicher war das ein dummer Köter, doch Sie haben die Attacke angezogen und zugelassen. Sie haben den Angriff erschaffen, mit Ihrer unbewussten Energieausstrahlung bzw. Wut.

In der sexuellen Energie vibriert göttlich-schöpferische Kraft. Sie können damit Kinder zeugen und neben der Energiefrage spricht vieles

für die schöne Herausforderung der Elternschaft. Je mehr Sie sich allerdings zur Liebe hin entwickeln, desto geistiger und emotionaler wird Ihre Kreativität und Schöpferkraft. Oftmals tauchen neue Ideen auf. Sie verspüren einen plötzlichen Schaffenstrieb, der vom Schreiben eines Buches über Hausbau bis hin zu beruflichen Unternehmungen praktisch alles erfassen kann. Sie entwickeln den erforderlichen Schwung, neue Dinge anzupacken und nehmen Ihr Leben in die eigene Hand. Eine innere Kraft will sich veräußern, eine Art Abenteuerlust, zu neuen Ufern aufzubrechen.
Die neue Schaffenskraft erfasst auch den Körper, denn organisch gewachsene Spiritualität negiert den Körper nicht, sondern umfasst und integriert ihn. Der gesamte Organismus erhält dadurch mehr Energie, wohlgemerkt der gesamte, nicht nur die Sexualorgane. Die körperlich-kreative Energie verbessert außerdem die Gesundheit. Der Körper erschafft sich neu. Was ist denn Heilung? Heilung bedeutet, der Körper erschafft krankes Körpergewebe neu oder normalisiert falsche Funktionen, gelenkt von höheren Energien, insbesondere dem Ätherkörper. Die neugewonnene sexuelle Heilungsenergie können Sie theoretisch sogar auf andere übertragen. Ein spiritueller Mensch mit aufsteigender Kundalini kann eventuell andere heilen – durch Handauflegen, rein geistig oder wie auch immer.

Der schöpferische Aspekt der Sexualität passt hervorragend in die Mythen vom Sündenfall bzw. Erhöhungsfall. Genau wie in der zu Kapitelbeginn zitierten Stelle aus „Gespräche mit Gott“ beschrieben, ist der Erhöhungsfall ein schöpferischer Akt. In den unbekannten Tiefen liegt das Neue, wartet darauf, geborgen zu werden, um die Schöpfung zu bereichern. Schöpfung bedeutet niemals, Bekanntes anders anzupacken oder gar nur zu wiederholen. Der schöpferische Geist stürzt sich wie Luzifer und seine Gefährten in das fantastische Abenteuer des Unbekannten. Etwas Neues wird entstehen, ein neues Bewusstsein geboren. Eine neue Erfahrung, die noch keiner jemals hatte. Nicht mal Gott. Genau deswegen lässt er es nicht nur zu, sondern ermutigt es. Denn er ist schließlich Gott, der Schöpfer. Oder glauben Sie wirklich, Gott würde einen Erkenntnisbaum in sein Paradies stellen, damit dessen Äpfel sinnlos verdorren? Vergessen Sie die Schuld- und Sündenmoral der Kirche. Sie strotzt vor besonders tief gefallenen, menschlichen „Luzifers“, die sich noch im eigenen Schmerz des Sturzes winden. Befangen durch ihre dunkle Brille auf der Nase verarbeiten sie eigenen Schmerz und Schuldgefühle, indem sie anderen Schmerzen bereiten und Schuldgefühle einreden. Lassen Sie sich nicht von einäugig Blinden beeinflussen. Verkennen Sie andererseits aber auch nicht, dass solche Kirchenvertreter Gefangene ihres eigenen Schmerzes sind. Sie sind Gefallene wie Sie und ich und befinden sich auf dem gleichen Weg. Allerdings auf einer anderen Station, denn für Sie, liebe Leser, ist es nun Zeit: Es ist an der Zeit, mit beiden Augen die ganze Wahrheit zu sehen, den Fall und den Flug, eben den **Erhöhungsfall**.

11 Christusliebe und Christusweg

11.1 Ein unannehmbares Angebot

Die Christusliebe fasziniert durch ihre besondere und charakteristische Fähigkeit, alles nur allzu Menschliche anzunehmen und verwandelnd emporzuheben. Müsste ich die Botschaft des Neuen Testaments in nur einem Satz zusammenfassen, ich wählte genau diese Aussage. Noch kürzer verdichtet: Die Christusliebe *transzendiert.* Sie transzendiert den Sexualtrieb – und nicht nur diesen – in spirituelle Liebe. Sie vollbringt, was dieses Buch 258 Seiten lang in Worte fasst. Die Christusliebe verkörpert den gesamten Weg, weil sie ihn bereits gegangen ist. Jedes menschliche oder nichtmenschliche Wesen mit lebendiger Christusliebe im feinstofflichen Herzen hat dieses immense Verwandlungswerk gemeistert. Der oberste Teil des an anderer Stelle erläuterten Liebesdreiecks überstrahlt und umfasst das gesamte Dreieck, das volle Spektrum, die tiefsten Tiefen.

Hätte Jesus – zumindest als auferstandener Christus – dann nicht alle Menschen transzendieren, sprich, in den spirituellen Himmel mitnehmen können? Genau das hat er angeboten, aber leider scheiterte das Unterfangen – zumindest kollektiv gesehen. Es misslang nicht wegen Christus und seiner Liebe, sondern wegen der sich kollektiv verweigernden Menschen. Ich denke dabei nicht nur an seine Feinde und das jüdische Volk bei der Kreuzigung. Bewusst oder unbewusst akzeptieren selbst die gläubigsten und bemühtesten Menschen das stets präsente Angebot der Christusliebe nur teilweise – heute wie damals. Die meisten nehmen es noch nicht mal wahr, geschweige denn an. Für diese innere Verweigerung gibt es eine Vielzahl von psychologischen Gründen. Mit anderen Worten, eine Reihe von überwiegend unbewussten Ängsten, unausgelebten Bedürfnissen, körperlichen und emotionalen Vorlieben legen sich wie Mauern um die Herzen ihrer Besitzer. Was immer jene bewusst denken und sagen, die selbsterrichtete Mauer „sagt“ nein zur Christusliebe. Sämtliche Elemente der Mauer begleiten aber unsere Reise und liefern das hierfür notwendige Entwicklungsmaterial. Das ist ein Umstand, der doch sehr erstaunt: Genau jene unerlösten Problemfelder, welche das göttliche Angebot ablehnen, garantieren als Entwicklungsmaterial die erforderliche und gewollte Transzendierung *in einem selbst*. Und diese „Selbstwerdung“ wiederum will auch die Christusliebe. Jesus hat zwar den Weg gezeigt und darüber hinaus hat er ihn sogar erschaffen, gehen jedoch muss ihn jeder selbst. Jeder muss und will letztlich die Christusliebe in seinem eigenen Herzen erglühen lassen. Jesus ermutigt seine Anhänger, indem er es ganz unmissverständlich sagt: „Das Himmelreich ist *in euch*.“

Betrachten wir nun das Transzendierungsangebot der Christusliebe durch Jesus unter dem Aspekt der zwingenden Selbstwerdung erneut, so steht Folgendes fest: Die Christusliebe kann und will niemanden entgegen seinem tatsächlichen eigenen Entwicklungsstand transzendieren. Als eine äußere Macht kann und will sie niemanden in den spirituellen Himmel hochtragen. Andernfalls wären wir bereits alle dort. Niemand aber kann einem die fehlende eigene Spiritualität einfach schenken. Die Christusliebe kann die eigene Spiritualität erwecken und stimulieren oder in Einzelfällen sehr wohl auch Wunder vollbringen. Ihr Wirken bewegt sich aber immer im Rahmen der individuellen, eigenen Entwicklung. Die entscheidende Frage ist also stets, inwieweit der individuelle Mensch das göttliche Angebot zur Förderung *eigener* Spiritualität und Erweckung *eigener* Christusliebe annehmen kann.

Die weitgehende Verweigerung damals wie heute darf realistisch betrachtet niemand verwundern. Der durchschnittliche Mensch auf der Hälfte der Wegstrecke kann das vom Endziel herangetragene göttliche Angebot noch nicht (voll) annehmen. Er verdient dafür keinen Vorwurf. Andererseits rechtfertigt dies nicht die Tötung von Jesus. „Es musste geschehen, aber wehe denen, die es taten." Wer wie das damalige Volk ein Angebot ablehnt, verpasst eine Chance. Wer jedoch zusätzlich den grausamen Tod des Gesandten verantwortet, der nimmt ein schweres Karma auf sich.

Jesus sah vermutlich sein Scheitern voraus und trug Sorge für Plan B, der schließlich Früchte trug. Zwar kollektiv gescheitert, ging doch ein kleiner Teil des Samens über mehrere Generationen auf. Die Männer und Frauen des aufgegangenen Samens erschufen eine neue Religion, das Christentum. Was der Mensch zu einem bestimmten Zeitpunkt an einem bestimmten Ort zur eigenen Selbstwerdung nicht anzunehmen vermochte, das nimmt er nun als Religion an – häppchenweise und über Jahrtausende verdünnt. Nur so ist die transzendierte Liebe verdaubar und läuft parallel zur Entwicklung der Menschheit als Kollektiv. Und wer weiß, vielleicht war angesichts der Erfolgsaussichten Plan B in Wahrheit bereits von vorneherein Plan A.

11.2 Das Besondere der Christusliebe

11.2.1 Die Gefühlsdimension

Jede spirituelle Liebe hat auf ihrem Weg die körperlichen und emotionalen Aspekte des Menschseins angenommen und transformiert. Alle spirituell Liebenden praktizieren die im Christentum so bedeutsame

Nächstenliebe und identifizieren sich mitfühlend mit den menschlichen Schwächen. Und jeder wirklich spirituell Erwachte vermag mit seiner hohen Liebe menschliche Unvollkommenheiten mit gleichsam streichelnden Sonnenstrahlen zu durchlichten. Die Christusliebe jedoch als höchste Form der spirituellen Liebe verwirklicht dies alles auf einzigartige und sehr potente Art und Weise. Nicht zuletzt deshalb hat sie die größte Weltreligion begründet. Einzigartig macht sie einerseits ihr verständnisvoll verwandelnder Zugang zu den besonders dunklen Tiefen der menschlichen Kollektivpsyche. Das geht über gewöhnliche menschliche Schwächen und Unvollkommenheiten weit hinaus. Zusätzlich glänzt die Christusliebe durch ihre ausgeprägte und zugleich spirituell veredelte Gefühlsdimension. Neben diesen beiden qualitativen Vorzügen kennzeichnet sie eine ausgeprägte quantitative Größe. Sie ist nicht nur ein sinnbildlich sehr tiefer, warmer See, sondern eigentlich ein Meer. Beides zusammen, ihr qualitativer und quantitativer Reichtum erheben die Christusliebe zur stärksten Kraft auf Erden, einer Kraft mit enormem Verwandlungspotential.

Sie erfassen das Wesen spirituell erhöhter Gefühle am besten intuitiv, indem Sie über das bereits bei der spirituellen Liebe vorgestellte Bild des warmen Sees meditieren. Stellen Sie sich also einen großen See vor, der Ihr Gefühlsleben und Empfindungsvermögen symbolisiert, Ihren Emotionalkörper. In Träumen stehen Gewässer ebenfalls häufig für Gefühle und in der westlichen Astrologie ist Wasser das Gefühlselement.

Spirituell lieben, das heißt zunächst einmal, einen solch großen Gefühlssee überhaupt zu besitzen. Das ist keine Selbstverständlichkeit und ich erwähne es deshalb, weil ein anderslautendes Gerücht hartnäckig in den Köpfen vieler Suchender sein Unwesen treibt. Diese Irrmeinung besagt, der spirituell Liebende hätte auf seinem linearen Entwicklungsweg die Gefühlsdimension nicht nur verwandelt, sondern gänzlich verworfen. Unnahbar und kühl seien dem spirituellen Menschen Gefühle fremd geworden. Das ist ein Irrtum, der durch eine häufige Beobachtung immer wieder Nahrung erhält: Viele der scheinbar spirituell Liebenden haben ihre Gefühle und Emotionen zumindest teilweise nicht verwandelt und integriert, sondern schlichtweg abgeschnitten. Bedenken Sie, der lineare Entwicklungsweg lebt nicht von der Verdrängung körperlicher und emotionaler Bedürfnisse zu Gunsten spiritueller Qualitäten. Lineare Entwicklung bedeutet vielmehr, die sexuell-körperliche Energie in die höhere emotionale Form zu verwandeln und diese dann ebenso in spirituelle Liebe. Wie wollen Sie Gold aus Blei machen, wenn Sie das Blei vorher wegschmeißen?

Die wahre spirituelle Liebe verfügt also über einen richtigen See mit allem Drum und Dran und leidet nicht an ausgetrockneten Flusstälern. Zusätzlich richten spirituelle Menschen die wärmenden und lebenden Sonnenstrahlen ihrer spirituellen Sonne auf ihren Gefühlssee. Sie erwärmen und durchlichten das Wasser. Die somit spirituell erhöhten Gefühle und Emotionen sind leiser und feiner als die des emotional Liebenden. Keine meterhohen Wellen, ganz sanft rollen sie an das Ufer. Oberflächlich betrachtet mag das bisweilen wie ein Gefühlsmangel anmuten. Der Spruch „Stille Wasser sind tief“ verrät jedoch die Wahrheit recht anschaulich und zutreffend.

Wie können Sie sich nun spirituell erhöhte, quasi „veredelte“ Gefühle konkret vorstellen und welcher Umstand qualifiziert sie als Element der noch höheren Christusliebe?
Der spirituell Liebende ist *warmherzig* und strahlt dies über seine Augen aus. „Ein wahrer Meister ist der, der dein Herz berührt, wenn er dir in die Augen sieht“, schreibt Paul Ferrini in einem seiner Bücher. Spirituelle Liebe ist wie schöne Musik – eine Schwingung, die Gefühle weckt und einem ergreift, berührt. Nicht zufällig gehören in der

Astrologie spirituelle Liebe und Musik dem gleichen Tierkreiszeichen an, nämlich den Fischen. Verwechseln Sie eine solche Warmherzigkeit nicht mit normalen Gefühlen und rührseligen Empfindungen, die der emotionalen Liebe angehören. Spirituelle Warmherzigkeit hegt eine ganz grundsätzliche, tiefe und starke Sympathie mit *allen* Menschen. Als Ergebnis einer transformierten Emotionalliebe drückt die spirituelle Liebe allen Gefühlen nun ihren warmen Lichtstempel auf. Die leise, helle und warme Gefühlsliebe des spirituell Erwachten ist weder manipulierbar noch manipulierend, sie kennt keine Verlustangst und beruht nicht auf Übertragung. Aufgrund all dieser Merkmale hebt sie sich deutlich ab von der verbreiteten emotionalen Liebe.

Soweit zur Gefühlsdimension der spirituellen Liebe, doch was genau qualifiziert diese nun zur noch höheren Christusliebe? Die zur Christusliebe gesteigerte spirituelle Liebe lädt sinnbildlich nicht nur im Sommer als warmer See zum Baden ein. Nein, er friert auch im Winter nicht zu und stellt sich allen Menschen stets zur Verfügung. So wie die Sonne stets über allen Menschen scheint, so wartet der See ohne Unterlass auf Suchende bzw. Badende jeder Rasse, jeden Alters oder Geschlechts. Wenn ich Sonne und See kombiniere, so formt sich in meiner Vorstellung ein warmer und sanfter Goldregen.

11.2.2 Eine kollektive Kraft transformiert die Dunkelheit

Neben den spirituell erhobenen Gefühlen triumphiert die Christusliebe insbesondere durch ihren Zugang zu den dunklen Tiefen der menschlichen Seele. Doch weit über einen reinen Zugang hinaus vermag sie diese Tiefen auch verwandelnd emporzuheben. Diese Fähigkeit veranschaulicht sowohl die im Neuen Testament beschriebene Fußwaschung der Jünger als auch die Kreuzigung und Auferstehung.

Wie das Neue Testament berichtet, wusch Jesus seinen Jüngern die Füße. Er, der Meister, dient seinen Schülern und das ausgerechnet, indem er ihnen die Füße wäscht. Sollte es nicht umgekehrt sein? Ist das Waschen schmutziger Füße nicht eine viel zu untertänige Geste, im wahrsten Sinne des Wortes „Schmutzarbeit“? Hätte Jesus nicht besser den stumpfen Heiligenschein seiner Jünger polieren sollen?
Jesus demonstriert seinen Jüngern, wie sie den Menschen dienen sollen, nämlich ohne Standesdünkel. Und weil Worte oft nicht genügen, lebt er es ihnen vor, wie z. B. auch durch seinen Umgang mit den Ausgestoßenen der Gesellschaft. Das Waschen der Füße symbolisiert hierbei die Annahme und Reinigung bzw. Höherverwandlung des Unerlösten, Irdisch-Schmutzigen im Menschen. So wie der Kopf nach oben in den Himmel ragt, so verbinden die Füße mit der Erde. Sie befinden sich wörtlich und symbolisch unten, repräsentieren damit körperlich-irdische Bindungen. Der Schmutz verdeutlicht den noch unerlösten Charakter dieser Bindungen, wozu unter anderem das rein körperliche Sexualbedürfnis gehört. Schmutzige Füße verbildlichen also die unbewussten Tiefen der irdisch gebundenen Seele. Genau dort setzt Jesus an. Er sieht den problematischen Schmutz, verurteilt ihn aber nicht, sondern nimmt ihn an und wendet sich ihm liebevoll reinigend zu. Reinigen, d. h. bewusst machen, weiterentwickeln, erlösen. Jesus scheut sich nicht, an die schmutzigen Aspekte des Menschseins heranzutreten. Er weiß, dort steckt das größte Entwicklungspotential. Wo viel Dunkelheit ist, da erwächst auch viel Licht.

Wasser spielt als symbolisches Reinigungsmittel noch in einem anderen Zusammenhang eine wichtige Rolle, nämlich bei der Taufe. Die Taufe bezweckt unter anderem eine Reinigung von Sünden. Angesichts der Taufe von Jesus durch Johannes den Täufer drängt sich eine ähnliche Sinnfrage wie bei der Fußwaschung auf. Warum lässt sich Jesus taufen, ist er doch als Gottes Sohn frei von Sünden? Johannes zögert aus genau diesem Grund und würde sich lieber selbst von Jesus taufen lassen. Jesus jedoch überzeugt ihn, indem er auf das zu erfüllende Gesetz und die Gerechtigkeit Gottes verweist. Was immer damit gemeint sein mag, ich vermute einen tieferen, noch viel wichtigeren Grund. Jesus sagt mit seiner Taufe unausgesprochen eigentlich: „Gottes Sohn und fehlende Sünde hin oder her, so bin ich doch auch ein Mensch – wie ihr. Ich bin einer von euch und nicht völlig frei von menschlichen Problemen." Diese implizite Botschaft war auch keine Lüge oder Schmeichelei, denn selbst die höchsten Seelen unterliegen bei ihrer Inkarnation den Bedingungen und Gesetzen des irdischen Lebens. In eine unvollkommene Welt einzutreten bedingt ein Mindestmaß an eigener Unvollkommenheit. Das Erscheinen der göttlichen Taube und Gottesstimme direkt nach seiner Taufe bestätigen nicht nur eine gelungene Transformation, sondern ebenso das dafür nötige Vorliegen von etwas menschlich Unerlöstem, das transformiert werden kann.

Am deutlichsten offenbart Jesus seine tiefe Identifikation mit der unerlösten menschlichen Seele durch die Kreuzigung. Er hätte sich der Kreuzigung entziehen können und die schweren Stunden am Ölberg verraten seine große Angst vor dem anstehenden Drama. Doch er tut es dennoch nicht. Er stellt sich seinem Schicksal und erfüllt es, folgt dem Willen Gottes.

Die zugelassene Kreuzigung bedeutet nicht nur ein tödliches Opfer. Sie versinnbildlicht das bewusste Annehmen des mit dem Menschsein verbundenen Leides. Körperliche und emotionale Bedürfnisse, Egoismen, Fehler und Unbewusstheit binden die menschliche Seele wie einen Gekreuzigten an das irdische Leben. Sie nageln quasi die Seele schmerzhaft an die Erde fest. Zwar bereitet die Erfüllung von Bedürfnissen meist keine Schmerzen. Ganz im Gegenteil, Sie empfinden so ein 4-Gänge-Menü oder tollen Sex sicherlich als sehr angenehm. Doch ich spreche von Ihrer Seele, nicht von Ihrem „Ich". Was diese beiden Instanzen gut finden, verhält sich häufig genau diametral. Vor allem dann, wenn und insoweit „Sie" keinen Kontakt zu Ihrer Seele haben und deren tiefere Wünsche, z. B. nach hoher Liebe, mit körperlichen Ersatzfreuden unbewusst kompensieren, z. B. mit einfachem Sex. Gerade auch diesen unbewussten Schmerz Ihrer Seele gilt es bewusst zu machen und anzunehmen.

Jesus nimmt dieses menschliche Dilemma mit allen dazugehörenden Leiderfahrungen und zusätzlich unbewussten, tieferen Seelenschmerzen in der Kreuzigung wörtlich und symbolisch auf sich. Er, der Sohn Gottes, begibt sich ganz real in die Rolle des leidenden Menschen, der z. B. krank wird oder Schicksalsschläge erleidet und schließlich stirbt. Doch es geht nicht nur um all diese mehr oder weniger normalen Erfahrungen, denen keiner völlig entkommt. Die Christusliebe kennzeichnet der Zugang zu den *besonders* dunklen Tiefen der menschlichen Seele, ihren Abgründen. Worin finden wir dies bei der Kreuzigung? Wir finden es in dem Umstand, als wahrer Sohn Gottes und heilbringender Messias von seinem eigenen (!) Volk als vermeintlich falscher Messias dem Kreuzestod ausgeliefert worden zu sein. Dieser Schmerz muss viel schlimmer gewesen sein als der körperliche durch Folter und Nägel. Die Juden (und Römer) haben das schwere Karma auf sich genommen, ein göttliches Licht in seiner Menschengestalt auszulöschen. Und das auf eine Weise, die dieses Licht in den tiefsten Schmutz herabzog – durch Folter, willkürliche Ungerechtigkeit, öffentliche Demütigung, Hass und Häme. Alles erfüllt seinen höheren Sinn und es geht mir nicht darum, die Juden oder Römer zu verurteilen, zumal diese Abgründe in jedem Menschen lauern. Ich zeige einfach nur die menschlichen Abgründe bei der Kreuzigung auf, um damit gleichzeitig deren tiefe Annahme und Bewältigung durch Jesus und seine Liebe herauszustellen: „Vater, vergib ihnen, denn sie wissen nicht, was sie tun." *Das* ist jene Christusliebe, der kein Schatten zu schwarz und kein Abgrund zu tief ist. Das ist die Liebe einer uralten, reifen Seele, die den polaren Entwicklungsweg bereits gemeistert hat und sich in der Auferstehung zu einem letzten polaren Entwicklungssprung anschickt.

Jesus lebt in der freiwilligen Kreuzigung also vor, wie der Mensch mit all seinen Problemen, Fehlern, Schmerzen und seelischen Abgründen umgehen sollte: In einem ersten Schritt bewusst machen und annehmen, so dass im zweiten die Erlösung und Transzendierung erfolgt. Dieser zweite Schritt meint die Auferstehung; die Auferstehung Jesu und jedes Menschen an jedem einzelnen Tag bei analogen, weniger dramatischen Gelegenheiten. Annehmen, d. h. ansehen und bewusst durchleben, *so dass dadurch* eine Lösung folgt. Lösung verstehen Sie am besten in einem doppelten Sinne; wörtlich als Loslösung von Bindungen sowie als Problemlösung auf einer höheren, geistigen Ebene. Im bindenden Durchleben und lösenden Überwinden wirkt der polare Entwicklungsweg, d. h., *über und durch* das Unerlöste, Körperliche, eben durch das sinnbildliche Kreuz, erobern Sie spirituelle Qualitäten.

Nachdem Sie nun die qualitativen Merkmale der Christusliebe kennen, sei noch kurz auf deren ausgeprägte quantitative Größe eingegangen.

Die Christusliebe ist wie Gold, doch sie ist kein einzelnes Nugget, sondern eine riesige Goldader und bereichert alle Menschen auf der Welt. Ihr Liebeslied betört und verzaubert Musikliebhaber jedweder Nation, nicht nur Fans einer bestimmten Musikrichtung. „Ein Lied zieht hinaus in die Welt, von Liebe singt es ...", verkündet ein alter Schlagertitel ganz unreligiös. Im Gegensatz zur spirituellen Liebe ist die Christusliebe nicht nur ein angenehm warmer, durchlichteter, sehr tiefer See, sondern schwingt sich zur Größe eines Meeres auf. Ganze Völker finden darin Platz, um ihre Füße zu waschen. Millionen von Menschen reinigt und verwandelt dieses Liebesmeer mit seiner berührenden Macht. Das alles geschieht nicht von selbst. Verstehen Sie die Christusliebe bitte als ein stets präsentes, stilles, aber doch aktives *Angebot*. Es bedarf Ihrer Offenheit und aktiven Bereitschaft, um ihre Wirkung im eigenen Herzen zu entfalten. Mit anderen Worten, Sie müssen den in diesem Buch beschriebenen Weg gehen. Und das ist eine schwere Herkules-Aufgabe.

Im Hinblick auf die kollektive Größe und Durchschlagskraft stellt die Christusliebe für den einzelnen Suchenden zweifellos kein realistisches Ziel dar. Das höchstmögliche Ziel des ernsthaft Reisenden besteht darin, ein nur kleiner Tropfen im christlichen Liebesmeer zu werden. Wenn Sie sich als ein solcher Tropfen eins mit dem Meer fühlen, wird Ihnen Ihre Größe ohnehin völlig egal sein.
Dennoch war und ist das Eingehen auf den kollektiven Größenaspekt aus einem ganz bestimmten Grund wichtig. Haben Sie sich schon mal gefragt, woher die kollektive Größe und Kraft der Christusliebe stammt? Natürlich kann man es sich an dieser Stelle ganz einfach machen und auf Gott verweisen. Sicherlich richtig, doch um die Menschen effektiv zu erreichen, bedarf es eines Wesens, das selbst Mensch wird. Ein göttliches Wesen, das als Vermittler und lebendige Brücke fungiert und damit das gesamte menschliche Kollektiv erreicht. Dieses Wesen finden wir eben in der Christusseele, deren Größe, Potenz und Liebe kollektive Dimensionen besitzt. Die Christusseele begleitet die Menschenseele auf ihrem Weg. Sie hat dazu die Macht, die Kraft und die Größe – und vor allem die Liebe. Dennoch beantwortet dies die Frage nach der Herkunft der kollektiven Größe der Christusliebe bzw. Christusseele nicht vollständig. Ein ganz besonders spannender Aspekt bleibt: Wo, wie und wann genau hat sich die gottnahe Chris-

tusseele in die Entwicklung der menschlichen Kollektivseele eingeklinkt? Durch welchen konkreten und für die Menschenseele verbindlichen Akt geschah es? Vermutlich ahnen Sie noch nicht, worauf ich hinaus will und was daran so besonders spannend sein soll. Sie erfahren die Antwort im Kapitel über den Luzichristen.

11.3 Der christliche Weg

Im Zentrum des Christentums stehen Kreuzigung und Auferstehung von Jesus. Wie bereits erklärt, begab sich Jesus mit der freiwilligen Kreuzigung faktisch und symbolisch in die archetypische Rolle des leidenden Menschen. Ein Leid, das unvermeidlich mit der Bindung an das eigene „Ich“ einhergeht. Schmerzhafte Verhaftungen, die z. B. aus körperlichen und emotionalen Wünschen, Sex und emotionaler Liebe resultieren. Leid und Schmerzen, die insbesondere dann auftauchen, wenn anstehende Entwicklungen Loslösungen erfordern. Im Kreuzestod hat Jesus all diese schmerzhaften Verhaftungen bewusst und freiwillig auf sich genommen. Dann – und erst dann (!) – hat er sich von ihnen gelöst und ist auferstanden. Nur wegen, durch und mittels der vorherigen Kreuzigung folgt im Sinne des polaren (und auch linearen) Entwicklungsweges anschließend die Auferstehung. Körper, Tod und Leiden liefern das Verwandlungsmaterial für die Auferstehung im Geiste. Ohne Körper, Probleme, Fehler und unbewussten Schatten keine geistig-seelische Entwicklung und Spiritualität. Ohne körperliche Liebe bzw. Sexualität keine spirituelle Liebe. Das Niedrige und Unerlöste stellt Treibstoff und Medium für spirituelle Qualitäten dar. Ja mehr noch, es *ist* eigentlich bereits das Spirituelle, bloß als unveredelter Rohstoff. Dieser unveredelte Rohstoff transzendiert auf dem polaren und ebenso linearen Entwicklungsweg in eine höhere Zu-

standsform. Blei mutiert zu Gold, Eis zu Wasser und schließlich zu Wasserdampf. Analog dazu entwickelt sich körperliche Liebe zu emotionaler und spiritueller Liebe bzw. Christusliebe. Das Niedrige und Unerlöste ist nicht per se spirituell, aber es trägt die Potenz dazu in sich.
Genau dieses polare Entwicklungsmuster verwirklicht Jesus in seiner Kreuzigung samt Auferstehung. Darin liegt seine zentrale Botschaft und Aufforderung.

Missverstehen Sie das Entwicklungsmuster aus Kreuzigung und Auferstehung nicht als Aufforderung zum Masochismus oder Märtyrertum. Märtyrer und alle neurotischen Selbstquäler kreuzigen sich zwar sinnbildlich, tun es wie Jesus freiwillig und schauen dabei sogar eventuell sehnsüchtig zum Himmel. Sie bleiben aber dennoch am Kreuz kleben. Sie fliegen nicht in den Himmel. Nix mit Auferstehung. „Leiden wollen“ als berechnende Strategie und Methode, um sich weiterzuentwickeln, führt nicht zum gewünschten Ziel. „Sterben wollen“ bringt keinen Terroristen in den Himmel, egal wie überzeugt er sich in die Luft sprengt. Manche Christen und Islamisten teilen also diesen folgenschweren Irrtum. Das zugrunde liegende Motiv ist z. B. spiritueller Ehrgeiz oder die Flucht vor der zutiefst verachteten Körperlichkeit, vielleicht sogar eine grundlegende Abscheu vor dem Leben als Mensch. Abscheu und ebenso jede nichtspirituelle Liebe binden gleichermaßen an das „geliebte“ oder verabscheute Objekt. Jede positive oder negative Leidenschaft fesselt, ganz einfach weil es eine Leidenschaft ist und keine erlösende Liebe. Wer gegen Pornographie einen Feldzug führt, der nagelt sich genauso ans symbolische Kreuz wie der begeisterte Sexfan.

Die Art und Weise, wie Jesus sich freiwillig und bewusst kreuzigen ließ, hat nichts gemeinsam mit der vermeintlichen Freiwilligkeit und

Bewusstheit eines Selbstquälers. In Wahrheit handelt jener keineswegs freiwillig und bewusst. Es sieht nur so aus. Erkennen Sie die bereits im Kapitel über den Vewandlungstod erläuterten Unterschiede. Der Unterschied ist so groß wie der zwischen Magersucht und Heilfasten. Schauen Sie auf die Wirkungen und Ergebnisse. Weder Magersüchtige noch Selbstquäler fliegen in den ersehnten Himmel. Es gelingt bestenfalls für einzelne Momente, gefolgt von harten – eventuell tödlichen – Abstürzen.

Die Bewusstheit von Jesus erschöpft sich nicht in Wahrnehmung und Wollen eines gewünschten Entwicklungssprunges. Er besaß eine „gesunde“ Todesangst. Solange diese Angst nicht übermächtig den Todes- und Verwandlungsprozess verhindert, ist sie willkommen. Nicht angenehm, aber dennoch willkommen. Sie signalisiert erstens, dass es etwas zu verwandeln gibt, denn es sind die vorhandenen Leidenschaften, die sich vor ihrem Tod fürchten. Die Angst vor dem inneren Sterben beweist weiterhin, der Todeskandidat ist sich dessen bewusst und die Zeit reif.

Ich unterscheide drei Sorten sinnbildlich gekreuzigter Menschen, die nicht auferstehen. Die größte Gruppe besteht aus all jenen, die ihre körperlichen und emotionalen Verhaftungen noch als angenehm empfinden. Sie sehen daher keinen Grund, irgendetwas herzugeben. Den unvermeidlichen gelegentlichen Schmerz verdrängen sie – mehr oder weniger. Im Großen und Ganzen genießen sie ihr sexuelles Leben und auch alle anderen körperlichen und emotionalen Freuden. Sicher, ab und zu schleichen sich Ärger, Stress und Frust ein. Sie sehen darin aber noch keinen Grund, ihre Einstellung zu hinterfragen. That's life. Und solange dem so ist, fruchten auch keine gutmeinenden Einflüsse von außen. Missionierung bewirkt eventuell sogar das Gegenteil. Abgesehen davon missachtet Missionierung den freien Willen jedes Individuums.

Die zweite Gruppe bilden die bereits kurz angesprochenen Hobby-Masochisten und -Märtyrer. Dazu zähle ich auch jene, die ohne spirituellen Ehrgeiz einfach nur gerne in ihrem Unglück baden. Sie erkennen sie z. B. an der Vorliebe, stundenlang und farbenfroh von eigenen Krankheiten zu erzählen. Immerhin kennen sie ihre Schmerzen wenigstens gut. Die in aller Regel unberechtigte Angst vor einem *unbekannten*, theoretisch noch größeren Leid fesselt sie.
Zur dritten Gruppe zählen nicht wenige der explizit esoterisch oder spirituell lebenden Menschen. Ich meine jene, die vor der unvermeidlichen Annahme des Kreuzes in einen illusorischen Himmel flüchten. Sie hängen am Kreuz, schauen aber wie gebannt nur in den Himmel. Sie phantasieren sich in den Himmel und nehmen die Realität nicht wahr. In dieser dritten Gruppierung tummeln sich viele typische Esoteriker. Da ist irgendwie alles voller Liebe und wunderbar, sie können niemandem böse sein und Bumssex, nein furchtbar, solch niedrige Instinkte haben sie längst milde lächelnd hinter sich gelassen. Ein hartes Erwachen folgt regelmäßig, früher oder später.

Jesus hat den zweiteiligen polaren Entwicklungsweg aus Kreuzigung und Auferstehung nicht nur gelehrt und gezeigt, sondern vorgelebt. Und das auf die denkbar intensivste Art und Weise, nämlich durch seinen eigenen physischen Tod. Mehr geht nicht. Es ist eine Sache, seinen Mitmenschen etwas zu zeigen. Letztlich leistet das jedes Straßenschild. Eine ganz andere Herausforderung jedoch wartet auf denjenigen, der den Weg beschreitet, ihn umsetzt und verwirklicht. Er qualifiziert sich damit zu einem *Wegbereiter*, während menschliche Straßenschilder nur über den Weg reden, schreiben und nachdenken.

Wegbereiter und menschliche Straßenschilder erfüllen beide wichtige Aufgaben, doch sie trennen Welten. An der erfolgreichen Verwirklichung des Weges trennt sich die übergroße Spreu vom extrem seltenen Weizen. Hier beweist sich, wer die Wurzeln wahrer Esoterik verdauend verinnerlicht oder wie bei einem Kaugummi nur darauf rumkaut. Wer den Weg wirklich *geht*, stirbt viele innere Tode. Selbst ein bewusster *physischer* Tod genügt allerdings nicht, um wie Jesus einen kollektiven Weg für viele zu ebnen. Zahlreiche hohe Geister starben einen ähnlichen Tod, ohne Vergleichbares zu bewirken. Dazu braucht es eine gottnahe, potente Christusseele, die das Karma auf sich nahm, der Menschheit tatkräftig zu helfen.

Der Mensch Jesus war Teil der Christusseele, doch er war und ist bis heute nicht der einzige Gesandte der Christusseele. Das Wirken der Christusseele begann nicht mit Jesus vor 2000 Jahren, sondern schon sehr, sehr viel früher ... Ich hege die feste, intuitive Überzeugung, dass *immer* mindestens ein menschlicher Repräsentant der Christusseele unter uns weilt. Zusätzlich leuchtet ihre unsichtbare Präsenz in der Nähe der menschlichen Kollektivseele und als winziger Funke in jedem Herzen. Und last not least lebt sie in dem von Jesus geschaffenen Entwicklungsmuster und Energiefeld.

11.4 Starke Muster und Energiefelder erschaffen

Jesus erschuf durch sein gesamtes Leben einen Weg; ein Weg, der in Kreuzigung und Auferstehung gipfelte. Wer eine Spur legt, der auch nach 2000 Jahren noch Millionen Menschen folgen können, der hat ein starkes, stabiles Energiemuster erschaffen. Nicht irgendeine physikalische Energie, sondern die Energie der Christusseele selbst vibriert in diesem Energiefeld. Immer steckt ein Stück des Schöpfers in seinem Werk.

„Ich bin der Weg und die Wahrheit und das Leben, niemand kommt zum Vater denn durch mich“ (Joh. 14,6). Nicht „ich kenne“ oder „ich zeige“ den Weg, sondern „ich **bin**“.

Wie können Sie sich einen schöpferischen Akt vorstellen, wie genau entsteht ein Energiemuster? Energiemuster entstehen durch intensive und sich wiederholende Aktionen, in Gedanken, Worten und Taten. Auf diese Weise manifestieren sich die Energien irgendwann schließlich auch in der physischen Realität. Stellen Sie sich vor, ein Kind erhält von seinen Eltern immer wieder die Botschaft, ein Versager zu sein. Jahrelang, durch Worte, Gesten, Gedanken und Taten bilden Eltern und Kind gemeinschaftlich ein energetisches Muster. Dieses unsichtbare Energiemuster treibt insbesondere im Emotionalkörper des Kindes sein Unwesen. Die entsprechenden Gefühls- und Gedankenmuster wirken nicht nur energetisch, sondern sind auch problemlos psychologisch feststellbar. Ein paar Beispiele illustrieren nachfolgend die Bildung von Energiemustern.

Wissen Sie, warum Feuerlaufen in aller Regel gelingt, selbst bei ungünstigen Voraussetzungen? Weil seit Jahrtausenden unzählige Menschen dieses Ritual vollziehen und dadurch ein spezifisches Energiefeld erschaffen. Es beinhaltet das erfolgreiche Gehen über glühende Holzkohlen. Dieses Muster lebt, ist überall präsent und wird vor allem durch den mutigen Ersten eines Events örtlich verstärkt. Im Kleinen vollbringt der Erste, der über die glühenden Holzkohlen geht, das Gleiche wie seine zahllosen Vorgänger gemeinschaftlich bereits erledigt haben. Er verstärkt ein bereits vorhandenes Muster und prägt es ein klein wenig mit.

Wissen Sie, was Astrokartographie ist? Die Astrokartographie legt Ihr individuelles Geburtshoroskop nach einem bestimmten System auf große Karten um. Sie sehen dann z. B. eine Welt- oder Europakarte

mit einer Reihe sogenannter Planetenlinien, die über die Karte ziehen. Solche Karten verraten dem kundigen Astrologen, welche Anlagen, Stärken und Schwächen des Horoskopeigners in anderen Ländern auf neue Weise gelebt werden können. Wem es z. B. an Selbstvertrauen gegenüber dem anderen Geschlecht mangelt, der erhält in bestimmten Ländern einen spürbaren Schub. Wer sich beruflich erfolglos abmüht, der könnte in einem anderen Land endlich den ersehnten Durchbruch schaffen usw. Zwar mutiert niemand an anderen Orten zu einer völlig neuen Persönlichkeit. Die spürbaren Unterschiede eröffnen aber neue Möglichkeiten. Wie erklärt sich das?
Energetisch gesehen betreten Sie in einem anderen Land auch dessen Energiefeld. Ähnlich der menschlichen Aura verfügen auch Länder über eine Aura, die vor allem ihre Einwohner gemeinschaftlich erzeugen. Über unzählige Generationen verdichten sich komplexe kollektive Muster. Betritt nun jemand ein anderes Land, so treten Wechselwirkungen zwischen eigener Aura bzw. Energiefeld und dem des Landes auf. Länder-Auren stimulieren oder bremsen eigene Persönlichkeitsanteile auf spezifische Weise. Ob nun das Energiefeld eines Landes oder die Aura eines Menschen, in beiden Fällen liegen komplexe Energiemuster vor. Viele Gedanken, Gefühle und Ereignisse haben sie über eine lange Zeit geschmiedet. Die Astrokartographie beweist ihr Zusammenwirken.

Die Physik kennt eine recht ähnliche Vorstellung von musterbildenden Feldern, wenngleich sie keine der bekannten Energien zur Erklärung heranzieht. Der durch seine erfolgreichen Bücher weltbekannte Rupert Sheldrake spricht von morphogenetischen Feldern. Darunter versteht er formgebende Felder mit unsichtbaren Strukturen, die eine entsprechende Materialisierung begünstigen. Morphogenetische Felder erklären z. B., warum beschädigte Zellen und Organe wieder ihre ursprüngliche Form annehmen. Sie erhellen außerdem, warum Tiere plötzlich ein bestimmtes Verhalten beherrschen, ohne es selbst gelernt zu haben. Ein einzelnes Tier lernt z. B., wie es sich eine neue Futterquelle erschließt. Kurz darauf legen Artgenossen plötzlich das gleiche Verhalten an den Tag – wohlgemerkt, ohne jeglichen Kontakt mit Ersterem.

Zurück zum christlichen Entwicklungsmuster. Gerade das tierische Beispiel liefert durch seine soziale Komponente ein recht anschauliches Modell für das kollektive Hilfspotential des Jesus-Weges. Wer sein Kreuz auf sich nimmt, wer also bewusst seine körperlichen und emotionalen Verhaftungen annimmt und (erst!) dann sterbend loslässt, der wird ein neues Leben auf höherer Ebene finden. Er wird „auferstehen im Geiste“ und die spirituelle Welt betreten. Alle werden diese Entwicklung irgendwann bewältigen, weil das bereits vorhandene christliche Entwicklungsmuster sie unterstützt. Das Energiefeld gleicht einem eingängigen Lied, einem Ohrwurm, den jeder sofort nachsingen kann. Dieses spezifische Lied bleibt unvergessen und animiert(e) Millionen zum Nachsingen.

11.5 Jesus Christus und Luzifer

Vergegenwärtigen Sie sich noch einmal die Wirkung des polaren Entwicklungsweges. Reflektieren Sie, wie ihn Jesus durch seinen Tod vorgelebt hat, um damit einen nachhaltig begehbaren Entwicklungsweg für alle Menschen zu erschaffen. Kommt Ihnen das vielleicht bekannt vor? Ist Ihnen das im Laufe der Lektüre nicht schon mal begegnet? Genau das Gleiche hat Luzifer mit seinem Erhöhungsfall getan! Luzifer und Jesus lassen sich beide ganz bewusst und vehement auf das beschwerliche Menschsein ein, um dadurch für das Menschenkollektiv

ein polares Sprungmuster zu höherer Liebe und Spiritualität ins Leben zu rufen. Ist diese zutiefst verbindende Gemeinsamkeit nicht verblüffend, geradezu sensationell?
Den Gnostikern – quasi die Esoteriker unter den frühen Christen – waren (und sind) derlei Zusammenhänge durchaus vertraut. Alte Bilder zeigen eine gekreuzigte Schlange. Für Gnostiker hängt also Luzifer bzw. die Paradiesschlange am Kreuz, Luzifer und Jesus sind gewissermaßen eins. Mit Jesus erlebt auch der gefallene Luzifer seine Auferstehung.

Das Erstaunen geht noch weiter. Die Bibel selbst (!) erzählt eine dazu perfekt passende Geschichte.
In jener Erzählung beißen Schlangen die Israeliten, woraufhin sie unheilbar erkranken. Sie bitten Moses um Hilfe und der gibt ihnen den entscheidenden Rat: Sie sollen hölzerne Schlangen am Kreuz aufrichten bzw. erhöhen und dann ansehen. Ein sehr seltsamer Vorschlag, nicht wahr? Die Israeliten folgen dem Rat und werden wieder gesund. Luzifer entspricht der krankmachenden Schlange, Jesus der heilenden am Kreuz. Jesus und ebenso die Heilsschlangen sind der erhöhte, d. h. transzendierte Luzifer; sie repräsentieren den spirituell verwandelten Luzifer. Jesus und Luzifer erfüllen unterschiedliche, aber sich ergänzende Aufgaben und bilden dadurch eine Einheit. Beide agieren als symbolische Schlange; darin zeigt sich ihr Einssein. Beide Schlangen sind gleich wichtig, denn ohne krankmachende Luzifer-Schlange läuft die heilende Jesus-Schlange ins Leere.
Noch etwas anderes bestätigt die Ähnlichkeit von Jesus und Luzifer. Krankheit und Heilung gehen nicht nur von „derselben" Schlange aus, sondern letztlich von Gott selbst. Gott selbst schickte in der Geschichte die beißenden Schlangen zu den Israeliten, weil sie sich gegen ihn erhoben hatten und er selbst verrät Moses die heilende Lösung durch am Kreuz erhöhte Schlangen. Beide, Luzifer und Jesus verrich-

ten also ein göttliches, genauer gesagt gottgewolltes Werk, handeln in seinem Auftrag.

Sie fragen sich vielleicht, wo denn dieser gottgewollte Entwicklungseffekt in der Geschichte auftaucht. Die Israeliten erfreuten sich vor den Schlangen bester Gesundheit und danach wieder. Worin liegt der Unterschied und die Entwicklung, ist der Zustand vorher und nachher nicht identisch? Nein, denn die Israeliten lagen vorher im Streit mit Gott und danach waren sie mit ihm versöhnt. Sie sind durch Krankheit und Heilung ein Stück näher an Gott herangewachsen. Nur oberflächlich und rein körperlich betrachtet hat sich nichts geändert.

Wie weit geht dieses Einssein von Jesus und Luzifer, wie wörtlich ist es zu verstehen? Ich behaupte, beide sind Teil der Christusseele und verstehe es recht wörtlich. Der historische Mensch Jesus bzw. die vor 2000 Jahren inkarnierte Jesus-Seele ist zwar nicht identisch mit Luzifer. Sie ist nicht identisch mit jener Luzifer-Seele, die die Menschenseelen auf den irdisch-leidvollen Heilsweg schickte. Beide jedoch gehören der gleichen Christusseele an, wie zwei Blüten der gleichen Blume. Klingt das sehr phantastisch und unglaubwürdig? Vermutlich nicht, wenn Sie sich von kirchlichen Vorstellungen befreien und dem Buch bis hierher gefolgt sind.

Weiter oben wies ich darauf hin, dass die Christusseele den Menschen nicht erst seit Jesus leitet, sondern schon sehr viel länger. Sehr viel länger, d. h. von Anfang an. Und womit startete die Menschheitsgeschichte? Mit Luzifers Erhöhungsfall. Klingt ein solches „von Anfang an“ nicht sinnvoll und logisch? Gibt es irgendeinen Grund, warum eine hilfsbereite Christusseele erst mal abwarten und pfeifend in die Luft schauen sollte? Mit Luzifer hat die Christusseele wie mit einem Paukenschlag das Drama eröffnet. Mit Jesus hat sie einen Höhepunkt gesetzt und mit einem weiteren Seelengesandten wird sie eines Tages das Finale einläuten. Und wir werden alle wieder dabei sein – auf die eine oder andere Weise.

Welchem Umstand denken Sie verdankt die Christusliebe ihre anfangs erwähnte Fähigkeit, selbst die dunkelsten Tiefen zu umarmen? Und wodurch erlangte sie ihre menschliche Kollektivgröße, die sie von der normalen spirituellen Liebe abhebt? Sie können sich diese Frage jetzt selbst beantworten. Den Grundstein dafür hat die Christusseele in Luzifers Erhöhungsfall gelegt. In diesem konkreten Akt hat sie sich helfend in die Entwicklung des Menschen eingeklinkt, die dunkelsten Tiefen absorbiert, kollektive Verantwortung übernommen und kollektive Gestaltungskraft erlangt.

Jesus und Luzifer vollbringen ein gemeinsames, großes Werk, mit der gleichen Motivation und dem gleichen Endziel. In der Ausführung agieren sie zwar zum Teil genau gegensätzlich, nämlich in die Materie und Körperlichkeit verstrickend oder daraus lösend. Dieser Umstand trägt aber lediglich dem polaren Charakter der Welt und der Entwicklungsgesetze Rechnung. Und genau genommen machen beide beides, nur mit unterschiedlichen Gewichten. Sie verhalten sich wie das chinesische Yin-Yang-Symbol, dessen dunkle Hälfte einen hellen Punkt aufweist und die helle einen dunklen. Ein anderes Symbol aus der Bibel vereinigt ähnlich dem Yin-Yang-Symbol beide Aspekte und verweist auch textlich auf Jesus. In der Johannes-Offenbarung ist von einem Lamm mit sieben Hörnern die Rede, das die Sünden der Welt tragen soll. Ähnlich dem Yin-Yang-Symbol verschmelzen in dieser Figur weißes Jesus-Lamm und schwarzer Luzifer-Ziegenbock, denn die Hörner verweisen auf Letzteren. Denken Sie, das sei zu weit hergeholt? Dann beschäftigen Sie sich näher damit und kommen Sie zu Ihren eigenen Ergebnissen.

Abschließend noch eine Stelle aus dem Lukas-Evangelium, welche die Einheit von Jesus und dem Entwicklungsförderer Luzifer andeutet. In Lukas 12,49ff sagt Jesus, er sei gekommen, um Feuer auf die Erde zu werfen und Spaltung zu bringen, nicht Frieden. Der brave Bibelleser und Kirchgänger nimmt diese ungewöhnlichen Worte staunend zur Kenntnis. Sie stehen in krassem Gegensatz (und Ergänzung!) zur ansonsten anzutreffenden Botschaft des Friedens, der Liebe und Einheit. Es hätte mich keineswegs überrascht, wenn diese Passage bei der Entstehung des Neuen Testaments gestrichen worden wäre. Nun gut, die Kirche interpretiert das Feuer als göttliche Liebe und Heiligen Geist, was durchaus richtig sein mag. Allerdings bleibt diese Deutung angesichts des Kontextes aus Spaltung und Zwietracht beschönigend einseitig. Jesus bekennt sich hier meines Erachtens ganz klar zur anderen Seite der Christusseele, die Luzifer repräsentiert.
Jesus trägt diese ergänzende Seite gemäß dem Polaritätsgesetz auch in sich selbst, doch im größeren Zusammenhang der Christusseele gehört sie Luzifer an. Schließlich bringt Luzifer die Spaltung, Zweiheit und Dualität, ohne die keine Erkenntnis möglich ist. Und Luzifer war es, der mehr als jeder andere Feuer bzw. das Licht der Erkenntnis „auf die Erde geworfen“ hat.
Das gleiche Motiv finden wir übrigens auch bei dem aus der griechischen Mythologie bekannten Prometheus, der den Göttern das Feuer stiehlt und wohlwollend den Menschen schenkt. Wie bei Luzifer sehen Mythologie-Kenner im Prometheus-Feuer ein höheres Bewusstsein und Erkenntnisfähigkeit. Ganz anders als Luzifer gilt jedoch Prometheus durch seine Tat als ein großer Freund und Kulturstifter der Menschheit.

Denken Sie, all diese Symbolik könnte Zufall sein? Urbilder, die dauerhaften Eingang in die Bibel finden und als feststehende Archetypen die menschliche Kollektivpsyche prägen, können kein Zufall sein.

Nur zutreffende Inhalte und relevante Wahrheiten erobern die Kollektivpsyche. Im Übrigen ist jeder Zufall ein sinnvolles, gesetzmäßiges Ereignis, dessen Sinn und Gesetzmäßigkeit der Betreffende bloß nicht erkennt.
Das folgende, recht intensive Traumerlebnis bestätigt meine Überlegungen zur Einheit von Jesus und Luzifer in der Christusseele.

Traum: „Das Christus/Luzifer-Erlebnis"
Ich bin irgendwo ganz oben im Himmel. Ich sehe ein Doppellicht, das schnell auf mich zukommt und mich erfasst. Schnell hin- und herwechselnd fühle ich mich ein Mal erfüllt von Christusliebe und dann voller tiefem Hass, wie Luzifer bei seinem Fall. Die schnell abwechselnden Extreme sind kaum auszuhalten und ich bin froh, als es vorbei ist.

Deutung:
Für kurze Zeit vereinigte ich die Energie von Christus und Luzifer in mir, ähnlich dem Yin-Yang-Symbol, erlebte dabei abwechselnd beide Seiten. Es erinnerte mich außerdem an das berühmte Doppelbild aus alter und junger Frau. In einem Bild stecken sowohl eine junge als auch eine recht unansehnliche alte Frau. Je nach persönlicher Wahrnehmung sehen Sie dann die eine oder andere – nur beide *gleichzeitig* nicht. Ganz ähnlich misslang auch mir das gleichzeitige Erleben beider Zustände, obwohl es vermutlich möglich gewesen wäre. Mein Gefühl sagt mir, im Erfolgsfalle wären die abwechselnden Zustände immer schneller geworden, bis zu einem Einheitserlebnis.
Das Traumerlebnis birgt übrigens eine interessante Parallele zur Bibelgeschichte mit den Schlangen. So wie in der Bibel *beide* Schlangen (auch die Luzifer-Schlange) letztlich von Gott stammen, so besitzen auch hier *beide* Extreme spirituellen, gottnahen Charakter, erkennbar am Doppellicht im Himmel.

Luzifers Wesen und Aufgabe erschöpft sich natürlich nicht nur im Hass. Das Erlebnis sollte mir aber die Einheit extremer Gegensätze vor Augen führen und am eigenen Leib erleben lassen. Der direkte, unerlöste Gegensatz zur Christusliebe ist nun mal der tiefe Hass des Luzifer. Das widerspricht keineswegs meiner positiven, entwicklungsfördernden Beschreibung Luzifers. Sein Sturz war in der Tat ein bewusster, für alle Seelen extrem wichtiger Entwicklungsschritt, eben ein Erhöhungsfall. Speziell beim Fallen selbst übernimmt Luzifer aber folgerichtig die tiefsten, menschlichen Abgründe – wie z. B. Hass. Nur mit Hilfe des tiefsten Schattens schmiedet er das glänzendste Gold.

11.6 Werden Sie ein „Luzichrist"

Letztlich ist es für Sie als Leser und Reisender nicht maßgeblich, *wie weit* das Einssein von Jesus und Luzifer reicht. Verstehen und verinnerlichen Sie aber, dass beide das gleiche Werk vollbringen und der durch sie geebnete Weg analog zu gehen ist. Ob die beiden als intime Seelenbrüder ein Herz verbindet oder sie nur spirituelle Arbeitskollegen sind ... Suchen Sie sich aus, was Ihrem persönlichen Weg mehr dient. Vermutlich würden beide diese pragmatische Einstellung unterstützen.

Was genau meine ich mit der Aufforderung in der Überschrift, ein Luzichrist zu werden? Was ist ein Luzichrist?
Jeder Mensch trägt Christus in seinem Herzen, denn Christus ist ein mit allen Seelen verbundener, göttlicher Teilaspekt. Darüber hinaus hat jede menschliche Seele an Luzifers Erhöhungsfall teilgenommen, sonst wäre er wohl nicht hier. Möglicherweise ereigneten sich mehrere solcher Erhöhungsstürze und Luzifer mag in anderen Kulturen

anders heißen, aber das ist beides nicht so wichtig. Jedenfalls tragen wir alle sowohl Luzifer als auch dessen größere Christusseele teilweise in uns. So gesehen sind wir bereits „Luzichristen“. Folgendes stört jedoch: Das ist alles nur ungelebte Theorie. Dieses Wissen gilt es mit Leben zu füllen. Sie müssen den polaren Entwicklungsweg *gehen*. Eben jenen Weg, der von einfachem Sex und generell allen körperlichen und emotionalen Bindungen zur Spiritualität und Christusliebe führt.

Werden Sie zunächst ein Luzifer und gekreuzigter Jesus, indem Sie Ihr Menschsein *bewusst annehmen und leben*. Dazu gehört nicht nur die Sexualität, ein solches Leben schließt letztlich alle körperlichen und emotionalen Freuden ein, mitsamt dem Leiden. „Bewusst annehmen und leben“ unterscheidet sich deutlich vom normalen Drauflosleben aller anderen. Sie wissen und spüren, was Sie tun und warum. Sie hinterfragen das Leben und dessen Sinn, deuten es und ziehen reale Konsequenzen daraus. Sie schauen nach innen und begreifen, wie sich Innen- und Außenwelt spiegeln.
Werden Sie also in Ehren ein Mensch mit allem Drum und Dran, doch bleiben Sie daran nicht kleben. Stellen Sie sich dem tiefen Trennungsschmerz, der hinter all jenen Bedürfnissen steckt. Erfahren Sie die ebenso tiefe, verborgene Sehnsucht in Ihnen nach göttlicher Liebe und Einssein. Lernen Sie die schöpferische Kraft nutzen, die in der sexuellen Energie schlummert. Stellen Sie sich allen notwendigen inneren Todes- und Verwandlungsprozessen. Erwachen Sie damit schrittweise vom Körper- und Emotionalwesen zu einem spirituellen Wesen.

Zu einem spirituellen Wesen zu erwachen, das bedeutet, zu einem Christus aufzuerstehen, so wie Jesus es einst tat. Es bedeutet, körperliche Sexualenergie in höhere Liebe zu transformieren und Gefühle nicht zu verdrängen, sondern spirituell zu veredeln.

Auf den Punkt gebracht: Gehen Sie den in diesem Buch beschriebenen Weg „auf Luzifers Flügel zur himmlischen Liebe“ und Sie werden ein gehörntes Lamm, ein Luzichrist.

Ein Luzichrist zu werden erfordert keineswegs, den eigenen Sündenfall bzw. Erhöhungsfall in einer Rückführung wiederzuerleben. Das würde wahrscheinlich auch nicht gelingen oder nur als kleine Teildosis. Wenn es als *echtes Vollerlebnis* gelänge und Sie es überdies verdauen könnten, dann würden Sie in der Tat in den Christushimmel auferstehen. Es wäre die ultimative „Psychotherapie“. Einen solch finalen Paukenschlag meistern Sie aber erst nach vielen kleineren Erfolgen. Nur so erwerben Sie sich die erforderliche Reife. Bis dahin können Sie nur kleinere Kostproben vom Erhöhungsfall wiedererleben. Alles andere würde Sie überfordern, zumindest aber würden Sie ganz schnell und unsanft wieder zurückfallen. Das besagt der ebenso wichtige lineare Entwicklungsweg, auf dessen höheren Sprossen Sie noch kein festes Fundament erobert haben.

12 Über Glücksjäger und schwere Stunden

Eigentlich könnte das Buch hier enden, denn mit der Christusliebe sind wir am Ziel unserer Reise angelangt. Vermutlich habe ich Ihnen bis hierher einiges abverlangt. Zumindest in Gedanken sind Sie einen ziemlich weiten, tiefen und hohen Weg gegangen. Sie stießen auf unbequeme Wahrheiten und schwierige Herausforderungen, gleichzeitig lockten Sie aber stets die lohnenswerten Ziele. Sie erahnen jetzt vielleicht den winkenden Himmel und schrecken gleichzeitig vor der zu leistenden inneren Arbeit zurück. Möglicherweise hat Sie das alles ein wenig mitgenommen und das wäre gut so. Beweist es doch, dass ich Sie tatsächlich auf die Reise „mitgenommen“ habe. Fühlen Sie sich unruhig und nachdenklich? Schön, auch das werte ich als gutes Zeichen. Zumindest einige Kapitel haben demnach Resonanz ausgelöst und etwas in Bewegung gebracht. Nichtsdestotrotz dient das letzte Kapitel einem eher ruhigen Ausklang.

Ist Glück etwas, das jedermann nach bestimmten Regeln erlangen kann? Welche Hilfe leisten Bücher, die etwas Derartiges versprechen? Sind Sie als Reisender gefeit vor depressiven Phasen und was können Sie im Fall der Fälle tun? Mit diesen Fragen beschäftigt sich das abschließende Kapitel.

12.1 Glücksjäger und das wahre Glück

12.1.1 Lebenshilfe-Literatur

Letztlich suchen alle Menschen Glück und Liebe, in den verschiedensten, oft gut getarnten Varianten. Wir alle sind Glücksjäger. Viele Bücher und Möchtegern-Gurus versprechen diverse Wege zum eigenen Glück, meist durch pseudopsychologische Tipps oder unrealistische Esoterikkonzepte. Keine dieser Strategien jedoch funktioniert, meist entfachen sie lediglich ein kurzes Strohfeuer. Die Leser und Anhänger heben nicht ab und fliegen, sie springen nur kurz hoch. Einem aufmerksamen Beobachter offenbart sich diese Tatsache nach nur wenigen Blicken hinter die Fassade. Die schlechte Erfolgsbilanz überrascht mich keineswegs. Andernfalls wären alle Menschen längst glücklich, voller Liebe und erfolgreich. Die manchmal harte Realität lehrt etwas anderes.

Warum funktionieren die Tipps und Strategien all der Lebensratgeber und Möchtegern-Gurus nicht? Warum nur erzielen Sie damit keinen durchschlagenden und langfristigen Erfolg? Zusammengefasst deshalb, weil deren Urheber motivierende Parolen ausgeben, Hurra-Stimmung verbreiten und große Versprechungen machen, im alles entscheidenden Punkt aber überwiegend versagen: Sie bieten keine zutreffenden und praktikablen Antworten auf die entscheidende Frage nach dem Wie. „Wie erreiche ich das alles, was muss ich tun?“, fragen sich die Leser völlig zu Recht.
In der Regel krankt die mangelnde Wie-Antwort an mindestens zwei oder drei der folgenden Ursachen.

Die Vorschläge zielen zu einseitig auf eine Veränderung des Denkens ab und vernachlässigen die Gefühle.
Gefühlsmuster sind viel mächtiger als das rationale Denken. Sie mani-

pulieren das Denken mühelos und unbemerkt. Allein mit dem Denken kommen Sie nicht weit. Den Autoren fehlt es insoweit an *echter* psychologischer Kompetenz.

Die Autoren unterstellen, der Leser könne wie ein leeres Blatt problemlos neu beschrieben werden.
Manchmal räumen sie ein, der Leser sei zwar ein bereits beschriebenes Blatt, könne aber durch etwas „in die Hände spucken" leicht *über*schrieben werden. Beiden Standpunkten mangelt es erneut an psychologischer Fachkompetenz. Es fehlt die erforderliche Einsicht in psychologische Realitäten und Gesetze. Ich gebe nur mal zu bedenken, wie schwer es vielen bereits fällt, auf ungesunde Süßigkeiten zu verzichten oder weniger zu rauchen. Ungleich schwerer weicht z. B. das innere Muster, das jemand wiederholt an den gleichen, falschen Partnertyp geraten lässt. Jeder trägt eine Geschichte in sich, die prägende Spuren bei ihm hinterlassen hat. Eine Tatsache, die treffend überleitet zum nächsten Punkt:

Die Texte gehen von einem weitgehend einheitlichen, identischen Leser aus.
Jedes handelsübliche Buch richtet sich an ein breites Publikum und kann nicht individuell auf Einzelne eingehen. Das liegt in der Natur der Sache bzw. eines Buches. Andererseits berücksichtigt jede Publikation je nach Thema und Absicht die Beschaffenheit seiner Zielgruppe. Die Verfasser von Lebensratgebern erheben diesbezüglich den hohen Anspruch, zur konstruktiven Veränderung des eigenen Lebens beizutragen. Dabei schmeißen sie alle Leser ihrer riesigen Zielgruppe – im Prinzip jeder – in einen Topf. Jeder lebt jedoch sein ganz eigenes Leben, hat unterschiedliche Interessen, Ziele, Charaktereigenschaften, Erfahrungen und Fähigkeiten. Undifferenzierte Ratschläge schießen daher größtenteils am Ziel bzw. Leser vorbei. Ihnen fehlen unter an-

derem Wenn-dann-Szenarien, Alternativlösungen und angemessene Unterscheidungen.

Die Bücher ignorieren esoterische Lebensgesetze und verbreiten wie fröhlich kreischende Teenager auf einem Popkonzert den Irrglauben, alles sei möglich.
Das Leben jedes Einzelnen umfasst großartige Möglichkeiten. Jeder zielführende Weg lebt davon, diese Potentiale zu verwirklichen. Andererseits unterliegt jeder aber auch seinen persönlichen Grenzen und bewegt sich zwingend in seinem individuellen Rahmen. Ihre persönlichen Rahmenbedingungen und vieles mehr illustriert übrigens nichts schöner als das Geburtshoroskop. Nutzen Sie dieses wunderbare Instrument. Neben einem individuellen Rahmen bestimmen allgemeinverbindliche Spielregeln unser aller Leben. Ich spreche von universellen, esoterischen Lebensgesetzen wie z. B. Polaritäts- und Resonanzgesetz. Häufig fehlt den Hilfsvorschlägen die Einbettung in größere Zusammenhänge und Wahrheiten, also der Draht zu einer seriösen Esoterik. Im positiven Brustton der Überzeugung verkünden recht viele Bücher die zentrale Botschaft, jeder könne alles schaffen, wenn er nur dieses und jenes anstellt. Wenn die Verheißungen aber nicht eintreffen, sind Enttäuschung und Selbstzweifel oft noch größer als vorher.

Lebenshilfe-Literatur verkennt die fundamentalste aller Entwicklungs- und Veränderungswahrheiten, nämlich das Prinzip der Höherverwandlung.
Glück, Liebe, Erfolg, Fähigkeiten und Bewusstsein entstehen eben *nicht neben* Unglück, Misserfolg, Liebesmangel, Schwächen und Unbewusstem, sondern durch deren *Erlösung und Höherverwandlung.* Alles kann sich immer nur verwandeln, weil nichts voneinander getrennt ist – außer in unserer Wahrnehmung. Mit der Unterschlagung dieses unerlässlichen Verwandlungs- und Entwicklungskonzeptes be-

geht die Literatur eine schwere Unterlassungssünde. In diesem Punkt leistet sie fast immer einen echten Offenbarungseid. Die Autoren wollen dem Leser bei der Veränderung seines Lebens helfen, ohne jedoch den wichtigsten Änderungsmechanismus zu kennen. Ja mehr noch, sie propagieren das genaue Gegenteil. Ausführlich heben sie hervor, dass und wie man sich nur möglichst intelligent und intensiv auf das ersehnte Gute konzentrieren müsse.

In der unterlassenen Höherverwandlung finden Sie ein grundsätzliches, ganz wichtiges Lebenskonzept fast aller Menschen. Sie nehmen Unangenehmes überwiegend in Kauf, ohne es zu verwandeln. Stattdessen kompensieren sie es durch Glück und Erfolgserlebnisse an anderer Stelle. Manche schleppen sich z. B. lebenslang seufzend in die Arbeit und kompensieren ihren Frust durch besonders erfüllende Hobbys. Sie leben eigentlich nur für die Freizeit. Andere führen eine unglückliche Ehe und flüchten in ein erfolgreiches Berufsleben. Sie machen Karriere und haben gar keine Lust, abends nach Hause zu gehen. Und wieder andere stürzen sich auf die rein körperliche, sexuelle Liebe, weil sie unbewusst nach echter Liebe hungern. Wir alle tanzen ein wenig wie der in Wahrheit traurige Clown fröhlich über die Lebensbühne.

Wer vor seinen Problemen die Augen verschließt oder sie tatenlos hinnimmt, der verschiebt also seine Bedürfnisse und Wünsche auf andere Lebensbereiche. Dort können und müssen sie dann mit Energie, Geld und Zeit befriedigt werden. Ahnen Sie, was passiert, wenn und insoweit solche Kompensationen nicht gelingen? Dann entstehen weitere Bedürfnisse oder bereits bestehende verstärken sich und verlangen ebenfalls irgendwo nach Befriedigung. Die Bedürfnisspirale dreht sich immer weiter. Auf Dauer geht das nicht gut. Die Hälfte seines Lebens verbringt der Mensch mit einigermaßen unbefriedigenden Be-

schäftigungen – wenn er ehrlich in sich reinschaut. Die andere Hälfte widmet er der Kompensation, also der Erfüllung von Wünschen, die ohne das unbefriedigende Halbleben gar nicht erst entstünden. Schon ein wenig irre, oder? Und der gemeinsame Nenner *aller* Bedürfnisse und Wünsche ist ein tiefer, überwiegend unbewusster Wunsch nach Liebe und Einheit. Der wiederum manifestiert sich besonders stark in der körperlichen Liebe und Einheit, also dem Sex. Der Kreis schließt sich.
Sie sehen, innerhalb eines solchen Kompensationsmodelles finden Sie kein Glück. Entsprechend wenig können zu Ihrem Glück Lebenshilfe-Bücher beitragen, die nicht den Verwandlungsgedanken beherzigen. Und das Verwandeln erfordert als ersten Schritt, sich seinem persönlichen Blei in angemessener Tiefe und Intensität zu stellen, insbesondere psychologisch. Hier lässt Sie die übliche Literatur im Regen stehen.

Denken Sie trotz alledem bitte nicht, kompensieren sei schlecht oder überflüssig. Wer kompensiert, der nutzt einen wichtigen Hilfsmechanismus, eine brauchbare und beizeiten unerlässliche Krücke. Kompensation birgt allerdings die nicht geringe Gefahr, sich daran zu gewöhnen und darauf zu verlassen. Die meisten spüren noch nicht mal, dass sie nur auf Krücken gehen. Bequemlichkeit und Blindheit verhindern auf diese Weise das Gehen mit eigenen Beinen. Was ursprünglich gute Hilfe leistete, wird irgendwann zum Hemmschuh. Eines Tages fordert das Leben nämlich eine Weiterentwicklung und mahnt eigenständiges Gehen an. Besser auf eigenen Beinen humpeln als auf Krücken gehen. Wer aber viele Jahre lang auf Krücken gegangen ist und seine eigenen Beine schon fast vergessen hat, der bekommt Probleme. Unter diesem Gesichtspunkt ist Kompensation ein zweischneidiges Schwert – wie letztlich alles in einer polaren Welt.

12.1.2 Die Wahrheit über leichte und schwere Wege

Sie erkennen jetzt sicherlich die Unterschiede zwischen den Strategien anderer Literatur und dem hier vorgestellten linearen sowie polaren Entwicklungsweg. Letzterer klingt sicher nicht so fröhlich, bequem und einfach, doch im Gegensatz zur Konkurrenz führt er zum Ziel. Vielleicht schaffen Sie auf dem linear-polaren Entwicklungsweg nur wenige Kilometer, doch jeder einzelne Meter gehört Ihnen wirklich und unverlierbar. Selbst wenn Sie nur lausige fünf solcher langfristig tragenden Schritte auf die Reihe bekommen: Sie bringen immer noch mehr als fünf Kilometer in der falschen Richtung oder ein theatralischer Salto, mit dem Sie wieder an der gleichen Stelle landen. Glücks*jäger* sind alle, aber wollen Sie nicht lieber ein Glücks*finder* sein?

Zwei Dinge sind unumstößliche Tatsachen und außerdem Lebensgesetze, welche die Weisen seit Jahrtausenden übereinstimmend lehren. Erstens, das Leben ist Veränderung und Entwicklung, niemand kann dauerhaft stehenbleiben. Zweitens, das zentrale Entwicklungsgesetz der Verwandlung und Polarität verlangt eine Auseinandersetzung mit Ihrem sinnbildlichen Blei, um daraus Gold machen zu können. Von diesen beiden Grundannahmen ausgehend können Sie sich jetzt selbst ausmalen, was mit all jenen geschieht, die gar nicht oder den falschen Weg gehen. Richtig, das Leben und dessen Gesetze zwingen sie auf den richtigen Weg. Typische Glücksjäger und alle unbewusst „Dahinlebenden“ erfahren früher oder später eine Form des Zwanges. Harte Erlebnisse und Schicksalsschläge strecken sie je nach Karma einige Male im Leben nieder.

Welche erfreuliche Schlussfolgerung erlaubt dies alles für unseren, den richtigen Weg? Unser Weg ist in Wahrheit der „leichtere“! Er ist sicher nicht leicht, daher in Anführungszeichen. Letztlich und eigentlich erweist sich unser oberflächlich betrachtet schwerer Weg aber als leichter und schneller als der oberflächlich leicht aussehende Weg der an-

deren. Letztlich und eigentlich, das bedeutet vor allem, mehr als nur das aktuelle Leben ins Auge zu fassen. Einzelnen gelingt es durchaus, mal ein ganzes Leben kompensatorisch glücklich zu verbringen. Doch aufgeschoben ist nicht aufgehoben. Jede Aufgabe muss irgendwann gelöst werden – in irgendeinem Leben.
Tröstet Sie dieser erfreuliche Vergleich nicht über die zum Teil doch recht schmerzhaften Herausforderungen unseres Weges hinweg? Liegt hierin nicht das eigentlich wahre positive Denken? Stellen Sie sich in diesem Zusammenhang auch die Frage, welcher Weg inwieweit wahres Glück beschert. Welche Ansprüche stellen Sie an Ihr Glück?

Im Hinblick auf Unterschiede zu anderer Literatur sticht zweifellos noch ein thematisch-inhaltlicher ins Auge: die große Rolle der Sexualität und Liebe. Ich betrachte die sexuelle Energie und Liebe nicht als vom restlichen Leben mehr oder weniger getrennte Phänomene. Im Vordergrund steht vielmehr deren wahre Natur als zentrale Lebens- und Schöpferkraft. Daher habe ich im ersten Hauptkapitel guten Gewissens die Entwicklung weiterer Lebensbereiche in Aussicht gestellt. Sexualität und Liebe bilden Wurzel und Stamm der Lebenspflanze, während alle anderen Themen wie Blütenblätter oder Zweige dranhängen. Andere Sichtweisen und Philosophien dürfen jederzeit widersprechen und die gleiche Gültigkeit beanspruchen. Schließlich hängt letztlich alles mit allem zusammen, so dass sich alles aus unterschiedlichen Perspektiven beurteilen lässt. Für den hier vorgestellten Weg erweist sich das Modell der zentralen Sexualität und Liebe jedenfalls als fruchtbar und nachvollziehbar.
Spätestens jetzt, also im Hinblick auf die Bedeutung von Sexualität und Liebe, fällt auf, wie sehr der Vergleich zu anderen Büchern hinkt. Philosophie und Reisestrategie der beiden Parteien unterscheiden sich grundlegend und sind daher kaum miteinander vergleichbar. Hier sehen Sie einen psychologisch-spirituellen Wegbegleiter, der von ganz

unten und mit Hilfe dieses sexuellen „Unten“ kontinuierlich nach ganz oben marschiert. Glück ergibt sich hierbei von selbst, ohne bewusst anvisiert zu sein. Auf der anderen Seite stehen Glücks- und Lebenshilfe-Bücher, die irgendeinem Glücksgefühl hinterherjagen. Dabei meiden Sie den Blick nach unten und legen keinen betonten Wert auf Sexualität und Liebe. Spiritualität spielt im Regelfall nur eine untergeordnete Rolle.

12.2 Wie Sie besonders dunkle Stunden bewältigen

Zum Abschluss habe ich eine gute und eine schlechte Nachricht für Sie. Die schlechte ist, Sie werden vermutlich auch mal schwere, deprimierende Zeiten durchmachen. Die allerdings gute Nachricht lautet, Sie werden wahrscheinlich auch mal schwere, deprimierende Zeiten durchmachen – und gestärkt wie Phönix aus der Asche daraus hervorgehen. Deshalb ist es gut.

Sie fragen sich vielleicht, warum unser vorhin noch als letztlich leichter bezeichnete Weg trotzdem schwere Zeiten mit sich bringen sollte. Zunächst mal, ich weiß es natürlich nicht sicher, ich kann es nur generell vermuten. Jeder von Ihnen hat vor seiner Geburt ein verschieden schweres Päckchen mitbekommen, besser gesagt mitgenommen. Und die schweren bringen eben auch mal schwere Zeiten mit sich. Darüber hinaus hängt es von Ihrer Fähigkeit ab, den Weg effektiv zu gehen. Wie schnell und gründlich Sie Ihre Herausforderungen meistern, beeinflusst den Schwierigkeitsgrad künftiger Aufgaben.
Mit einer geringeren Wahrscheinlichkeit werden Sie äußere Schicksalsschläge erleben, *das* kann ich mit Sicherheit sagen. Solche Ereignisse widerfahren vor allem stark unbewussten Zeitgenossen, zu denen Sie

als bewusst Reisender nicht zählen. Äußere Schicksalsschläge reduzieren sich daher auf stark karmische Angelegenheiten. Im Übrigen entscheidet auch Ihr persönliches Empfinden ganz wesentlich mit. Zwei Personen ereilt vielleicht das gleiche tragische Ereignis, aber während es den einen hart trifft, bleibt der andere relativ gefasst. Was objektiv passiert, sagt noch nichts über Ihre Reaktion und subjektive Betroffenheit aus.

Ob mit oder ohne Schicksalsschläge, das äußere Geschehen steht bei den von mir gemeinten dunklen Stunden ohnehin nicht im Vordergrund. Ich meine vielmehr psychische, innere Zustände, die einer Depression ähneln. Sie fühlen sich niedergeschlagen und hoffnungslos, Sie resignieren und sehen kein Ziel mehr, eventuell sogar ohne relevanten Grund, einfach so. Je nach persönlichem Lebensplan und Bewältigungsvermögen konfrontiert Sie Ihr Weg durchs Leben gelegentlich mit solchen Phasen. Missdeuten Sie solche Krisen nicht als Versagen oder Irrweg. Das liegt nur selten vor, weil Sie bereits seit einiger Zeit den richtigen Weg beschreiten.

Welche Ursachen haben die besonders dunklen Stunden? Am häufigsten resultieren sie aus dem polaren Zurückschlagen des Pendels, ein normales Phänomen des polaren Entwicklungsweges. Sie springen drei Treppen hoch und müssen üblicherweise ein oder zwei wieder zurück. Manchmal jedoch fallen Sie alle drei wieder runter und landen außerdem noch hart, verstauchen sich sozusagen den Knöchel. Sie haben auf dem linearen Entwicklungsweg noch kein ausreichend hohes Fundament gelegt und absolvieren nun eine Wiederholungsrunde. Im Gegensatz zu normalen Wiederholungsrunden fallen Sie aber zusätzlich in ein emotionales Loch.
In anderen Fällen führt psychische Erschöpfung zu dem ausgeprägten Stimmungstief. Sie haben eine größere Strecke in flottem Tempo zu-

rückgelegt und natürliche Pausen missachtet. Jeder Muskel schmerzt und die Lunge pfeift. Irgendwann gehen Sie unfreiwillig in die Knie. So ähnlich verausgaben sich manche psychisch. Vor allem die spirituell Ehrgeizigen neigen zum psychischen Erschöpfungstief. Am besten führen Sie jetzt eine Zeitlang ein eher extrovertiertes, körperlich betontes und weniger tiefgründiges Leben. Gehen Sie etwas spazieren oder bringen Ihrem Hund ein neues Kunststück bei. Gönnen Sie sich einfach etwas Spaß und Trivialität. Vergessen Sie einige Zeit Ihre geistige Entwicklung, der Himmel läuft Ihnen nicht weg. Tun Sie Dinge, die Sie sonst nicht oder viel zu selten machen. Fangen Sie etwas Neues an, vielleicht ein neues Hobby.

Die dritte Ursache liegt im unsicheren Erleben von Zwischenphasen beim Übergang in eine höhere Ebene. Sie fühlen sich nicht mehr eins mit dem alten Verhaltens- und Gefühlsmuster, haben das neue Muster aber auch noch nicht verinnerlicht und gefestigt. Bei dieser Krisenvariante dominiert Unsicherheit, die Sie in Ihr Schneckenhaus zurückziehen lässt. Sie fühlen sich wie ein Pubertierender, der sich in einer ähnlichen Übergangssituation befindet und dann bisweilen unsicher verkriecht. Von den drei vorgestellten Szenarien ist die Übergangsvariante die harmloseste und zeitigt selten richtiggehend „dunkle Stunden".

Sie sehen, alle drei Ursachen stellen letztlich kein Debakel dar. Am massivsten schlägt in der Regel die verstärkte polare Pendelbewegung zu. Vor allem sie führt zu schweren bzw. dunklen Stunden und vor allem ihr gelten die nachfolgenden Überlegungen. Das Zurückpendeln muss übrigens keineswegs bedeuten, dem einfachen Sex zu verfallen, obwohl das dazugehören mag. Primär die unbewussten Gefühle *hinter* dem Sexualtrieb ergreifen den Betroffenen und packen ihn am Kragen. Ihnen gilt daher die Hauptaufmerksamkeit beim Umgang mit solchen Krisen.

Wie erleben die Betroffenen solche Krisen, wie genau sieht deren Gefühlszustand aus? Wenn Sie eine solche Phase durchmachen, scheint jegliches Licht in Ihnen einfach verschwunden zu sein. Sie fühlen sich wie eine ausgeblasene Kerze. Sie zweifeln und fragen sich, was los ist. Der Verstand ist allerdings keine große Hilfe, denn unangenehme Gefühle haben das Ruder übernommen und die lassen sich nicht wegrationalisieren. Sie fühlen sich allein, leer, mutlos, gelähmt und machtlos, wie in Treibsand. Der Zustand ähnelt dem einer Depression. Wie gehen Sie mit der Situation am besten um? Sie können, sollen und brauchen nichts zu tun. Lenken Sie sich insbesondere nicht mit angenehmen Aktivitäten ab. Lassen Sie sich gefühlsmäßig ein, geben Sie sich Ihren Gefühlen hin und stellen sich allen Ängsten. Fühlen Sie Ihre Gefühle – das klingt banaler als es in Wahrheit ist. Passende Musik stimuliert und unterstützt Sie hierbei. Erleben und Empfinden lautet die Lösung, denn dadurch erlösen Sie die bislang verborgenen Gefühle. Bitten Sie weder Gott noch Engel oder Geistführer um eine Hilfe, die Ihnen etwas abnehmen soll. Bleiben Sie ganz bei sich. Falls erforderlich, dann suchen Sie in einer (eventuell professionellen) Vertrauensperson menschlichen Beistand. Sie kommen da wieder raus.

Vergessene Sie in solchen Phasen Ihren Verstand, egal, wie viel Weisheit er bereits erworben hat. Er behindert nur das erforderliche Fühlen, während reflektierende Erkenntnisse ohnehin nicht gefragt sind. Gefragt sind neben der Gefühlshingabe allerdings Geduld, Ruhe und Vertrauen. So wie die Sonne jeden Tag aufgeht, wird auch Ihre Sonne wieder hervortreten. Vertrauen Sie auf Ihren bisherigen Weg und Ihre gewonnenen Fähigkeiten, auch wenn Sie im Augenblick sehr weit weg scheinen.

Im Durchhalten und Durchstehen besteht die Herausforderung solcher Krisen, die wohl meist nur einige Tage dauern. Annehmen und wahrnehmen, durchhalten und durchstehen. Keine Abwehr, kein Ge-

genbesetzen mit Spaß und positiver Visualisierung, kein Aktionismus und kein Erkenntnisse sammeln. Etwas will durch Sie hindurch, um sich im Erleben zu reinigen. Einige verlorene, dunkle Gefühlsschäflein bestehen auf ihre Rückkehr. Atmen Sie sie ein, spüren ihr Wesen, geben Sie ihnen einen Platz an der Sonne und ihr Wesen wird sich ändern.

Die Gefühlskrise rankt sich eventuell um ein bestimmtes Thema, vielleicht eine vergangene Beziehung, erlebter Missbrauch oder was auch immer. Häufig gehören die Gefühle zu einem persönlichen Hauptknackpunkt. Wenn ich eine astrologische Beratung vorbereite und das Geburtshoroskop analysiere, bemerke ich immer wieder Folgendes: Jeder hat ein oder zwei wirklich harte Nüsse zu knacken, die ihn auf die eine oder andere Weise recht lange beschäftigen werden – oft das ganze Leben. Derartige Aufgaben sind lösbar, sie erfordern aber viel Zuwendung. In schwach abgewandelter und dem jeweiligen Reiseabschnitt angepasster Form tauchen sie immer wieder auf. Missdeuten Sie solche Wiederholungen nicht als Stagnation. Meist begegnen Sie Ihren persönlichen Dauerbrennern wie auf einer aufsteigenden Spirale zwar an der immergleichen Stelle, aber auf jeweils höherer Ebene. Sie laufen also nicht im Kreis, es sieht nur so aus. Nichtsdestotrotz zermürben diese wunden Stellen und können in Verbindung mit einem Pendeleffekt eine tiefe Stimmungskrise auslösen. Egal, um welches Dauerbrenner-Thema sich die Krise dreht, lassen Sie sich nicht unterkriegen, ohne jedoch dagegen anzukämpfen. Die Sonne wird wieder scheinen.

* * * * * * * * * * * *

Am Ende des Buches angekommen, liegt es nun an Ihnen, den Weg zu gehen. Machen Sie sich auf und erleben Sie eine abenteuerliche Reise. Lust-wandeln Sie und verwandeln Sie dabei Ihre „Lust“ in Lebenslust. Ich wünsche Ihnen dabei viel Erfolg und vor allem ... Liebe.

* * *

... und wenn Sie Ihre Reise noch ein wenig fortsetzen und intensivieren wollen, dann schauen Sie auf die letzte Seite des Buches.

Stichwortverzeichnis

T

U

V

W

Spiritualität,
Esoterik,
Astrologie,
Traumdeutung,
Psychologie ...

...sind Ihre Interessensgebiete, Ihr Beruf oder Hobby? Dann schauen Sie auf meine Websites. Sie finden dort viele gute Informationen und meine vielfältigen, auch telefonischen Beratungsangebote als spirituell orientierter Psychotherapeut und Berufsastrologe:
www.der-weg-nach-hause.de
www.astrologie-mit-herz.de
www.traumdeutung-lebensberatung.de
www.freieseelen.de

Möchten Sie **Seminare** von mir besuchen oder organisieren Sie selbst welche, an denen ich als Gastreferent auftreten soll? Kontaktieren Sie mich, per Mail oder Telefon.

Möchten Sie Astrologie oder Traumdeutung erlernen? Ich biete **Einzelunterricht** an, auch per Webcam, sowie **Kurse** für kleinere Gruppen.

Last not least, schicken Sie mir ein Feedback zum Buch bzw. eine **Rezension** und teilen mir mit, ob ich Ihre Meinung veröffentlichen darf, z. B. auf www.martin-dierks.de. Oder schreiben Sie eine Rezension auf der betreffenden Produktseite bei Amazon.de, die Sie mit Hilfe der Suchfunktion finden (unten „Eigene Rezension erstellen" anklicken). Sie müssen dazu allerdings ein Amazon-Konto besitzen.

Aktuelle **Kontaktdaten** finden Sie auf allen Websites.

Ihr Martin Dierks